CHRISTOPH NÖTZEL · **Glauben – was ist das eigentlich?**

CHRISTOPH NÖTZEL

Glauben – was ist das eigentlich?

Verstehen · leben · teilen

Eine Orientierung

Die Bibelstellen sind folgenden Übersetzungen entnommen:
Lutherbibel, revidiert 2017, © 2016 Deutsche Bibelgesellschaft, Stuttgart.

Dr. Ulrike Bail / Frank Crüsemann / Marlene Crüsemann (Hg.),
Bibel in gerechter Sprache © 2006 Gütersloher Verlagshaus, Gütersloh,
in der Verlagsgruppe Random House GmbH.

Bibliografische Information der Deutschen Nationalbibliothek:
Die Deutsche Nationalbibliothek verzeichnet diese Publikation in der
Deutschen Nationalbibliografie; detaillierte bibliografische Daten sind im
Internet über http://dnb.d-nb.de abrufbar.

© 2020 Neukirchener Verlagsgesellschaft mbH, Neukirchen-Vluyn
Alle Rechte vorbehalten
Umschlaggestaltung: Grafikbüro Sonnhüter, www.sonnhueter.com
unter Verwendung eines Bildes von © Norrapat Thepnarin (shutterstock.com)
Lektorat: Ekkehard Starke
DTP: Breklumer Print-Service, www.breklumer-print-service.com
Verwendete Schrift: Scala, Scala Sans
Gesamtherstellung: GGP Media GmbH, Pößneck
Printed in Germany
ISBN 978-3-7615-6740-1

www.neukirchener-verlage.de

Vorwort

Wer bin ich? Was trägt mich? Was darf ich hoffen? Was macht mein Leben zu einem guten Leben? Die Antworten auf diese großen Lebensfragen können wir nicht wissen. Wir können sie nur glauben.

Jede und jeder von uns wird darauf seine eigene Antwort geben, und sie muss sich für uns im persönlichen Leben bewähren. Aber auch wenn wir da zunächst individuell unterwegs sind, findet niemand von uns seine Antwort für sich allein. Wir finden sie nur im Miteinander von Begegnung und Gespräch – untereinander und im Überlieferungsstrom der Geschichte, in der wir leben und uns verstehen. Glaubensüberlieferung, gemeinschaftliche Erlebnisräume des Glaubens und das Gespräch über den Glauben waren deshalb schon immer wichtig.

Dies ist kein Buch über das, was Christen glauben – was also der Glaube ist. Dazu liegt schon eine große und gute Vielfalt an Publikationen vor. Dieses Buch ist vielmehr von der Frage bewegt, wie Christen glauben und Menschen zum Glauben finden – also was das Glauben ausmacht und welche Bedeutung das für die Mit-teilbarkeit des Glaubens hat. Heute müssen wir dafür neue Formen finden. Denn Pluralisierung und Individualisierung in unserer säkularen Gesellschaft sowie der Prozess der Digitalisierung verändern auch die Kommunikation des Glaubens.

Persönlich, gesellschaftlich, aber auch um der Zukunft der Kirchen willen ist es deshalb notwendig zu fragen: Was heißt eigentlich zu glauben? Wie finden Menschen zum Glauben? Und was heißt „christlich zu glauben"? Und wie können wir Glauben unter den Bedingungen einer säkularen, pluralistischen und individualistischen Gesellschaft teilen?

Das Nachdenken über diese Fragen führt in die Mitte der biblischen Überlieferung, in das Gespräch mit bedeutsamen Theologinnen und Theologen, genauso wie in die Begegnung mit aktuellen sozialphilosophischen Entwürfen. Ich begegnete wichtigen gesellschaftliche Themen unserer Zeit wie Identität oder Resilienz und machte mich auf die Suche nach Weggemeinschaft im Glauben als einer Zukunftsgestalt von Kirche. Immer wieder ging es mir dabei darum, wie sich Glauben kommunikativ und sozial herausbildet, wie Menschen darin wachsen und ihre Persönlichkeit reift.

Ich freue mich, wenn dieses Buches so einen Beitrag zum Verständnis der geistlichen und kommunikativen Gestalt des Glaubens leistet, und hoffe, dass sich daraus Impulse für eine lebendige Kirche ergeben, die – so bin ich fest überzeugt – davon lebt, dass Menschen ihren Glauben miteinander leben, ausdrücken und teilen.

Brauweiler, im September 2020   Christoph Nötzel

Inhaltsverzeichnis

Teil 1   **Glauben – eine Orientierung**   9

Kapitel 1   Und wem glaubst du, wer du bist?   11
Kapitel 2   Gott glauben   18
Kapitel 3   Relevanzkrise des Glaubens?   24
Kapitel 4   Niemand glaubt für sich allein   45

Teil 2   **Mit der Bibel glauben**   57

Kapitel 5   Wo bist du, Mensch?   61
Kapitel 6   Von der heilsamen Kraft des Glaubens   83
Kapitel 7   Das Vaterunser als Schule des Glaubens   90
Kapitel 8   Der Gegenwart Gottes gewahr sein   122
Kapitel 9   Wer glaubt, steht auf   130
Kapitel 10   Wiedergefunden!   151

Teil 3   Glauben verstehen und leben   159

Kapitel 11   Ich glaube (Augustinus)   161
Kapitel 12   Gnade empfangen (M. Luther)   165
Kapitel 13   Von Gott bewegt (F. Schleiermacher)   171
Kapitel 14   Gottes Wort hören (K. Barth)   179
Kapitel 15   Gottes Wort tun (D. Bonhoeffer)   186
Kapitel 16   Gott geschieht durch uns (D. Sölle)   196
Kapitel 17   204
Glauben wagen   204

Teil 4   Glauben teilen   209

Kapitel 18   Miteinander glauben   211
Kapitel 19   Den Glauben teilen wie das Brot   239
Kapitel 20   Weggemeinschaft im Glauben   269

Anmerkungen   283

Teil 1
Glauben – eine Orientierung

Kapitel 1
Und wem glaubst du, wer du bist?

Glauben ist sehr persönlich. Glauben ist immer mein Glauben. Doch stehe ich damit nicht allein. Ich teile meinen Glauben mit anderen. Mein Glaube ist immer auch „unser Glaube". Wenn ich also vom Glauben erzähle, dann tue ich das zuerst aus meiner persönlichen Geschichte heraus. Wie verlief denn meine ganz persönliche Glaubensgeschichte? Wer hat mich auf meinem Glaubensweg begleitet? Was lässt mich glauben? Mit wem teile ich meinen Glauben?

Mein Glaube hat eine Geschichte. Ich besitze ihn nicht einfach. Mein Glaube ist im Verlauf meines Lebens gewachsen und geworden. Und er wurzelt tief. Tiefer als in meinem eigenen Leben. Er ist geprägt vom Glauben meiner Mutter und von den Fragen meines Vaters, vom Glauben meiner Großmutter und wiederum von deren Eltern, die sie geprägt haben. Es ist eine lange, weit zurück reichende Geschichte. Meine Mütter und Väter im Glauben sprechen immer mit, wenn ich von „meinem" Glauben erzähle. Und genauso meine Brüder und Schwestern im Glauben, die vielen, mit denen ich im Glauben gefeiert und gesungen habe, gerungen und gebetet, mit denen ich alte Wege verließ und mich auf neue Wege wagte. Nein, „mein" Glaube gehört mir nicht. Es ist ein geschwisterlich geteilter Glaube. Er ist gewachsen im Horizont der Kultur, in die ich geboren und in der ich groß geworden bin.

Aufgewachsen bin ich in einem religiös durch meine Mutter katholisch-bürgerlich geprägten Elternhaus. Gott und Kirche gehörten zu meinem Leben immer selbstverständlich mit dazu. In meinen frühesten Erinnerungen sehe ich mich mit meiner Großmutter beten und mit ihr zusammen durch die winterliche Stadt Weihnachtskrippen aufsuchen. Gott war in meiner Kindheit einfach selbstverständlich zuhause. Solange ich denken und mich erinnern kann, besuchte ich an der Hand meiner Mutter den Gottesdienst. Mich begleitete ein Kindergebetbuch. Das immer gleiche Hin-und-her des Gottesdienstes nahm ich in kindlicher Selbstverständlichkeit in mich auf. Ich besuchte einen von Nonnen geführten katholischen Kindergarten. Die übergroße Marienfigur im Altarraum inmitten der dunklen Kirche – hoch über mir, tiefblau in wallendem Mantel – hat sich mir tief eingeprägt. Dazu haben wir gesungen: „Maria breit den Mantel aus." Es war schön. Ich fühlte mich geborgen.

Ich glaubte an Gott, natürlich ... Religiöse Sozialisation durch Gewohnheit. Unhinterfragbar. Nicht an Gott glauben, gar aus der Kirche austreten? Nein, das hätte bedeutet, sich aus der bürgerlichen Ordnung zu verabschieden. Damit hörte man auf, ein anständiger Mensch zu sein. Das war tabu. Das ging so wenig, wie aus der Bundesrepublik auszutreten. Glaube aus Tradition und Sozialisation.

Mit 14 Jahren wechselte ich die Schule und mit der Schule das Milieu. Meine neuen Religionslehrer vermittelten nicht nur die Stoffe des Glaubens. Sie forderten mich geduldig, aber kritisch zum Nachdenken heraus. Auch zum Nachdenken über meinen Glauben. Nach und nach tat sich mir eine neue Welt auf. Ich entdeckte: Es gibt Menschen, die leben ohne Kirche, ohne Gott und Glauben. Enttabuisiert. Frei. Kritisch.

Auch ich begann zu fragen: „Wer ist das eigentlich – Gott?" Es war eine echte Frage. Ich hatte keine Antwort. Ja, ich war mir recht gewiss, dass dies eine Frage ist, auf die niemand eine überzeugende Antwort geben kann.

Die katholische Kirche ließ ich zunehmend hinter mir. Die evangelische Kirche schien mir persönlicher und authentischer, offener und freier. Mit mehr Spielraum, mich hier auch selbst mitgestaltend einbringen zu können. Zunehmend engagierte ich mich politisch. In diese pubertäre Phase des Umbruchs fiel eine für mich bedeutende, mein Leben bis heute bestimmende Begegnung.

Eine Freundin lud mich zu einem Vortrag in ihre Gemeinde ein. Thema: „Wer ist das eigentlich – Gott?" Mein Thema! Ein dänischer Student sprach. Er erzählte von einem Kuchen. Von Gott. Und vom Glauben. Gott, so erzählte er, sei wie ein Kuchen: rot und von weißer Sahne überzogen, so steht dieser Kuchen auf dem Tisch. Um ihn her zahlreiche kluge Wissenschaftlerinnen und Doktoren, die miteinander diskutieren. „Es ist ein Erdbeerkuchen." „Nein, es ist ein Himbeerkuchen." „Es könnten aber auch Kirschen sein!" Schließlich fasst sich einer ein Herz, nimmt sich ein Stück von dem Kuchen und beißt hinein. „Und?", schauen ihn die anderen fragend an, „was ist es für ein Kuchen?" – „Probiert es doch selbst aus!"

„Probiert es doch selbst!" – dieser Satz löste in mir einen neuen Zugang zu Gott aus. Glauben heißt seither für mich, es zu wagen, mich auf den Spuren der Bibel einzulassen auf die verheißene Wirklichkeit Gottes. Glauben geschieht mitten im Leben. Gott ist im Alltag zu erwarten. Glauben wird nicht zuerst gedacht. Glauben wird zuerst erlebt und gelebt. Er lebt aus Erfahrung und zielt auf Erfahrung. Glauben bedeutet eine bestimmte Weise zu leben. Engagiert zu leben. Und Glauben vertieft sich im Gespräch, in der Gemeinschaft, in der mein Glauben Worte findet, in der er gefeiert und von der Tradition bereichert wird.

Mein Glaube ist nicht kompliziert. Im Ursprung ist mir mein Glaube einfach und selbstverständlich. Es ist eben einfach so, wie ich glaube, dass es ist. Doch diese „erste Naivität" des Glaubens bleibt nicht lange unberührt. Kompliziert wird mein Glaube, wenn ich anfange darüber zu sprechen, mich anderen zu erklären, insbesondere solchen, denen „mein Glaube" ganz fremd ist. Andere glauben ganz anders als ich. Sie identifizieren sich mit anderen Überlieferungen, Religionen oder Weltanschauungen. Sie leben in anderen Überlieferungsströmen. Zur Herausforderung wird mir „mein Glaube", wenn er mich „anders" macht und unterscheidet, wenn er authentisch wird, besonders dann, wenn er mich in eine Praxis führt, in der ich engagiert eigene Wege gehe.

Wie leicht fällt es mir oft, in den Gemeindegesang einzustimmen. Dann singe ich „Großer Gott, wir loben dich", „Gottes Liebe ist wie die Sonne" oder „Von guten Mächten wunderbar geborgen"; ich bete „Vater unser im Himmel, geheiligt werde dein Name,", ich spreche „Ja und Amen" zum Evangelium, stimme ein in das „Heilig, heilig" – doch kaum trete ich über die Schwelle der Kirchentür, da kommen mir diese Worte kaum noch über die Lippen. Dann verschlägt es mir die Sprache. Die Lieder und Gebete scheinen dann nicht mehr zu passen, sie wirken fremd in der „säkularen Welt" da draußen. Dann sind mir die auswendig gelernten Worte des Glaubensbekenntnisses, die ich eben noch im monotonen Sprechgesang des Gottesdienstes mitgesprochen habe, auf einmal befremdliche Hülsen. Ist „der Glaube", der sich da in der Kirche artikuliert, wirklich „mein Glaube"? Ist er mir eine geistliche Sprachhilfe im Alltag?

Gespräche über den Glauben außerhalb der Kirche sind selten. Manchmal, oft überraschend, begegne ich Menschen, mit denen sich ein offenes und in die Tiefe führendes Gespräch über den Glauben ergibt. Erst ist es ein vorsichtiges Herantasten. So lange, bis wir entdecken, uns bewegen ähnliche Themen und Fragen. Immer tiefer, die Zeit verfliegt, Seelen wachsen Flügel, kommen wir darüber ins Gespräch, was uns trägt und bewegt, was wir hoffen und wie wir uns verhalten können. Überrascht entdecken wir, dass wir auf ähnlichen, vielleicht sogar gleichen Wegen unterwegs sind, dass wir gemeinsame Erfahrungen teilen und uns verstehend folgen können, selbst bis dahin, wo unsere Worte mehr stottern als greifen. Je persönlicher es dabei zugeht, desto mehr öffne ich mich und beginne in Worte zu bringen: Was ist es, das mich glauben lässt? Was und wie glaube ich? Und welche Erfahrungen sammele ich dabei? Und dem Anderen geht es ebenso, denn sonst wird sich unser Gespräch nicht weiter vertiefen: Glaubensgespräche leben vom Austausch, von Zuhören und Verstehen, genauso wie vom Sprechen und der gemeinsam empfundenen tiefen Stille. Je mehr wir uns einander öffnen und einander folgen, desto tiefer tauchen wir ein: in unsere Gedanken, in unsere Gefühle, ja, bis in unsere Seele. Bilder tauchen in uns auf, die wir in Worte zu bringen versuchen. Uns wird es dann wichtig, irgendwie einander zum Ausdruck zu bringen, was uns jeweils innerlich bewegt, wie sich mein Glaube anfühlt, was mir mein Glaube gibt und was mir deshalb in meinem Alltag oder auch in unserem gesellschaftlichen Leben wichtig ist. Im Gespräch wird uns bewusst, was unser Glaube ist und was er uns bedeutet. Und wenn es uns gelingt, uns darin verständlich zu machen, dann erleben wir das als eine große Bereicherung und Klärung.

Noch intensiver wird es, wenn uns unsere Begegnung erlaubt, still einen Augenblick Gottes miteinander zu teilen. Sei es, einfach nur eine Kerze anzuzünden, miteinander zu beten, einander zu segnen, uns vergebend in den Arm zu nehmen. Das sind heilige Momente, die tief berühren. Augenblicke, in denen wir einander in den gemeinsamen Raum unseres Glaubens aufnehmen und der Gegenwart Gottes öffnen. Sie brauchen die persönliche Begegnung, aber auch das Zutrauen, dass sich in dieser Begegnung noch ein „Mehr" einstellen kann, das uns gemeinsam zu erfüllen vermag. Gottesgegenwart als eine Quelle, die sich uns gemeinsam eröffnet. In ihnen erfüllt sich die Jesus-Verheißung: „Wo zwei oder drei in meinem Namen versammelt sind, da bin ich mitten unter ihnen" (Matthäus 18,20). Zu solch heiligen Augenblicken einzuladen, braucht es sicherlich Offenheit und Empfindsamkeit. Mich auf sie einzulassen, kostet mich Mut, Vertrauen und Überwindung. Es ist ein persönliches Wagnis voller Gefühl. Leichter gelingen sie im vertrauten Raum einer Kirche, die sich wie eine Schutzhülle um so viel Gott-Innigkeit legt. Doch wo sich solche Augenblicke einstellen, da sind sie voller Zärtlichkeit. Und es liegt so viel Kraft, soviel Liebe darin, sie stiften so viel Hoffnung, dass es mich für meinen Alltag auf längere Zeit zu beseelen vermag. Es gibt diese heiligen Augenblicke. Ich habe sie immer mal wieder erlebt. Wir können sie nicht machen und auch nicht verordnen. Wo sie inszeniert werden, können sie leicht übergriffig werden – und furchtbar ist es, wenn sie missbräuchlich und manipulativ eingesetzt werden.

Ich erzähle ihnen eingangs dieses Buches so persönlich von mir und von dem, was es für mich bedeutet, zu glauben und Glauben teilen zu dürfen, weil ich meine, dass sich anders Glauben nicht mitteilt. Ich persönlich brauche es, von meinem Glauben sprechen zu können und ihn mit anderen zu teilen.

Und dabei meine ich „meinen Glauben" nicht als ein religiöses Konstrukt. Mein Glaube ist kein religiöser Text, den ich vorlesen könnte. Mein Glaube ist, von woher ich mich selbst von Grund auf verstehe. Denn wer ich bin, das weiß ich nicht aus mir selbst heraus. Ich „habe" solches „Selbst-verständnis" nicht anders als in der Weise des Glaubens: Was mich hält, was mich trägt, wer ich bin und wie ich bin – „weiß" ich nicht, ich glaube es. Mein Glauben ist das, was mich mit Gott verbindet und vom Grunde meiner Seele her trägt und bewegt. Wie auch immer du glaubst – wem glaubst du, wer du bist?

Solche Gespräche und Begegnungen gelten jedoch in unserer Gesellschaft als suspekt. Da kommen Emotionen ins Spiel, etwas nicht Kontrollierbares. Da geht es persönlich zur Sache und an die Seele – und da kann es auch kontrovers zugehen. Wo darüber nachgedacht wird, wie wir Glaube teilen und in unserem Glauben miteinander ins Gespräch kommen können, da wird das rasch als übergriffig und vereinnahmend bewertet. Wer von seinem Glauben mit anderen spricht, die ist eben ein wenig überengagiert, der ist missionarisch – und das fühlt sich eher unangenehm an. Dabei verstellen wir uns damit die Möglichkeit, uns in dem, was uns wirklich wichtig ist, tiefer und intensiver zu begegnen und gegenseitig zu bereichern: was uns trägt, was wir hoffen, was uns bewegt. Glaubensgespräche bringen uns in der Tiefe unserer Person miteinander ins Gespräch. Und es sind Gespräche, die, wenn sie glücklich verlaufen, uns ermutigen, trösten, versöhnen können. Begegnungen, die unseren Glauben aufwecken und uns aufstehen und weiter gehen lassen.

Glauben lebt aus Begegnungen! Dieser Spur folgend möchte ich tiefer verstehen, was Glauben eigentlich ist, was es für uns bedeutet „zu glauben", warum wir einander dafür brauchen und wie wir Glaube miteinander teilen können.

Kapitel 2

Gott glauben

Aber was heißt eigentlich „glauben"? Was bedeutet das Wort „Glauben"?

Worte erzählen nicht nur Geschichten. Sie haben auch Geschichte. Und sie machen Geschichte. Im Verlauf der Zeit wandeln sich ihre Bedeutungen. Alten Worten wachsen neue Sinngehalte zu. Das geschieht seltener bei so handgreiflichen Worten wie „Tisch" oder „Stuhl". Die halten das Gemeinte gewissermaßen schon in der Hand. Aber durchaus häufiger bei so abstrakten Begriffen wie „Freiheit", „Frieden", „Gerechtigkeit", „Gut" oder „Böse", die auf das Bezeichnete mehr hinweisen, als dass sie es fest im Griff haben. Begriffe, die das Gemeinte eben nicht abschließend begreifen, die sich eher daran herantasten und darauf hinweisen.

Das Wort „glauben" ist solch ein Wort. Über die Jahrtausende ist es in seiner Bedeutung allmählich gewachsen. Es ist eines der großen Menschen-Worte. Seine Geschichte erzählt von seiner Bedeutung.

Was ist die Geschichte des Wortes „glauben"? Das Wort „glauben" leitet sich her von dem gotischen Wort Galaubjan, das sich schon in der sogenannten Wulfila-Bibel aus dem 4. Jahrhundert findet. Daraus ist das Althochdeutsche „gilauben" geworden. „Gilauben" bedeutet ursprünglich „vertrauen und sich anvertrauen", genauso wie das griechische Wort *pistós*. *Pistos* wie seine germanischen Verwandten sind ursprünglich Begriffe der Alltagssprache. Ihren religiösen Bezug gewannen sie erst in der biblischen Tradition und erfuhren sodann durch ihren Kirchengebrauch eine Bedeutungserweiterung. In seinen Familienstammbaum gehören bedeutende Ahnen und Geschwister: fides, faith, trouwen, truth, trust, trauen, Trauung, Treue, Trost. Reich ist der Wortsinn. Fein die Nuancen. Je nach Gepräge und Situation gilt es aufmerksam hinzuhören, was denn mit „glauben" je gemeint ist. Aber schon die Weite der Angehörigen der Wortfamilie lässt erkennen, dass Glauben, Vertrauen, Treue und Wahrheit eng zusammengehören und von großer Bedeutung für die Gemeinschafts-Werte und somit für die soziale Ordnung und den gesellschaftlichen Zusammenhalt sind.

Wenn wir von „glauben" reden, meinen wir selbstverständlich immer schon zu wissen, was damit gemeint ist. Selbstverständlich setzen wir voraus, dass die anderen dabei unser jeweils eigenes Verständnis teilen. Doch wo zwei sich über das Glauben unterhalten, kann von sehr Unterschiedlichem die Rede sein.

Das deutsche Wort „glauben" hat eine große Bedeutungsspanne. Eine erste Reihe von Bedeutungen verortet das Glauben im Denken des Menschen, d.h. das Glauben gehört in die Welt des Denkens und Erkennens.

Zumeist, wenn wir das Wort „glauben" verwenden, meinen wir damit, dass wir etwas nicht so genau wissen. Wir meinen oder vermuten es bloß. So sagen wir zum Beispiel: *„Ich glaube, es ist 10 Uhr."* Auf Gott bezogen heißt das: Ich weiß nicht, ob es Gott gibt, aber ich vermute es.

Deutlich verbindlicher klingt das Wort „glauben" in unseren Ohren, wenn es die Bedeutung von „sich auf etwas verlassen" annimmt. *„Hans glaubt, dass die Autobahn Richtung Frankfurt inzwischen freigegeben ist, und wählt diese Route."* Hier wird das Wort „glauben" im Sinne von Anerkenntnis, von Für-wahr-halten verwendet: Ich glaube etwas, heißt, ich bin mir einer Sache sicher.

Im Raum der Religionen bedeutet zu glauben auch, sich zu etwas zu bekennen. Glauben im Sinne von Bekenntnis, Glaubensbekenntnis. *„Ich stehe dazu, dass ..."*. Eng damit verbunden ist *der* Glaube als eine umfassende religiöse Weltsicht: „der christliche, jüdische, islamische Glaube." Glauben bedeutet dann, einer bestimmten religiösen Weltsicht anzuhängen und mit ihr verbunden sein: „Einen Glauben teilen."

In dieser ersten Reihe von Bedeutungen bezieht sich „Glauben" immer auf Aussagen und somit auf „etwas". Glaube in diesem Sinne ist immer inhaltlich mit Aussagen gefüllt, ja, er kann eine ganze Lehre umfassen.

Eine zweite Reihe von Bedeutungen gibt Glauben eine eher personale Ausrichtung und Bedeutung. Und dabei geht es um ein Geschehen, auch eine Handlung, die in einer Beziehung verankert ist. „Glauben" ist hier mehr als ein „Denken über etwas". Eher meint es ein Sich-Verlassen auf jemanden hin. So sagt zum Beispiel eine Mutter *„Ich glaube an meinen Sohn, dass er es schaffen wird."*. Hier bedeutet Glauben so viel wie „jemandem etwas zutrauen". Noch umfassender ist das Wort „glauben" gefüllt, wenn z.B. ein Schüler über seine Beziehung zu seiner Lehrerin sagt: *„Ich glaube ihr, dass sie weiß, was sie tut, und es gut mit mir meint."* Solch ein Glauben stiftet die nötige Vertrauensbeziehung, die eine Lehrerin braucht, um ihre Schüler zu führen und zu begleiten. Ich nenne das mit dem Theologen Adolf Schlatter (1852 – 1937)[1] „das Glauben".

Niemand weiß am Tag der Trauung, ob sich das „Ja-Wort", das der Partner oder die Partnerin gibt, in der Zukunft bewahrheiten wird. Aber über alles Wissen hinaus, glaube ich „meiner Frau" und baue darauf mein Leben als ein gemeinsames Leben auf: einander glauben, einander vertrauen und treu sein, beieinander Trost finden und einander Trost schenken, stiftet das Band der Ehe. Hier bedeutet „glauben": sich auf jemanden gründend verlassen im Sinne von Vertrauen; jemandem folgen, weil man ihm glaubt. Glauben als lebendige Verbundenheit mit einem umfassenden Ganzen, an dem ich teilhabe und teilnehme. Ich nenne dieses Glauben mit dem Kirchenvater Augustin „credere in". Dieses Glauben hat kein Objekt, es ist intersubjektiv: Es ist ein Glauben im Gegenüber, was sich ins Deutsche jedoch kaum übersetzen lässt.

Wenn vom christlichen Glauben die Rede ist, dann spielen alle Bedeutungsebenen mit. Immer geht es dabei aber um die personale Beziehung des Menschen zu Gott, auf die ein Mensch sein Leben gründet.

Was also meinen Menschen, wenn sie sagen „ich glaube an Gott"? Manche wollen damit sagen: „Ich glaube, dass es einen Gott gibt." Und viele meinen damit wohl eher: „Ich vermute, dass es einen Gott gibt." Sie machen sich darüber so ihre Gedanken, die sie mal mehr in diese, mal mehr in jene Richtung führen. Manchmal meinen sie, dass da ein Gott ist. Aber sie wissen es natürlich nicht genau. Manchmal erscheint ihnen dieser Gedanke geradezu abstrus, und sie vermuten eher, dass da kein Gott ist. Manchmal sind sie hoffnungsfroher gestimmt, mit sich und dem Leben im Reinen: Dann „gibt es Gott."

Unter ihnen finden sich auch jene, die der Kirche und ihren Erzählungen glauben. Sie sagen: „Die Bibel wird schon recht haben. Das kann doch nicht alles erfunden sein." Sie trauen sich der kirchlichen Überlieferung und ihren Zeugen an. „Ich glaube Maria, Petrus, Johannes oder Paulus, dass Jesus von den Toten auferstanden ist." Mutter, Vater, Großeltern haben sie in diese Welt des Glaubens hineingenommen. Und sie glauben ihnen, dass da Gott ist.

Dritte formulieren weniger persönlich. Einfach zu sagen „Ich glaube", das ist ihnen zu bekenntnishaft. Aber sie fühlen sich „dem Glauben" durchaus verbunden und zugehörig. Es sind nicht die kirchlichen Zeugen, denen sie trauen. Es ist das Umfeld, das „christliche Abendland", in dem sie groß geworden sind und das sie geprägt hat. Glaube aus gesellschaftlicher Konvention. Der christliche Glaube ist „ihr Glaube" aufgrund der Sozialisation, die sie erfahren haben. Durch kulturellen Zufall sind sie nun mal Christen und nicht Moslems oder Hindus geworden. „Wir finden uns in dieser Geschichte und Tradition schon vor, weil wir in sie hinein geboren sind." Nicht sie haben sich diesen „Glauben" gewählt, sondern der „Glaube" ist ihnen (auf-)gegeben. Es ist ihre Religion. Teils ringen sie damit. Teils können sie dieser Glaubensprägung zustimmen. „Der christliche Glaube", meinen sie, „trägt und bestimmt doch ganz wesentlich unsere Kultur. Er lässt sich halt nicht noch mal begründen, sondern er gründet uns. Unser gemeinsames Leben lebt nun mal von Werten, die wir uns nicht selbst geben können, aber über die wir uns immer wieder neu miteinander verständigen müssen."

Für wieder andere meint „glauben", dass man von etwas überzeugt ist. Wer glaubt, bezieht einen Standpunkt und steht dafür ein. Wer glaubt, hat eine Überzeugung: „Ich glaube an Gott" heißt hier: „Ich glaube Gott. Credere Deo. Ich bin von Gottes Wirklichkeit überzeugt." Angesichts des Todes oder in großer Lebenskrise klingt dieser Satz „Ich glaube Gott" besonders persönlich und existentiell. Die sterbende Frau, die mit diesem Satz ihr Leben getrost Gott anvertraut. Der mutige Bekenner, der sich mit diesem Satz persönlich riskiert. Hier ist Gott Grund und Quelle des eigenen Lebens, auf den hin ich es wage, mich zu verlassen. Wer so glaubt, traut Gott nicht nur etwas zu, sondern alles. Dass ich bin und wer ich bin. Mein Leben und meine Identität. Den innersten Kern meiner Person.

„Gott glauben" ist also etwas anderes als eine bloß gedankliche Überzeugung. Gott glauben bedeutet mehr als die mehr oder weniger feste Meinung, dass es Gott gibt. Gott glauben heißt, sich in „Gott zu gründen". Ich traue mein Leben Gott an. Denn Gott, so glaube ich, ist der, der mein Leben trägt. Mein Leben ruht in Gottes Hand. Er hält mich, selbst wenn ich mein Leben nicht mehr festhalten kann. „Gott glauben" ist die Grundbeziehung meines Lebens.

Kapitel 3
Relevanzkrise des Glaubens?

Wozu glauben? Es geht doch um Wissen. Was hat da das Glauben für eine Relevanz? In diesem Kapitel möchte ich näherbringen, warum ein Leben ohne Glauben nicht geht. Es muss kein religiöser Glaube sein. Auch kein christlich gefüllter Glaube. Aber ohne Glauben, so behaupte ich, kann niemand leben.

Das mag irritieren. Denn wir leben in einer wissensgeprägten Kultur. Nur das, was sich beweisen lässt, das gibt es auch. Und beweisen lassen sich nun mal nur Dinge, die man sehen und fühlen kann. Was sich nicht als Tatsache vor Augen führen lässt, das gibt es auch nicht. Es geht um handfeste Tatsachen, um harte Fakten.

Da scheint Glauben geradezu irrelevant, ja sogar schädlich. Führt Glauben nicht zum Beispiel dazu, offensichtliche Fakten einfach „weg-zu-glauben"? Wer etwa nicht daran glaubt, dass der Klimawandel von Menschen verursacht ist, für den gibt es dann eben auch keinen Grund, etwas an unserem Lebensstil zu ändern, damit das Leben auf dieser Erde Zukunft hat. Was ich nicht glaube, das gibt es für mich eben einfach nicht, das hat für mich keine Bedeutung! Ist es das Glauben, das dem Leben Bedeutung schenkt? Entscheidet unser Glauben darüber, was für unser Leben Relevanz hat und was nicht? Hängt von unserem Glauben ab, was wir sehen und wahrnehmen können und was nicht? Ist es unser Glaube, der uns für etwas hellhörig macht oder taub?

Heutzutage wird vor allem die Kehrseite des Glaubens betont: Glauben ist irrational. Die einen glauben an das grüne Spaghettimonster, andere an einen Mann mit Bart auf einer Wolke, den sie Gott nennen, dritte an den baldigen Weltuntergang, und vierte glauben daran, dass Leben nur gelingen kann, wenn wir uns nur noch von Gras und Gänseblümchen ernähren. Glauben etabliert irgendwelche komischen Sonderwelten. Glaube ist fake. Glaube macht verrückt und ist deshalb gefährlich.

Klar, geglaubt werden kann alles Mögliche. Aber dass wir etwas glauben, heißt noch lange nicht, dass es auch wahr ist – auch wenn wir es, weil wir es nun mal glauben, völlig überzeugend finden. Es ist natürlich, dass uns unser Glaube selbstverständlich wahr erscheint – und das, was die anderen glauben, abstrus und eingebildet. Glaube, das wird auch daran deutlich, ist in einem hohen Maße eine soziale Wirklichkeit.

Das heißt aber nicht, dass wir deshalb aufhören sollten zu glauben. Ich meine, dass das auch gar nicht geht. Das wäre so, als wollten wir aufhören zu atmen, weil die Luft schlecht ist. Oder aufhören zu essen, weil das Essen nicht schmeckt. Sicher kann man sich mal die Nase zuhalten oder den Teller zur Seite schieben – aber ganz das Atmen oder das Essen einstellen, das geht nicht, das wäre Selbstmord. Und genauso wenig geht ein Leben ohne zu glauben. Leben ohne zu glauben geht nicht. Glauben ist für unser Leben so nötig wie Atmen, Essen oder Trinken. Glauben ist elementar.

Das gilt für ein Glauben im Sinne von Für-wahr-halten. Das gilt aber erst recht für ein Glauben im Sinne von Vertrauen. Ohne zu glauben verlieren wir uns in unserem eigenen Leben. Es ist, als bräche uns der Boden unter den Füßen weg. Und umgekehrt lässt uns Glauben selbst aus aussichtslos erscheinenden Situationen wieder aufstehen. Orientierung, Würde, Sinn und Bedeutung werden geglaubt – allerdings genauso wie Des-Orientierung und Entwürdigung, Bedeutungsverlust oder Sinnlosigkeit. Glauben kann uns mit Menschlichkeit beschenken oder unserer Menschlichkeit berauben, Wahrheit stiften oder der Lüge anheimgeben. Ob das, was wir als ein gutes Leben glauben, auch ein gutes Leben ist, wissen wir nicht, wir glauben es. Doch ohne zu glauben, gibt es keine Bilder vom „guten Leben" in uns, an denen wir uns orientieren könnten. Hier möchte ich nun sieben wichtige Lebensgründe vorstellen, die sich uns nur im Glauben erschließen! Übrigens später, im 7. Kapitel dieses Buches über „Das Vaterunser als Jesu Schule des Glaubens", komme ich auf diese sieben Lebensgründe des Glaubens zurück und versuche zu zeigen, wie Jesus sie inhaltlich füllte.

1 Glauben lässt aufstehen

Montagmorgen. 6 Uhr. Der Wecker klingelt. Eine neue Woche beginnt. Es wird ein schöner Tag. Das glaube ich jedenfalls. Und ich freue mich darauf. Es wird gut, sehr gut sogar. Ich sage mir: „Ich will!" Und ich stehe auf. Ich will diesen Tag leben. Jeder gute Morgen ist so ein kleines Fest des Glaubens, ein Fest der Auferstehung.

Es gibt auch andere Montagmorgen. Solche ohne Schwung. Ja, ich stehe auf. Aber nur aus Gewohnheit! Oder weil ich halt muss. Weil die Kinder es verlangen. Weil mich die Pflicht ruft. Weil es die gute Ordnung von mir verlangt. Oder schlicht, weil die Angst mich treibt: „Was würde passieren, wenn ich mal nicht aufstünde?" – Ja, was wäre denn, wenn ich eines Morgens nicht mehr aufstünde? Nicht, weil ich krank bin. Nicht, weil es nicht ginge. Sondern einfach, weil ich nicht mehr will. Weil ich einfach nicht mehr dran glaube, dass es gut wird oder sich lohnen tät'. Weil mich nichts mehr bewegt aufzustehen. Weil irgendwie die Luft raus ist.

Dieses innere Gefühl, das bisher immer so selbstverständlich da war und dem neuen Tag Wert und Bedeutung schenkte. Auf einmal ist es weg. Diese Leere ist stärker als alles Müssen. Kein Pflichtgefühl, keine Gewohnheit, keine Ordnung, keine Angst kann mich mehr bewegen, am Leben teilzunehmen. Hinter verschlossenen Fensterläden will ich nur noch meine Ruhe haben. Ich will keinen neuen Tag mehr sehen. Alles scheint mir nur noch grau in grau. Völlig egal, ob ich aufstehe oder liegen bleibe. Alles ist sinnlos. So sinnlos und egal, dass mir jede Kraft zum Aufstehen fehlt. Auf einmal fehlt mir alles Glauben, und ich fühle mich wie gelähmt.

Glauben ist die innere Einwilligung in das eigene Leben. Glauben ist, wenn ich morgens sage: „Ich will diesen Tag leben. Es wird gut." Ohne Glauben sterbe ich. Es braucht einen starken Glauben zum Leben. Es braucht den Glauben: „Es ist gut, dass ich bin."

Glauben ist das, was mein Leben bewegt. Das, was mir das Zutrauen gibt: Es ist gut, was ich tue. Glauben ist die selbstverständliche Gewissheit: Mein Leben hat Grund und Halt. Glauben schenkt meinem Leben das innere Empfinden von Wahrheit, von Gutsein, von Lebendigkeit.

Glauben schenkt Boden unter den Füßen. Mit meinem Glauben stehe und falle ich. Er trägt mich oder er lässt mich hängen. Und ich kann mein Glauben nicht selbst begründen. Es gibt mir ja selbst Grund zum Leben.

Karl Barth, der wortgewaltige Theologe, schrieb: „Glaube ist das Wunderbarste und das Einfachste zugleich: Es geschieht in ihm, dass der Mensch die Augen aufschlägt, sieht, wie alles – objektiv, real, ontologisch – ist, und nun eben Alles nimmt, wie es ist. Glaube ist die simple Entdeckung des Kindes, dass es sich im Hause seines Vaters oder auf dem Schoß seiner Mutter befindet."[2]

Glauben ist etwas ganz Alltägliches und Lebensnotwendiges. Wie Atmen, Essen, Lieben oder Wohnen ist Glauben ein Grundwort des Lebens. Ohne Glauben geht dem Leben der Atem aus. Und immer mehr Menschen geht der Atem aus. Sie wollen nicht mehr aufstehen. Sie können nicht mehr aufstehen. Sie sind nicht bloß körperlich ermüdet. Auch sind sie nicht nur psychisch leer. Sie sind seelisch erschöpft. Sie sind in ihrem „Selbst" erschöpft, in ihrer Identität. Wir nennen das heute einen „Burnout".

„Burnout" ist in unseren Tagen zu einem Massenphänomen geworden. Die Art und Weise, wie wir leben, und das Phänomen des Burnout haben etwas miteinander zu tun. Unsere Gesellschaft ist von einem ökonomischen Denkmuster bestimmt, das alles durchwaltet. Alles wird am äußeren Erfolg bemessen, an Einschaltquoten und Teilnehmerzahlen, an Gewinn und Verlust. Es gilt und gibt, was sich messen und quantifizieren lässt. Glauben lässt sich nicht messen. Deshalb gibt es Glauben und die Wirklichkeit, die im Glauben erkannt wird, für die Weltvermesser nicht. Das ist ein großer Wirklichkeitsverlust. Der Raum des Glaubens ist nämlich von einer unausschöpflichen Tiefe, von keiner Waage, von keinem Maß zu messen.

2 Glauben gibt Orientierung

Ich bin ein leidenschaftlicher Skifahrer. Der Blick von der Höhe, das grandiose Panorama der Berge, der Schwung in die Tiefe, schenken mir innere Weite und Tiefe. Aber die Berge sind auch gefährlich.

Vor einigen Jahren schloss sich urplötzlich eine Nebeldecke um mich. So dicht, dass nichts mehr zu sehen war. Wirklich gar nichts mehr. Alles war nur noch grau. Eintöniges Grau. Kein Punkt, keine Kontur waren noch auszumachen. Der Schnee war so weißgrau wie der Himmel. Oben und unten, alles war gleich. Nur noch grau.

Es warf mich um. Ich verlor mein Gleichgewicht und stürzte. Auf einer abgebrochenen Eisscholle sah ich mich den Hang hinab rutschen. Ich sah es wirklich. Ich spürte es tatsächlich. Ich versuchte mich festzuhalten. Meine Hände krallten sich in den Schnee. Vergeblich. Kein Halt war zu finden. Dann – von jetzt auf gleich – hielt der Film inne. Eine Skispitze vor mir, daran hielten sich meine Augen fest. Urplötzlich kam die Szene um mich herum zum Stillstand. Es wurde ruhig. Ich stand auf. Nichts um mich her hatte seine Ordnung verloren. Nur ich. Ich hatte mein Gleichgewicht verloren.

Was war passiert? Unser Auge braucht immer einen Fixpunkt, von dem her unser Gehirn berechnen kann, wo oben und wo unten, wo links und wo rechts ist. Der Nebel hatte meinem Blick diesen Fixpunkt genommen. Da war nur noch grau. Alles schien gleich grau. Mein Gehirn hatte die Orientierung verloren. In dem Augenblick wusste ich nicht mehr, wo oben und wo unten ist. Ich war blind. Ich verlor mein Gleichgewicht und stürzte. Bis sich der Wolkennebel lichtete und sich ein fester Punkt auftat, den meine Augen sofort fixierten. Der scheinbare „Einsturz" meiner äußeren Welt war ausgelöst durch „äußere Vernebelung", die eine „innere Verwirrung" bewirkte und mich wiederum einen „äußeren Erdrutsch" wahrnehmen ließ.

Glauben ist die vertrauensvolle Ausrichtung auf einen festen Punkt außerhalb meiner selbst, von dem her sich mein Leben verortet. Verliere ich diesen Punkt, weil mir alles nur noch gleich und grau erscheint, verliert alles seine Bedeutung und ich meine Orientierung. Ich verliere meine innere Balance. Die äußere Welt erscheint mir im Zusammenbruch, und ich stürze. Mein Glauben hingegen lässt mich aufstehen, aufrecht gehen und meinen Weg finden.

Für Glaube jedoch ist in einer veräußerlichten Welt kein Platz. Wir durchleben einen rasanten Wandel durch den Prozess der Digitalisierung. Sie macht unsere Welt immer weiter, aber auch immer schneller. Dabei erleben wir uns als eingebunden in die Programmatik der verarbeitenden Systeme. Nicht wir programmieren sie. Sie programmieren uns. Scheinbar arbeiten wir mit ihnen. Tatsächlich diktieren und bestimmen sie unser Handeln. Und wir folgen immer ausgeprägter ihrem mechanistisch-materialistischen Welt- und Menschenbild.

Das Massenphänomen des Burnout zeigt, dass manche Menschen unter diesen Umständen vertrocknen. Ihr „Selbst" erschöpft sich. Ihr Inneres verdurstet. Sie erleben sich als Fremde, als Touristen im eigenen Leben. Alles scheint gleichgültig, egal, flach, eben lieblos.

Wie gehen wir damit um? Können wir das als spirituelle Herausforderung wahrnehmen? Erschließt Glauben innere Ressourcen des Trostes, der Hoffnung, der Lebensorientierung, um unter lebenswidrigen Umständen zu leben? Fördert Glauben Resilienz?

3 Glauben schenkt Würde

Burnout ist nicht nur Folge von Stress und zeitlicher Überlastung. Drohender Burnout ist deshalb auch nicht einfach mit einem besseren Zeitmanagement zu bewältigen. Es geht weniger um äußeren Druck – an dem wir oft wenig ändern können und auf den wir deshalb vor allem klagend reagieren – als vielmehr um eine stabile, eine robuste Identität, die es erlaubt, mit diesem Druck selbstbewusst umzugehen. Es geht um ein – immer wieder neu – zu balancierendes und einzustimmendes Gleichgewicht von innerem und äußerem Leben. Es geht um das Leben als ein versöhntes Ganzes.

Ich möchte das an einem Bild veranschaulichen. Drei Menschen sollen 42 Kilometer laufen. Das ist eine lange Strecke. Alle drei stehen vor derselben Aufgabe. Alle drei sind gleich ausdauernd. Doch: Der erste muss sie laufen, weil er auf der Flucht ist. Es geht um sein Leben. Für die zweite ist es der Marathonlauf, auf den sie sich lange vorbereitet hat. Der dritte ist dazu verpflichtet worden – ohne Angabe von Gründen, ohne ein näheres Warum und Wozu. Alle stehen sie vor derselben Aufgabe. Doch mit einer unterschiedlichen inneren Berufung. Mit einer unterschiedlichen Erzählung, einem je anderen Narrativ. Und so werden sie die Anstrengung ganz unterschiedlich erleben und auch mit Erschöpfung sehr verschieden umgehen können.

Der französische Psychoanalytiker Alain Ehrenberg hat die Dynamik der Aushöhlung des Selbst zu „einem morschen Stück Holz" Anfang der 90er Jahre schon mit dem Begriff des „erschöpften Selbst" beschrieben. In dem rasanten Anstieg diagnostizierter Depressionen seit den 70er Jahren, in Hyperaktivität und andere Anzeichen von Gleichgewichtsverlust erkannte Ehrenberg die Last der Identitätsarbeit.

Menschen sind gezwungen, eine Rolle zu spielen, die sie von innen her nicht selbst ausfüllen können. *„Welchen Bereich man sich auch ansieht (Unternehmen, Schule, Familie), die Welt hat neue Regeln. Es geht nicht mehr um Gehorsam, Disziplin und Konformität mit der Moral, sondern um Flexibilität, Veränderung, schnelle Reaktion und dergleichen. Selbstbeherrschung, psychische und affektive Flexibilität, Handlungsfähigkeit: Jeder muss sich beständig an eine Welt anpassen, die eben ihre Beständigkeit verliert, an eine instabile, provisorische Welt mit hin und her laufenden Strömungen und Bahnen. ... Diese institutionellen Transformationen vermitteln den Eindruck, dass jeder ... die Aufgabe, alles zu wählen und alles zu entscheiden, auf sich nehmen muss"*[3] – und das angesichts einer Zukunft, die stete Veränderung bedeutet. Die Kluft zwischen der äußeren Zumutung der Autonomie und dem inneren Empfinden einer überforderten Identität führt zu Auszehrung und Erschöpfung. Äußere Ordnung und Gehorsam bestimmen nicht mehr das soziale Handeln. Es geht um Autonomie und Initiative, um Partizipation und Agilität. Ehrenberg will damit nicht zurück „in die gute alte Zeit" rufen (wie rechtspopulistische Bewegungen unserer Tage), wohl aber daran erinnern, dass auch diese Entwicklung krankmachend (pathogen) wirkt.

Das Ich erlebt sich als überfordert. Es fühlt sich allein gelassen. Das liberale Denkmuster mutet dem Einzelnen aber genau das zu. Er soll sich aus sich selbst heraus verstehen und von daher Orientierung und Verantwortung für sich selbst übernehmen. Gleichzeitig lösen sich bisher tragende und entlastende soziale und kulturelle Muster auf. So verliert die bisherige innere Mitte ihre äußeren Fixpunkte und Vergewisserungsräume. Der Einzelne fühlt sich allein gelassen in einer Welt, die eine Vielfalt von Optionen bietet, aber immer weniger Verlässlichkeiten und Verbindlichkeiten, die Entlastung bieten könnten.

An diesem Punkt kommt das liberale Denkmuster, das seit Anfang der 90er Jahre die sozioökonomische und kulturelle Entwicklung aller westlichen Gesellschaften bestimmt hat, in die Krise. Zu viele Menschen erleiden einen Verlust an Beheimatung. Sie erleben sich als „Faktoren" in einer zweckrational getriebenen Gesellschaft, die vor allem ökonomisch tickt, in der Erlebnisse und Geschichte, in der Glauben und Gefühle als „systemfremde" Faktoren stören. Es ist ein Prozess der Entleiblichung, in dem sich viele Menschen innerlich leer und wie ausgehöhlt fühlen, nicht mehr beteiligt und dazugehörig. Sie fühlen sich abgehängt und verdrängt. Sie haben das Gefühl, nicht mehr wahrgenommen zu werden, und spüren sich auch selbst kaum mehr.

Aus dieser krisenhaften Gemütslage eines wachsenden Teiles der westlichen Gesellschaften speist sich das Potential einer kritischen Massenbewegung, die gegen das liberale Denkmuster der offenen Gesellschaft aufbegehrt. Die dabei propagierten Gegenentwürfe sind von einer Haltung der sozialen und kulturellen Abgrenzung bestimmt, die sektenhafte Züge trägt. Es ist ein Denken, das von einer die komplexe Wirklichkeit vereinfachenden Schwarz-Weiß-Logik durchzogen ist, die schnelle Orientierung verspricht.

Sozial wird unterschieden zwischen uns und den anderen, zwischen einem „Wir" hier und den „fremden Anderen" da draußen. Das Wir vermittelt das verloren gegangene Gefühl von Dazugehörigkeit und sozialer Beheimatung. Wer zu diesem Wir gehört, das definiert sich durch Abgrenzung von den fremden Anderen. Dieses Wir lebt von einer Freund-Feind-Logik, der ein gewaltiges gesellschaftliches Konfliktpotential innewohnt. Es braucht den fremden Anderen als den äußeren Feind, um sich seines bergenden Wir-Gefühls zu vergewissern, um sich selbst zu spüren und sich seiner selbst und der eigenen Identität zu vergewissern. Es ist dieser fremde Andere, der Schuld hat an der eigenen prekären Lage. Denn eigentlich – und ohne den fremden Anderen – wäre das Leben gut, wir könnten uns wieder sicher orientieren und wären uns unserer selbst gewiss; jedenfalls gewisser, als wir uns heute fühlen. Dann könnten wir wieder „über uns selbst" bestimmen und fühlten uns am gesellschaftlichen Leben beteiligt. So entwickelt man ein imaginäres Überlegenheitsgefühl, das von einer überzogenen Aufwertung seiner selbst und einer aggressiven Abwertung des Anderen lebt. Eine Kultur der Absonderung entwickelt sich, getragen von Nationalideologien oder religiösen Fundamentalismen. „Identität", die wir nicht haben, sondern glauben, ist so zu einem, wenn nicht gar zu dem politischen Grundthema geworden.[4] Beide Begriffe und das, was sie für Menschen und unser Zusammenleben bedeuten, zu diskreditieren, wird die dadurch angezeigten Probleme nicht lösen, sondern verschärfen. Hier wird vielmehr besonders deutlich, was für einen Verlust der Ausfall des christlichen Glaubens, der Glauben und Identität in den Horizont der von Jesus gelebten Gottes- und Nächstenliebe stellt, für unser Zusammenleben bedeutet.

4 Glauben stärkt Resilienz

Glauben, in dem der Mensch sich seiner selbst gewiss ist, macht innerlich stark und lässt Menschen auch unter widrigen Umständen blühen. Glauben schenkt Würde. Dietrich Bonhoeffer oder Nelson Mandela geben dafür starke Beispiele ab. Selbst da, wo ihr Leben bedroht war, waren sie sich ihrer inneren Würde gewiss. Und eine solche robuste, sich ihrer selbst und ihrer Quellen bewusste Personalität fördert die innere Widerstandskraft, die Resilienz.

Resilienz nenne ich die Kraft, sich auch unter widrigen Umständen zu entfalten. Zwei Menschen leben unter denselben üblen Umständen zum Beispiel in einem dieser furchtbaren Flüchtlingslager an der Küste Nordafrikas. Der eine zerbricht, den anderen lässt die Herausforderung über sich selbst hinauswachsen. Was ist es, was den einen zerfrisst und den anderen aufblühen lässt? Was gibt dem einen eine robuste Identität, die den Widrigkeiten des Lebens standhält? Und was lässt den anderen zusammenbrechen? Wäre es nicht auch für uns hilfreich zu erfahren, was unsere Lebenskraft fördert? Und was würde das erst für die Millionen und Abermillionen von Kindern bedeuten, die unter den übelsten Bedingungen aufwachsen und um ihr Überleben kämpfen müssen? Der Theologe und Armutsforscher Clemens Sedmak hält dafür, dass dabei auch „eine Kultur der Innerlichkeit" eine wichtige Rolle spielt:[5] Ein solcher Mensch, der auch unter widrigen Umständen aufblüht, ist sich seiner selbst inne. Er weiß um sich selbst, um seine Ecken und Kanten, um seine Stärken und Schwächen. Er betrachtet sich realistisch. Er weiß um seine Möglichkeiten, so gut wie um seine Grenzen. Er kann sich annehmen, so wie er ist. Deshalb muss er sich nicht verstecken. Er kann sich zeigen. In dieser Haltung ist er frei und sich seiner selbst bewusst. Er ist klar in seinem Profil.

Eine solche stabile Identität, die sich nicht willenlos vom Schicksal hin- und hertreiben lässt, hat eine feste Verankerung im Leben. Das Leben hat eine klare innere Mitte. Diese Mitte schenkt dem Menschen die Geschichte, in der er sich verstehen und sein Leben erzählen kann. Von hier gewinnt er die Werte, an denen er sich orientiert.

Diese feste Verbundenheit konkretisiert sich in dem, wofür sich dieser Mensch verantwortlich fühlt: für die Menschen, Aufgaben und Werte, um die er sich sorgt. Aus der inneren

Klarheit und Verbundenheit erwächst eine verlässliche Verbindlichkeit im sozialen Raum. Wer so im Leben steht, kann sein Leben auch auf krummen Zeilen erzählen. Wer zum Beispiel seine Arbeit verliert oder dessen Firma gefährdet ist, darf sich natürlich eingestehen, dass ihm das Angst macht und das Gefühl gibt, die Kontrolle zu verlieren und sozial gefährdet zu sein. Gleichzeitig ist aber das Gefühl, etwas tun zu können in der Sorge um die anderen genau das, was einem in einer solchen Situation hilft: kreativ werden, sich um andere Sorgen machen und miteinander engagieren – und sich dabei aus der verordneten Passivität lösen und erfahren, nicht ausgeliefert zu sein, sondern selbst etwas tun können, getragen von dem Grundgefühl: Ich lebe „mein Leben"! Ich weiß, wer ich bin und wofür ich einstehe (und wofür nicht) – und an dieser Geschichte kann ich arbeiten.[6]

Wer so von sich sprechen kann, erlebt sich als verankert im Netz seiner Grundbeziehungen, wie sie in der biblischen „Verfassung der Freiheit" benannt sind: „Liebe Gott und deinen Nächsten wie dich selbst." Darin wird der Mensch auf drei Beziehungsebenen angesprochen: auf der Ebene seiner Beziehung zu Gott als der Mitte des Lebens, seiner Beziehung zu den ihm wichtigen anderen Menschen und seiner Beziehung zu sich selbst. Gott, die anderen und ich bilden die drei Dimensionen, in denen sich unser Leben bewegt und zu denen wir uns ständig verhalten müssen. Die Rede von „Dimensionen" trifft es vielleicht recht genau, denn keine der drei Beziehungen lässt sich ohne die beiden anderen bestimmen. Die Beziehung zu mir selbst, zum Anderen und zu Gott hängen unmittelbar miteinander zusammen. Und wie ich mich im Raum dieser drei Koordinaten verorte, das bestimmt meine Identität und meine Personalität[7] und ist im tiefsten eine Angelegenheit des Glaubens, die sich im glücklichsten Fall in einer tief empfundenen und versöhnten Liebe zum Leben ausdrückt: zu Gott, zu meinen Mitmenschen und zu mir selbst. Glücklich der Mensch, dem eine solche Liebe zum Leben aus dem Glauben geschenkt ist.

Geistlich formuliert: Wer glaubt, „weiß" um seine Berufung. Der kann sich in seinen Lebensrollen – im Beruf, in der Familie, in der Gesellschaft – ernsthaft um das sorgen, was ihm deshalb – im Dienst seiner Berufung – angelegen ist. Er ist in Kontakt zu dem, was ihm bedeutsam erscheint. Und kann so die Geschichte, in der er sich und sein Leben versteht, authentisch und glaubwürdig erzählen. Er empfindet sich als verankert in dem, was sein Leben trägt und bewegt: in seinem Lebensgrund. Er erlebt sich innerhalb eines Bedeutungsganzen, in dem sein Leben einen sinnvollen Platz hat. Nicht alles ist gut. Vieles ist schwierig. Manches überfordert ihn auch. Aber er ist bereit, das anzunehmen, denn es ist sein Leben. Es sind seine Herausforderungen. Es ist seine Lebensaufgabe.

5 Glauben verbindet

Vor 10 Jahren war Europa von einer immer weiter um sich greifenden Finanzkrise bedroht. Eine Finanzkrise ist im Kern eine Vertrauenskrise. Anleger und Anlegerinnen trauen der Zahlungsfähigkeit eines Landes nicht mehr. Sie nehmen ihr Geld weg und geben es in andere Hände, denen sie mehr glauben. In der Finanzsprache ist deshalb häufig vom Glauben die Rede. Ein Gläubiger glaubt seinem Schuldner, dass er die eingegangene Schuld begleichen wird. Das Geld, das er dem anderen geliehen hat, ist ein Kredit. Das Wort „Kredit" leitet sich her von lateinisch „credere", was nichts anderes als „glauben" heißt.

Glauben stiftet Werte. Erst dadurch, dass wir an etwas glauben, gewinnt es für uns einen Wert. Wertlos ist, was niemand glaubt. Das gilt selbst für das Geld. Geld, dessen Wert niemand traut, ist ein wertloses Stück Papier. Was für die Geldwirtschaft gilt, gilt auch für alle anderen Bereiche der Wertebildung. Werte entstehen aus Vertrauen und Glauben. Ohne Glauben wird das Leben wertlos. Was hilft es uns zu wissen, dass es Grund zur Hoffnung gibt oder dass wir geliebt sind – wenn wir es nicht glauben?

Es gibt Wirklichkeiten, die gibt es nur, weil und solange wir sie glauben. Glauben wir sie nicht mehr, gibt es sie für uns auch nicht mehr. Sie werden bedeutungslos für uns. Und damit werden sie unwirklich. Sie tragen nicht mehr. Sie halten uns nicht mehr zusammen. Häufig sind es „Wir-Wirklichkeiten". Wirklichkeiten wie Freundschaft, Liebe oder Partnerschaft, die einzelne Menschen in einem gemeinsamen „Wir" verbinden.

Von der Kraft solcher Verbundenheit erfahren wir in der aktuellen Corona-Krise in besonderer Weise. Wir erleben, wie wir als „sozialer Körper" miteinander krank sind, indem einer den anderen zu gefährden vermag – wir erleben aber auch, wie wir nur miteinander gesund werden können. Wo Vertrauen und Rücksicht herrschen, Solidarität und Verbundenheit wirken, da gelingt es, die Verbreitung des Virus zu bändigen. Wo hingegen Korruption, Gier und Narzissmus Staat und Gesellschaft beherrschen, da greift die Epidemie todbringend um sich.

„Wir-Wirklichkeiten" stiften ein Ganzes zwischen Menschen: der Staat, Gesetze und Ordnungen, Werte, die zwischen uns gelten sollen, auch und besonders die Religion. Wo sich das Glauben an diese Wir-Wirklichkeiten verliert, verliert sich auch das Wir. Das „Wir" braucht einen gemeinsamen Glauben. Und der Glaube des Einzelnen braucht die Gemeinschaft derer, die diesen Glauben teilen.

6 Glauben fördert Heilung

Es gehört zu den gesicherten und trotzdem überraschenden Erkenntnissen der Pharmaforschung, dass Pillen und Säfte erstaunliche Kräfte in einem Menschen bewirken können, wenn der Patient nur an ihre Wirkkraft glaubt. Das gilt selbst dann, wenn in der Tablette gar keine Wirkstoffe enthalten sind. Man nennt das den Placebo-Effekt. Das ist sozusagen eine Wirksamkeit aus innerer Einbildung heraus: glaubt eine Patientin, dass das Medikament, das sie da einnimmt, ihr helfen wird, ihre Schmerzen und Beschwerden los zu werden, dann entfaltet diese Pille genau durch dieses „Glauben" der Patientin ihre Wirksamkeit und sie wird gesund. Das überrascht auf einem Gebiet, wo nach herrschender naturwissenschaftlich-technischer Überzeugung allein technisch-kausale Zusammenhänge wirksam sind. Die Kräfte, die diesen Placebo-Effekt bewirken, sind aber nicht nur da wirksam, wo „Stoffe" verabreicht werden, die, ob nun gesichert oder (je nach medizinischer Schule) angeblich, medizinisch wirkungslos sind. Sie wirken bei jeder medizinischen Behandlung mit.

Glaubt der Kranke nicht seinem Arzt, dann entzaubert er dadurch dessen Heilmöglichkeiten für sich erheblich. Der Erfolg jeder Therapie wird mitgetragen vom Glauben des Patienten in ihren Erfolg.

Offenbar ist der menschliche Körper mehr als eine Maschine, die es nur ordentlich zu versorgen gilt, damit sie funktioniert. Und ganz offenkundig spielt in unsere Gesundheit unser inneres körperliches Gesamtbild, auch ein wichtiger Teil unserer „geglaubten" Identität, wesentlich hinein. Ich „habe" meinen Körper nicht, sondern „ich bin" mein Körper. Körperliche Gesundheit ist deshalb auch mehr als bloße funktionale Ungestörtheit.

7 Glauben stiftet Zukunft

Auch die Zukunft haben wir nicht. Wir glauben sie. Wir glauben, dass sie gut wird oder dass sie schlecht wird. Meistens letzteres. Wir schauen mit Hoffnung auf die Zukunft. Oder mit Angst. Und wie wir unsere Zukunft glauben, so erleben wir unsere Gegenwart. Denn unsere Angst vor morgen ängstigt uns heute. Und das lähmt. Umgekehrt: Wenn wir erwartungsfroh und zuversichtlich, ja geradezu sehnsüchtig auf morgen schauen, dann setzt uns das in Bewegung. Wir sind bis unter die Haarwurzeln motiviert, alles dafür zu tun, dass es bald morgen wird.

Mag die Zukunft auch noch nicht da sein – und das ist nun mal ihr Wesen –, so brauchen wir doch Bilder von der Zukunft. Bilder davon, wie es mit uns oder der Welt werden wird. In Organisationen und Unternehmen ist heute viel von Leitbildern die Rede. Leitbilder sind möglichst bildlich gefasste und deshalb gut vorstellbare Aussagen darüber, mit welchem Ziel wir unterwegs sind: wo wir hin wollen und vielleicht auch, wie wir diesen Weg gehen wollen. Sie sind getragen von einem Versprechen aller Beteiligten: Das ist unser Ziel! Da wollen wir hin! So wollen wir es machen! Dafür lohnt sich unsere Anstrengung! Verlockend sollte solch ein Ziel sein, denn es ist wichtig, dass alle gerne dahin unterwegs sind und es sie bewegt, jeden Tag aufs Neue aufzustehen und sich anzustrengen, dahin zu gelangen.

Solche Leitbilder brauchen wir auch für unsere Gesellschaft und für die Zukunft unserer Erde: Bilder von einer gerechten Welt in Frieden. Groß und Klein Arm in Arm. Bilder von einer ökologischen Zukunft, einer bewahrten Schöpfung. Bilder, die Hoffnung und Zuversicht vermitteln und die uns zum Handeln motivieren. Traumbilder einer guten Zukunft, die uns zu

Ideen und neuem Handeln inspirieren, auch wenn es immer wieder Rückschläge gibt.

Verbreiteter als Utopien sind Apokalypsen, die von der nahenden Katastrophe erzählen. Vom Atomkrieg, vom Klimakollaps, vom wirtschaftlichen Zusammenbruch. Bilder vom drohenden Ende. Sie malen die möglichen Gefahren vor Auge. Manch einen bewegen diese Bilder zum Handeln. Bei vielen lösen sie Angst und ein Empfinden lähmender Vergeblichkeit aus. Doch ob Utopien oder Apokalypsen: Es sind Bilder von einer Zukunft, die noch nicht ist, aber die durch diese Bilder schon in uns lebt – und dies um so wirksamer, je mehr wir ihnen Glauben schenken.

Glauben stiftet Zukunft! Die Bibel ist voll von Bildern der Zukunft, von Utopien und Apokalypsen. Zukunft bedeutet, dass etwas auf uns zu-kommt. Dass Gott, auf den wir hoffen, unsere Zukunft ist. Darin liegt eine große bewegende Kraft. Es ist eine andere Sprache als die der Statistiken, die das Morgen berechnen, indem sie das Gestern verlängern – so dass die Zukunft nichts anderes ist als die tendenzielle Verlängerung der Vergangenheit. Sicher ist dies eine Zukunftserwartung, die auf Wissen fußt. Eine Zukunft gestalten, die anders und besser wird, braucht unseren Glauben – und Hoffnungsbilder, die solchen Glauben motivieren.

Fazit: Glauben sucht Heil

Fasst man diese sieben Lebensgründe, die uns durch Glauben erschlossen werden, zusammen, dann entsteht das Bild eines heilen, ganzen und gesunden Lebens. Sich im Leben zuhause fühlen, ein gutes Bild von der Zukunft haben, Sinn und Bedeutung des Lebens zu sehen und sich der Grundausrichtung des eigenen Lebens darin gewiss sein; von dem Vertrauen getragen, in das menschliche und kreatürliche Zusammenleben friedlich eingebunden zu sein, von innerer Lebenskraft durchatmet und von dem Zutrauen in die heilenden Kräfte des Lebens getragen – das ist das Bild eines heilen Lebens. Es wird für uns nur durch Glauben zugänglich, weil die Wirklichkeit eben an sich kein geschlossenes sinnhaftes Ganzes darstellt. Es ist unklar, was die Zukunft bringen wird; wir wissen nicht, wieviel Lebenszeit uns geschenkt sein wird und die Welt lebt durchaus nicht in Frieden und Gerechtigkeit. Ganz im Gegenteil! Die Corona-Pandemie gibt uns eine Lektion über die Verwundbarkeit des Lebens selbst durch ein mikrobisches Ereignis. Sie lehrt uns Unberechenbarkeit und die Grenzen des Plan- und Machbaren. Das Virus erzählt uns von der Kontingenz des Lebens. Das Leben ist gefährlich; und wie es wird, wer wir darin sein werden und wie es für uns ausgehen mag, das ist völlig offen. Wir wissen es nicht und wir können es nicht wissen. Wir können es „nur" glauben. In solchem Glauben resignieren wir, oder wir stehen auf und greifen über unsere Möglichkeiten hinaus. Wir brauchen solchen Glauben, um uns in dem an sich offenen Raum der Wirklichkeit verorten zu können. Und wir brauchen einen positiven Glauben ganz besonders dann, wenn es ernst wird, wenn das Leben nicht so ist, wie wir es uns wünschen: in der persönlichen Konfrontation mit dem Tod, mit Unrecht, Krankheit oder drohender Gefahr. Gerade dann, wenn wir uns kaputt fühlen, wenn unsere persönliche Integrität gefährdet ist oder wenn uns die Welt aus den Fugen zu geraten droht, gerade dann brauchen wir einen Glauben, der uns Hoffnung schenkt, der erklärt oder der uns hilft, uns abzufinden.

Gerade dann, wenn wir das Gefühl haben, alles läuft schief, gerade dann brauchen wir es zu glauben, Gesegnete zu sein. Es ist wie ein Licht, das in einen an sich dunklen Raum fällt.

Es gibt mir Halt und trägt Wahrheit und Bedeutung in den an sich offenen Prozess des Lebens. Nicht, dass die Wirklichkeit durch das Glauben eine andere wird. Es ist dieselbe Wirklichkeit, aber sie gewinnt Geschichte und Zukunft. Wir sehen sie „im Glauben" mit anderen Augen. Die Wirklichkeit erscheint uns im Licht ihrer Wahrheit. Und die Wahrheit erhellt uns den Raum unseres Lebens, so dass wir aufstehen und uns verhalten können. Dann ist aus „das Glauben" „der Glaube" geworden.

Im Glauben gewinnen wir eine Perspektive, von der aus wir uns in dem komplexen und offenen Werden der Wirklichkeit individuell und gemeinsam orientieren können. Es geht ums Ganze und darum, wer wir in diesem Ganzen sind. Es geht um Ganzheit, um Personalität und Identität, um Gerechtigkeit und Frieden, um Gesundheit und Freiheit – und um deren Verlust. Verlieren wir solchen Glauben, dann drohen wir, kaputt zu gehen.

So geht es im Glauben tatsächlich um Heil und Un-heil. Es geht um Segen und um die Erlösung, aus, mit und gegen all das Kaputte und Zerbrochene in unserem Leben aufzustehen. Glauben lässt aufstehen oder untergehen!

Es gibt Dinge, die kann man zählen und messen:
Wie viele Seiten dieses Buch hat.
Wie viele Fenster ein Haus hat.
Wie schnell ein Flugzeug fliegt.

Und es gibt Dinge, die kann man nicht zählen und messen:
Wie viel Liebe in einem Kuss ist,
den eine Mutter ihrem Kind gibt.
Wie viel Angst einer hat, wenn er alleine ist.
Was ein gutes Wort wiegt.
Wie teuer eine gute Freundin ist.
Wie schwer es ist, wenn niemand uns leiden mag.
Wie tief eine Lüge uns verletzen kann.

Wie groß eine Freude sein kann.
Wenn wir nach Gott und dem Glauben fragen,
dann fragen wir nach einem Geheimnis.
Wir können es nicht messen mit einem Meterstab.
Wir können es nicht wiegen mit einer Waage.
Wir können es nicht ausrechnen mit einem Computer.
Trotzdem ist es wirklich.

Menschen spüren Gott.
Menschen erfahren Gott.
Sie sagen, er ist wie eine große Liebe.
Sie sagen, er gibt ihrem Leben eine große Kraft.
Sie sagen, er hat ihr Leben verändert.
Sie sagen, er hat sie geheilt.

Kapitel 4
Niemand glaubt für sich allein

Gerade weil unser Glauben uns im tiefsten Kern unserer Person bestimmt, in unserer Identität, erwächst Glauben aus Begegnungen und Gesprächen. Niemand, so lautet meine These, glaubt für sich allein. Im Glauben erleben wir uns als Gerufene und Berufene.

Schaue ich genauer in mein Leben, so entdecke ich, dass sich darin eine immer wiederkehrende Begeisterung, ein Grundton zeigt, der mich lockt und bewegt. Wo dieser Ton angesprochen wird und erklingt, da wache ich auf, da stehe ich auf, da setzt mich das in Bewegung. Ich nenne das „meine Berufung". Es ist das, was mich bewegt, was mich herausfordert. Das, wovon ich sage: „Das bin ich! Das will ich sein. Dafür möchte ich einstehen."

Solche Berufung geschieht im Leben eines jeden Menschen. Doch um unsere Berufung wahrzunehmen und auszubilden, brauchen wir andere Menschen. Menschen, die nach uns fragen. „Wer bist Du?" „Was suchst Du?" „Was willst Du?" Menschen, die uns in die Verantwortung rufen. Geht es dabei um mehr als Berufsberatung, werden uns diese Fragen vielmehr vom Horizont unseres Lebens her gestellt, dann werden sie uns zu Glaubensfragen. Jesus hat Menschen immer wieder in solche Gespräche verwickelt.

„In jedem Menschen ruht eine Glocke – und wenn man sie berührt, beginnt sie zu schwingen und zu klingen." So oder so ähnlich formulierte Maxim Gorki. So muss es Andreas und seinem Freund in der Begegnung mit Jesus ergangen sein (Johannes 1, 35–40). Jesus hat etwas in ihnen berührt. Etwas zum Schwingen und Klingen gebracht. Ein Lied, das in ihnen aufsteigt, dessen Melodie sie nicht mehr verlässt und ihr Leben in eine neue Dimension hebt.

Neugierig wenden sich die beiden Jesus zu. „Sie hören ihn reden und folgen ihm nach." So einfach, so nüchtern steht es da im Johannes-Evangelium. Keine direkte Ansprache Jesu, keine Verheißungen, keine Programme. Nichts dergleichen. Es ist seine Person, die sie fasziniert – die von sich selbst aber nichts erzählt.

Als Jesus die beiden wahrnimmt, wendet er sich um. Seine ganze Aufmerksamkeit richtet sich auf sie. Erstaunt fragt er: „Was sucht ihr?" Es sind die ersten Worte, die Jesus im Johannes-Evangelium spricht. Erste Worte sind bedeutsame Worte. Jesus reißt die beiden nicht mit sich wie der Rattenfänger von Hameln. Hier bricht das Bild von der verzaubernden Melodie. Er löst Andreas und seinen Freund vielmehr aus ihrer Faszination und fragt sie nach dem, was sie persönlich suchen. Was ist es, was euch bewegt?

Die beiden fragen zurück: „Rabbi, wo bist du zuhause?" In der Sprache des Johannes-Evangeliums bedeutet das: Wo kommst du her? Wohin führt unser Weg, wenn wir dir weiter nachgehen? Und Jesus antwortet ihnen: „Kommt und seht!" Er lädt sie ein, ihm nachzugehen. Aber sie müssen schon selbst kommen. Den Schritt über die Schwelle in den Raum der Gottesbegegnung müssen sie schon selbst tun. Sie müssen selbst sehen und sich ihr eigenes Urteil bilden. Keine Lehre kann den eigenen Glaubensweg ersetzen, keine Theorie das eigene Erlebnis. „Sie kamen und sie sahen es," erzählt der Evangelist weiter.

Am Anfang jedes Glaubensweges steht eine Berufung. Ein Augenblick nur, eine kurze Begegnung, die mir zum Grundimpuls wird. Nur ich höre das Lied, das leise in mir erklingt. Mein Lied. Gott hat es in mir angeschlagen, und ich schwinge mich ein in seine Melodie. Leise wird es laut. Mein Herzensanliegen. Das, was mein Leben bewegt. Es ist „meins" und doch Resonanz auf eine Begegnung, die mich zutiefst berührt. Im Erklingen der Melodie sind mein Ton und der Impuls, der ihn schwingen und klingen lässt, eines. Es ist mein Lied, und doch erklingt es nicht von selbst. Es muss wachgeküsst werden, um aus dem Bann der Umnachtung zu erwachen und laut zu werden. Von nun an singt dieses Lied in mir. Ich selbst höre es oft nicht mehr, doch es bewegt mich. Was ist deine Lebensmelodie? Welches Lied klingt in dir? Was brauchst du, damit es in dir laut wird? Wer lehrt es dich singen? Wem und wo solltest du es singen: dein Lied des Lebens?

Immer wieder braucht es, um gehört zu werden, mein neuerliches Hinhören und Aufmerken. Stille Gespräche, die in die Tiefe führen, dahin wo mein Lied klingt. Seelengespräche mit anderen, Gebet, Zeiten in Betrachtung und Kontemplation. Finde ich dann in Kontakt zu meiner Berufung und der Melodie, die mein Leben bewegt, dann bin ich in anderer Weise gegenwärtig. Ich bin wach. Ich bin da. Ich lebe. Mein Lied erklingt aus mir heraus. Es blüht, strahlt auf. Es singt, wird laut. Es wird gehört und findet Widerhall. Ein Resonanzraum entsteht, in dem der Klang sich entfaltet – und auch wieder verhallt. Das ist Leben. Und so gibt uns die Musik ein Gleichnis auf das Leben.[8]

Deshalb verwundert es nicht, dass viele Glaubenserzählungen Berufungs-Geschichten und Wegerzählungen sind. Der Grundimpuls des Glaubens weist mein Leben in seinen geschichtlichen Weg ein – in sein Werden und Vergehen, in Scheitern und Erfüllung. Wie in der Musik muss der Klang des Lebens immer wieder neu zum Klingen gebracht werden. Das geschieht in Begegnungen mit Jesus Christus. Er ist es, der beruft. Durch sein Wort. Durch das Evangelium. Glauben, Gott und das Evangelium von Jesus Christus, gehören zusammen. Er ruft so, dass mein Herz darin sein eigenes Klingen findet und darin nun zu schwingen beginnt. Es ist das Ergriffensein und gleichzeitige Ergreifen eines *Geführtwerdens in alle Wahrheit* (Joh. 16,13), in der das Glauben Gott erkennt und der Glaubende darin zugleich in die Bestimmtheit des eigenen Lebens findet. *„Was in die Gemeinschaft mit dem Christus bringt, ist die Berufung durch sein Wort, und der Glaubende ist der, der zu ihm kommt."*[9]

Doch den Impuls, die eigene Berufung wahr- und anzunehmen, braucht es immer wieder aufs Neue. Das hat man nicht ein für allemal. Deswegen kehren die Jünger wieder zu Jesus zurück. Es ist eine Bewegung wie Ein- und Ausatmen. So wie das Blut immer wieder neu durch das Herz bewegt wird. Durch Arterien und Venen. Einkehr, Aufbruch und Rückkehr. Und das Herz, die Mitte, der Impulsgeber, das Zentrum dieser Bewegung ist Jesus Christus.

Auch Andreas muss das, was er da entdeckt hat, mit seinem Bruder Simon teilen. Wem das Herz voll ist, dem geht der Mund über. Andreas wird nun selbst zum Zeugen und erzählt Simon von seiner Begegnung mit Jesus: „Wir haben den Messias gefunden, das heißt übersetzt: der Gesalbte. Und er führte ihn zu Jesus." (Joh. 1,41). Und Simon wiederum traut seinem Bruder und lässt sich von ihm zu Jesus führen. Wieder ist es die persönliche Beziehung, ist es die Begegnung, die „den

Glauben" weckt – und nicht die Lehre oder der argumentative Austausch von Überzeugungen. Das war in biblischen Zeiten so, und das ist heute nicht anders.

Die sozialwissenschaftliche Studie „Wie finden Erwachsene zum Glauben" unterstrich 2010 noch einmal die Wichtigkeit persönlicher Beziehungen für die Entwicklung unseres Glaubens. Menschen, die uns sehr nahestehen, denen wir vertrauen, wo in der Begegnung etwas in uns schwingt, haben eine besondere Bedeutung für unser Selbstverständnis und für unseren Glauben.[10] Glauben vermittelt sich eben nicht anonym durch Bücher oder Filme. Glauben erwächst aus Beziehungen, in denen wir Menschen begegnen, die uns von ihrem Glauben erzählen, die uns ihren Glauben bezeugen – so überzeugend, dass wir uns selbst auf den Weg machen. Und indem wir unseren Glauben teilen und uns immer wieder neu der Herausforderung stellen, unseren Glauben auszudrücken, gewinnen wir unseren Glauben auch für uns selbst immer wieder neu.

Die Einladung zum Glauben geschieht deshalb zuallererst nicht im Unterricht oder von der Kanzel, sondern in den alltäglichen, ganz persönlichen Begegnungen und Kontakten, die Christinnen und Christen in ihrem Alltag pflegen. Den Glauben zu teilen, ist nicht Aufgabe von bezahlten Profis, Pfarrerinnen, Lehrerinnen oder Diakonen. Glauben ist auch kein Unterrichtsfach. Glaube zu teilen ist die Aufgabe eines jeden Christen, einer jeden Christin. Luther nannte dies das Priestertum aller Gläubigen. Dazu braucht es aber auch immer wieder der Ermutigung und der Ermächtigung. Es bedarf der Berufung und der Sendung. Daran erinnert schon Paulus: „Wie sollen sie aber predigen, wenn sie nicht gesandt werden?" (Röm. 10,13) Der besondere Ort dafür ist der Gottesdienst, in dem die Gemeinde eben auch beruft und sendet – nicht nur für Aufgaben in ihrer Mitte, sondern auch für Dienste in der Welt. Gerade für die Aufgabe, unseren Glauben in der Welt zu teilen, braucht es solche Berufung und Sendung, um sich der eigenen Rolle und Aufgabe zu vergewissern.

Glaube lebt, indem wir ihn miteinander teilen. Begeistert wie kritisch, offen wie authentisch, in der Bereitschaft zu Dialog und Begegnung, in von Liebe und Aufmerksamkeit getragenen Face-to-Face-Beziehungen. Das gilt zumal in einer Gesellschaft, in der es nicht mehr den einen Glauben gibt, der alle und alles bestimmt. Doch um den Glauben zu teilen, braucht es nach Berufung und Sendung auch eine Sprach- und Gesprächsfähigkeit im Glauben. Wie können wir unseren christlichen Glauben, getragen vom Überlieferungsstrom der Geschichte, heute empfangen und ausdrücken, wie können wir ihn ins Gespräch bringen und teilen?

1 Glaube sucht das Gespräch

Glauben kann einem die Augen öffnen – aber auch mit Blindheit schlagen. Ist das, was mir selbstverständlich erscheint, gar nicht wahr, sondern Irrtum? Baut mein Leben auf Trugschlössern auf? Was lässt mich gewiss sein und glauben, was ich glaube?

Laut oder leise stellen sich solche Fragen jedem Menschen. Nicht nur Christen, auch Muslimen oder Juden. Nicht nur denen, die ausdrücklich religiös glauben. Nicht nur den Gläubigen. Auch denen, die sich selbst als ungläubig bezeichnen, stellt sich die Frage, ob ihr Glaube wahr ist. Auch sie müssen sich fragen, welchen Werten sie vertrauen; wem und was sie Bedeutung für ihr Leben schenken; was ihnen wertvoll oder wertlos erscheint; was sie lebenswert finden und woran sie Wert, Sinn und Bedeutung ihres Lebens bemessen. Auch sie antworten auf die Frage „Was ist ein gutes Leben?" mit ihrem Glauben.

Diese Fragen sind wichtig. Jede und jeder muss sie für sich persönlich beantworten. Unsere Antworten werden dabei sehr unterschiedlich ausfallen. Deshalb werden diese Fragen aber nicht überflüssig. Wir müssen sie uns stellen und wir müssen sie uns, ein jeder für sich und wir miteinander, beantworten. Die Antworten, die wir dabei geben, geben wir in der Hoffnung, dass sie sich als richtig bewahrheiten. Aber wir wissen es nicht. Es könnte auch anders sein. Es ist meine Lebenshaltung. Und sie ist fragwürdig.[11]

Glaube ist nicht etwas, das ich habe und in „meinem Seelenkämmerlein" mit mir trage, eine kostbare Ration für schwere Zeiten. Nein, mein Glaube gehört mir nicht. Er ist kein „Etwas", über das ich, wenn es mir gefällt, einfach verfügen könnte. Mein Glaube – das bin ich; das was mich hält und aufstehen lässt; was meinem Leben Grund und Richtung schenkt. Jener Ruf, der durch mein Leben klingt und mich bewegt. Mein Glaube trägt mich!

Es hilft mir und meinem Glauben, wenn ich weiß, dass ich damit nicht allein bin. Es schenkt meinem Glauben Plausibilität, wenn ich im Gespräch erfahre, dass andere Menschen meinen Glauben teilen. Es bestätigt mich und schenkt mir Vergewisserung. Und umgekehrt brauche ich die anderen als Gesprächspartner, um meinen Glauben auszudrücken, ihn in Worte, in Bilder und Gesten zu fassen, die passen und die die anderen verstehen.

Aber mein Glauben ist nicht nur individuell und für mich persönlich interessant. Glauben ist von öffentlicher und politischer Bedeutsamkeit, weil es Glauben und Vertrauen sind, die die gemeinsamen Werte tragen. Glauben stiftet gemeinsame Güter. Er verbindet Menschen und schafft „Wir-Wirklichkeiten". Und Glauben bestimmt unseren Blick auf die Zukunft. Glauben lässt uns träumen: von einer gerechteren Welt, von einer Welt in Frieden, von einem Leben, das den Tod überwindet. Und wo wir nicht für uns träumen, sondern anfangen, miteinander einen Traum zu träumen, da lässt uns unser Glaube aufstehen und handeln, da entwickelt er gestalterische Kraft und kann Wirklichkeit werden. Unsere Gesellschaft braucht diese utopische Kraft des Glaubens. Glaube, der sich ins Innere zurückzieht, verliert sich im Raum des bloß Subjektiven. Das „Reich Gottes" ist aber nicht „in mir", sondern es lebt zwischen uns auf: in unseren Beziehungen, in der Gesellschaft, auch im öffentlichen Raum. In unseren Tagen gibt Greta Thunberg ein Beispiel, wie vom Glauben eines einzelnen kleinen Menschen und dem stimmigen Ausdruck, den dieser Glaube in diesem Mädchen gefunden hat, eine weltumfassende Bewegung werden kann, die möglicherweise etwas bewegen kann, was mächtiger ist als die politischen und ökonomischen Interessen, die unseren Globus beherrschen. Glauben kann die Welt verändern, denn es stiftet gemeinsames Leben, es kann heilen und eröffnet Zukunft. Glauben lässt aufstehen.

Glauben will sich ausdrücken und mitteilen, Glauben will geteilt werden, Glauben braucht Begegnung und Gespräch, Gemeinschaft und Austausch, um zu leben und seine Kraft zu entfalten. Nur so gewinnt und behält es seine vergewissernde und ermutigende Kraft. Allerdings kann das auch wiederum leicht in sektenhafte Abkapselung und Verirrung umschlagen. Auch dafür haben wir in unseren Tagen genügend Beispiele. Glauben stellt auch vor die Wahrheitsfrage. Menschen glauben alles Mögliche. Gutes und Schlechtes. Sie glauben dem Leben und sie glauben dem Tod. Sie begeistern sich für den Frieden genauso wie für den Krieg. Ihren Glauben leben zu dürfen, darin liegt ihre Freiheit. Doch nicht jeder Glaube dient dem Leben. Der Glaube an die Vorsehung, der Nazi-Deutschland lange begeisterte, war ein solcher Irr-Glaube. Weil Glauben Menschen in ihrem Handeln bewegt, deshalb muss sich der Glaube auch die Frage nach der Wahrheit gefallen lassen. Es ist die Frage nach dem Glaubensgrund, der im Glaubensakt selbst nicht aufgeht.

Glaube braucht deshalb das kritische Gespräch, braucht den Widerspruch und den Dialog mit denen, die anders glauben, damit ich meinen Glauben auf seinen Wahrheitsgehalt hin prüfen kann. Das Gespräch ist auch der Raum der kritischen Prüfung des Glaubens. Glaube, der sich in sich selbst verschließt, wird sektenhaft in seiner Abkapselung. Er verliert seinen Wirklichkeitsbezug und verstellt sich der Wahrheitsfrage. Der Dialog, das offene Gespräch auf Augenhöhe, ist die angemessenste Form kritischer Prüfung des Glaubens. Wer sich dem Dialog entzieht, entzieht sich der Wahrheitsfrage – denn bei aller Plausibilität, ja Gewissheit, die mein Glaube innerlich für mich hat: Ob das, was ich glaube, wahr ist und ob der, dem ich glaube, solchen Glauben verdient, das „weiß" ich nicht. Ein bloß autoritativer Glaube, der sich der Autorität einer Wahrheit, einer Person oder eines „Gottes" unterwirft oder das verlangt, greift die Identität des Menschen an, gefährdet die Würde des Menschen und die Humanität der Gesellschaft. Glaube, der Wahrheit für sich und für andere behauptet, muss sich der Wahrheitsfrage stellen und auch das geschieht vor allem im Mut zur kritischen Begegnung und im Dialog.

Schließlich ist es ja auch für einen selbst nicht unwichtig zu erfahren, was die Mitmenschen glauben. Vor allem, wenn wir mehr oder weniger zusammengehören. Weil Glauben eine gemeinsame Wirklichkeit begründet, wird man sich doch fragen: Schließt das, was der andere glaubt, mich noch ein, oder schließt sein Glaube mich aus? Hat mir sein Glaube Wichtiges und Begeisterndes zu sagen – oder gefährdet er meine oder die Würde anderer und ein humanes Leben in unserer Gesellschaft? Hier stellen sich dann auch die so wichtigen Fragen nach Gerechtigkeit, Toleranz und Glaubensfreiheit. Gerade weil Glauben vorrational ist, muss sich Glaube rational reflektieren, und dafür braucht es – zumal in einer pluralistischen Gesellschaft – das öffentliche und kritische Gespräch über den Glauben gegen die Tendenz einer sektiererischen Abschottung in Sonderwelten.

Glauben lebt und reift, indem wir ihn wagen und teilen. Nur so findet das, was wir Glauben nennen, Ausdruck und Gestaltungskraft im Leben. Indem wir unseren Glauben teilen, leben wir die Berufung, die uns im Glauben gegeben ist. Seinen Glauben zu teilen, ist die kreative, die schöpferische Aufgabe, vor die wir mit unserem Glauben gestellt sind. Nur indem wir uns dieser Aufgabe stellen, vermag unser Glaube seine lebensgestalterische Kraft wirklich zu entfalten. Zugleich werden wir uns darin unseres Glaubens bewusst, stellen uns dem kritischen Gespräch, erfahren Plausibilität und gesellschaftliche Wirksamkeit, genauso wie hilfreiche Korrektur.

2 Miteinander glauben

Der Christusglaube gibt Menschen einen guten Grund zum Leben. Er hält und trägt, er gibt Kraft und schenkt Orientierung. Der lebendige Gott verbindet uns miteinander und engagiert uns für ein Leben in Gerechtigkeit und Frieden. Der Glaube an Christus stiftet neue Gemeinschaft. Hoffnung und Liebe bilden die innere Kraft dieses Glaubens. Ohne sie können wir als Menschen nicht leben. Wir gewinnen sie im Glauben an Jesus Christus als Lebensgrund.

Deswegen ist es gut und tut es gut, vom Glauben zu erzählen und seine Kraft, das Leben in Liebe und Hoffnung zu gestalten, zu bezeugen. Dafür aber braucht der Glaube die Gemeinschaft der Gläubigen. Die Gemeinde. Die Kirche. Es gibt keinen christlichen Glauben ohne Gemeinschaft. Ich habe mir meinen Glauben ja nicht selbst ausgedacht. Ich bin in diesen Glauben eingeführt und mitgenommen worden von meiner Großmutter, von meinen Eltern, von Religionslehrerinnen, Gruppenleitern oder Pfarrerinnen. Sie haben mich in den Gottesdienst mitgenommen. Sie haben mich in ihre Gruppen und Gemeinschaften eingeladen. Sie haben mir aus der Bibel erzählt. Sie haben mich vertraut gemacht mit den Liedern, mit den Bildern und mit den Lebensformen des Glaubens. Haben mich das Beten gelehrt, haben mich gesegnet und getröstet. Sie haben mir weitergegeben, was sie selbst empfangen haben von ihren Müttern und Vätern im Glauben.

Es ist ein langer Überlieferungsstrom, der sich da durch die vergangenen Jahrtausende zieht. Lieder, Bilder; Wissen, Weisheit und Erfahrung; Melodien und Gesänge, Erzählungen und Gebete, Tänze und Liturgien, Kirchen und Kathedralen. Eine universale Sprache des christlichen Glaubens in allen Ausdrucksformen menschlicher Kultur. Es ist die intersubjektive, die soziokulturelle Seite des Glaubens, die in vielfältiger Weise dem Glauben Gemeinschaftsformen schenkt, Ausdrucks- und Lebensformen, an denen der Einzelne teilhaben darf, um seinen Glauben auszudrücken, um an Glaubensgemeinschaft teilzunehmen, um dem Glauben als einer äußeren Wirklichkeit begegnen zu können und sich darin zu bergen. Es ist ein Überlieferungsstrom in großer ökumenischer Breite und Weite. „Die Gemeinschaft ist für den christlichen Glauben nicht nachrangig, vielmehr konstituiert die Gemeinschaft den Glauben."[12]

Glauben ist von Grund auf immer ein „Glauben mit". Sie, die Mütter und Väter, die Brüder und Schwestern, aber auch unsere Enkelinnen und Enkel im Glauben, sind die Kirche. Sie sind es, die den Glauben teilen. Und die Kirche in der Vielfalt ihrer Konfessionen hat genau so viel Zukunft, wie sie Menschen findet, die ihren Glauben teilen.

Immer wieder wird in unseren Kirchen heute jedoch eine Sprachlosigkeit im Glauben beklagt. Dann will es so scheinen, als sei es eine bloß katechetisch-missionarische Aufgabe, diese Sprachlosigkeit zu beheben. Als bedürfte es bloßer Glaubenssprachkurse, um vom Glauben wieder sicher und leicht sprechen zu können. Als gäbe es eine Art „Glaubenssoll", das es als „Glaubenswissen" nur zu vermitteln gälte, damit es Menschen zu einer Art „Glaubenshaben" wird. So verhält es sich aber nicht mit dem Sprechen vom Glauben und unserem Glaubenszeugnis. Solch ein frontal verordneter Glaube, „damit sie wissen, was sie glauben", ist kein mündiger Glaube. Nur wo in persönlichem Austausch die Sprache der christlichen Glaubensüberlieferung lebendig wird, wo Menschen „vor Gott und der Welt" über ihren Glauben persönlich ins Gespräch finden, geschieht ein lebendiges Lernen im Glauben und wird so eine Gesprächsfähigkeit im Glauben eingeübt. Damit solch ein Gespräch überhaupt möglich wird, braucht es Zuwendung, Offenheit, Interesse, Mut. Und diese Haltungen müssen sich immer wieder neu aufbauen. Wo ein solches Gespräch zustande kommt, spielen das Zuhören und das Erzählen eine besondere Rolle. Wir lernen, von unserem Glauben zu sprechen, indem wir es miteinander – in der Erzählspur des Glaubens – tun. Da verhält es sich beim Erlernen der Sprache des Glaubens nicht anders als beim Sprachenlernen sonst: wir lernen eine Sprache, indem wir sie miteinander sprechen. Glauben ist ein Beziehungsgeschehen und entfaltet sich deshalb auch nur in Beziehung. „Ich glaube" als ein „Glauben an" gibt es nur als ein „Glauben mit".

Teil 2
Mit der Bibel glauben

Der christliche Überlieferungsstrom ist biblisch. Die Bibel bietet die wesentlichen Überlieferungen, in denen sich Christen in ihrem Glauben verstehen. Deshalb möchte ich nun einen Blick in die Bibel werfen und schauen, was es bedeutet, mit Abraham, Mose und Israel, mit Jesus, Paulus oder Lukas zu glauben.

Auch die Bibel ist geschichtlich geworden. Denn auch sie ist eine über Jahrhunderte gewachsene Überlieferung. In ihr begegnen uns Menschen, die sich von Gott angesprochen, begleitet, geführt, bewahrt und gerettet erfahren haben. Wir erfahren von ihrer Zeit- und Lebensgeschichte. Wir hören ihre Gebete. Die Bibel erzählt uns von der Geschichte ihres Glaubens und wie dieser Glaube ihren Lebensweg bestimmt hat, als Einzelne wie als Gemeinschaft.

Durch diese Worte und Erzählungen begegnet uns auch das lebendige Wort des lebendigen Gottes. Es ist nicht identisch mit der erzählten Geschichte, aber es kommt durch diese Geschichte hindurch zu Wort, indem es uns plötzlich in der Mitte unseres Lebens anspricht und in unser Leben hineinwirkt. Es geschieht da, wo wir in eine tiefe persönliche Resonanz treten zu dem, was uns da anspricht und das wir hören. Dass ein biblisches Wort uns zu Gottes Wort wird, ist also nicht im biblischen Text selbst angelegt, sondern ist ein Ereignis persönlicher Begegnung, ein Glaubens-Ereignis. Es geschieht, wo uns heilvoll Anspruch und Zuspruch begegnen, die uns unterbrechen und neu verstehen lernen, uns aus unheilvollen Beziehungen und Lebensvollzügen herausrufen und eine Identität zusprechen, die nicht in uns selbst gründet, sondern in der Wirklichkeit Gottes.

Wenn wir nun im Folgenden der Erzähl-Geschichte des Glaubens folgen, dann hören wir zunächst auf einige der großen biblischen Berufungserzählungen. Denn in ihnen kommt der Zusammenhang von Identität und Gott, von Heimat und Orientierung, von der Kraft, aufzustehen und sich nicht unterkriegen zu lassen, in einer die Geschichte prägenden Weise besonders zum Ausdruck. In ihnen wird der Ruf Gottes laut, der unserem Leben seine Richtung geben will. Durch sie können wir besser verstehen lernen, was in biblischer Tradition „Glauben" heißt, worauf der Glaube vertrauen kann und wie wir Glauben leben können.

Der 2. Teil dieses Buches erzählt so die Geschichte(n) des Glaubens in biblischer Tradition. Diese Einführung ist historisch geordnet – vom Alten zum Neuen Testament und dort von Jesus über Paulus zu den Evangelien. Jede dieser biblischen Erzählungen nimmt uns Heutige in Anspruch, weil sich in ihnen jeweils eine in der Beziehung zu Gott gewonnene Identität ausspricht.

Wie erzählen biblische Zeugen von dieser Beziehung? Was bedeutet für sie Glauben? Wer ist der Gott, der in diesen Glaubenserzählungen begegnet? Wie verweben sich die biblischen Glaubenserzählungen zu einer großen Erzählung?

Kapitel 5
Wo bist du, Mensch?

Das christliche Glaubensverständnis ist aus dem jüdischen entstanden. Jesus war Jude, genauso wie seine Jünger und die Apostel. Ohne den großen Denk- und Erzählzusammenhang der jüdischen Kultur- und Überlieferungsgeschichte können wir Jesus und das Neue Testament nicht verstehen. Auch Jesus stand schon in einem Erzählzusammenhang, in einem Überlieferungsstrom, mit dem er sich identifizierte, in dem er sich verstand und ausdrückte – und aus dem heraus er verstanden wurde.

Die Überlieferungsgeschichte jüdischen Glaubens hat ihren Grund in der schriftlichen Thora, die im 4. Jahrhundert v. Chr. kanonisiert wurde. Von dieser schriftlichen Thora her fließt ein ununterbrochener Überlieferungsstrom. Er lebt aus dem Bewusstsein einer unablässigen Verstehensbemühung. Denn der Text der Thora ist nicht eindeutig in seinem Textsinn. Er ist bedeutungsoffen, und diese Bedeutungsoffenheit löst ein ständiges Gespräch aus über die Bedeutung und die Wahrheit der Thora-Texte. Diese Bedeutungsvielfalt meint jedoch keine Beliebigkeit. Jede Bedeutungszuschreibung bedarf der Begründung! Das geschieht im Gespräch. Im Gespräch mit der Tradition und im Gespräch miteinander. Im Gespräch mit der Thora und ihren früheren Auslegern ist die Bedeutung der Überlieferungen der Thora immer wieder neu zu erarbeiten. In der Schriftauslegung, die sich im Gespräch durch alle Zeiten der Geschichte zieht, haben diejenigen, die daran teilnehmen, teil am Geschehen der Überlieferung und werden selbst zu Trägern der Überlieferung. Aber es ist eben nicht nur ein rezeptiver Prozess, in dem die Gesprächspartner bloß wiederholen, was schon gesagt wurde, sondern es ist ein kreativer Prozess. Es ist ein kreativer Prozess der Artikulation, in dem man sich seines Standortes, seines Glaubensgrundes vergewissert und versucht, sich so auszudrücken, dass man dabei dem anderen verständlich wird. Der bedeutende Rabbiner Abraham Joshua Heschel beschreibt das mit den schönen Worten: „*Die Inspirationen der Propheten und die Interpretationen der Weisen sind gleich wichtig. Es gibt eine Partnerschaft Gottes mit Israel, die sich sowohl auf die Tora als auch auf die Welt bezieht: Er erschuf die Erde, wir bebauen den Boden. Er gab uns den Text, und wir vertiefen und vervollständigen ihn. ‚Der Heilige, Er sei gesegnet, hat Israel die Tora übergeben als Weizen, aus dem das beste Mehl gemacht werden soll, oder wie Flachs, aus dem ein Gewand gefertigt werden soll'. Die Bibel ist ein Same; Gott ist die Sonne; wir aber sind die Ackererde. Es wird von jeder Generation erwartet, dass sie neues Verstehen und neue Verwirklichung hervorbringt.*"[13]

In diesem Traditionszusammenhang stand auch Jesus und nahm selbst teil am Geschehen der Überlieferung auf dem Grund der Thora. Ein Überlieferungsstrom, den er überraschend neu weiter-erzählte. Er webte seine Worte und Gedanken, seine Taten und Gedanken ein in diesen großen jüdischen Überlieferungsteppich. Herausgerissen aus diesem Teppich der Überlieferung sind Jesu Bilder und Worte nicht zu verstehen. Wie Jesus und die ihm folgenden Frauen und Männer glaubten, lässt sich nur im großen biblischen Zusammenhang verstehen. Deshalb ist die jüdische Thora auch Teil der christlichen „Schrift"[14] geworden, wie sie im 3. Jahrhundert durch die Festlegung des kirchlichen Text-Kanons bestimmt wurde.

1 Mit Abraham glauben

Glauben ist biblisch der umfassende Begriff für die gelebte und erfüllte Gottesbeziehung des Menschen. Von daher bilden Glaubens-, Gottes- und Menschenverständnis biblisch einen engen Zusammenhang. Dabei geht das offenbarende – und dabei immer auch berufende – Handeln Gottes dem Glauben voraus. Gott offenbart sich Abraham (Genesis 15, 1–6), Moses (Exodus 3) oder Israel (Exodus 19+20) und beruft sie, an seinem Heilswerk teilzunehmen. Die großen Offenbarungs- und Berufungserzählungen der Bibel sind deshalb auch die den Glauben begründenden Erzählungen.

Urgestalt des Glaubens ist Abraham. Die Abrahamserzählungen im 1. Buch Mose in den Kapiteln 12 – 22 sind Grunderzählungen des Glaubens. So wie sich Abraham Gottes Verheißung anvertraut und seinem Ruf folgt, so sollen auch die glauben, die sich als Erben seiner Verheißung verstehen.

„Gott sucht den Menschen" (Abraham J. Heschel), und damit beginnt die Geschichte des Menschen. Er hat Abraham aus der alten Heimat seiner Mütter und Väter, einer Stadt mit dem bezeichnenden Namen Ur, herausgerufen auf den Weg in ein neues Land. Mit diesen Worten beginnt nach den sagenhaft und mythisch anmutenden Ur-Erzählungen zu Beginn des 1. Buches Mose die geschichtliche Erinnerung Israels, die in

Gottes Ruf an Abraham ihren Ursprung hat. *„Geh aus deinem Vaterland und von deiner Verwandtschaft und aus deines Vaters Hause in ein Land, das ich dir zeigen will. Und ich will dich zum großen Volk machen und will dich segnen und dir einen großen Namen machen und du sollst ein Segen sein. Ich will segnen, die dich segnen, und verfluchen, die dich verfluchen; und in dir sollen gesegnet werden alle Geschlechter auf Erden."* (1. Mose 12, 1–3)

Abraham folgt Gottes Ruf. Jahre später erneuert Gott seine Zusage. *„Fürchte dich nicht, Abraham! Ich bin dein Schild und dein sehr großer Lohn!"* (1. Mose 15,1) Abraham, inzwischen alt und betagt, aber immer noch kinderlos, erwidert: „Mein Gott, was willst du mir, der keine Nachkommen hat, an Zukunft noch geben?" Abraham ist mit seiner Lebenskraft am Ende.

Da fordert Gott Abraham auf, in den nächtlichen Sternenhimmel zu schauen: *„Sieh gen Himmel und zähle die Sterne; kannst du sie zählen? Und sprach zu ihm: So zahlreich sollen deine Nachkommen sein!"* (1. Mose 15,5) Und daraufhin heißt es: *„Abraham glaubte dem Herrn ..."* (1. Mose 15,6). Dass Abraham sich auf Gottes Verheißung einlässt und sein Leben darauf baut, nennt die Bibel „Glauben": *„... und das rechnete er ihm zur Gerechtigkeit."* (1. Mose 15,6)

Dass Gott Abraham begegnet, darin hat die Geschichte Israels ihren (Glaubens-)Ursprung, und darin nimmt sie zugleich ihren (Lebens-)Anfang. Wirklich alles beginnt damit, dass Gott sich Abraham offenbart. Eine neue Zukunft verspricht ihm Gott. „Am Anfang war der Glaube".[15] Gottes Offenbarung begründet und eröffnet Zukunft, in die hinein Gottes Mensch Abraham sich wagt.

Und umgekehrt schenkt Abraham Gottes Worten Glauben. Unter diesem Zukunftsversprechen eröffnet sich Israels Geschichte. Gottes Offenbarung und Abrahams Glauben haben so Geschichte gestiftet. Wenn dabei Glauben heißt, den Mut zum Wagnis der eigenen geschichtlichen Existenz aufzubringen, dann fallen Glaubens- und Lebensgeschichte in eins.

Doch es ist nicht nur die angesagte Zukunft, die Abrahams Aufbruch trägt. Sein Glauben richtet sich auf Gott selbst, dem er die Verwirklichung seiner Worte zutraut. Es geht nicht nur um den Sachverhalt, der sich in Gottes Worten ausgesprochen hat. Es geht um eine Beziehung „auf Treu und Glauben", in der Abraham der Mensch Gottes und Gott der Gott Abrahams wird.

Diese besondere Treue, in der sich Abraham gehorsam in Gottes Wort und Weisung traut, wird in der dritten großen Glaubensgeschichte der Abrahamsüberlieferung besonders deutlich: der Opferung Isaaks (1. Mose 22, 1–19).

Tatsächlich wird Abraham und Sara noch in hohem Alter ein Sohn geschenkt. Sie nennen ihn Isaak. Auf Isaak ruhen alle Hoffnungen Abrahams. An ihm soll wahr werden, was Abraham verheißen wurde. Er soll der Erbe der Verheißung sein. Und da verlangt Gott nun von Abraham: *„Nimm Isaak, deinen einzigen Sohn, den du lieb hast, und geh in das Land Morija und opfere ihn dort ..."* (1. Mose 22,2) Und wirklich – und zugleich so schrecklich: Abraham folgt Gottes Ruf, Isaak, das Kind, seinen Sohn, seine Zukunft zu opfern. Das Messer schon in der zum Stoß ausgestreckten Hand, ruft ihn ein Engel im letzten Augenblick zurück: *„Lege deine Hand nicht an den Knaben und tu' ihm nichts; denn nun weiß ich, dass du Gott fürchtest und hast deines einzigen Sohnes nicht verschont um meinetwillen."* (1. Mose 22,12) Aufgrund solcher im Gehorsam erwiesener „Gottesfurcht" erneuert Gott die Zusage seines Segens.

Abraham gehorcht Gott, obwohl er dessen Weisung nicht versteht. Er gehorcht selbst dem ihm widersinnig scheinenden Auftrag, weil er Gottes Treue traut, ihm Zukunft segensreich zu erschließen. Dieses Vertrauen lässt ihn wagen, sich auf das Drama der möglichen Opferung seines Sohnes und damit seiner Zukunft einzulassen.[16] Eines Opfers, das mit dem Verlust seiner Zukunft zugleich den Verlust seiner Geschichte und seines Gottes bedeuten würde. Trotzdem wagt Abraham auch diesen Schritt in das völlig Ungewisse, ja Paradox-Widergöttliche. Er wagt sich mit Gott in das Ohne-Gott – und findet gerade so, wie später auch Hiob, Gott und sein eigenes Bleiben.

Doch trägt solch autoritativer Gehorsam gegenüber eines in seinem Willen offenbar unberechenbaren Gottes nicht alle Züge eines Kadavergehorsams? Sollten wir hier nicht eher von Unterwerfung statt von Vertrauen sprechen? Ist Gott, der von Abraham fordert, ein unschuldiges Kind, seinen eigenen Sohn, zu töten, wirklich der Gott des Lebens und der Liebe? Ist hier wirklich von demselben Gott die Rede, der seinen Bund mit Israel schließt? Ist dieser Gott der Gott Jesu? Ist das derselbe Gott, zu dem wir im Namen Jesu „Abba!", „Vater!" rufen? Befiehlt hier nicht vielmehr ein böser Dämon, ein dunkles Schicksal? Oder gilt es die Erzählung von ihrem Ende her zu verstehen, wo Gott die Tötung des Sohnes verbietet, womit nun alles Menschenopfer im Namen Gottes ein Ende findet? Haben wir es hier am Ende mit mehrerlei Gottesbildern oder unterschiedlichen Gesichtern zu tun, in denen uns der eine Gott begegnet?

Die Überlieferung bleibt dunkel. Der Gott Abrahams, der „Gott der Väter", und die mit ihm verbundene Religion unterscheidet sich von dem Gott, der am Sinai/Horeb seinen Bund mit Israel schließt. Und doch stellt die Abrahamsüberlieferung, gerade auch die schwierige Erzählung von der Opferung Isaaks, eine Grunderzählung zum Glauben dar. Indem Abraham Gott glaubt, bindet er sich selbst, seine Zukunft, an Gott und seine Verheißung – und Gott bindet sich an Abrahams Weg. Sein Glauben beansprucht Abraham als ganze Person. Gottes Zukunft soll auch seine Zukunft sein. Von Gott erwartet Abraham seine Zukunft. Eine andere Zukunft will Abraham nicht, als die, die ihm von Gott her zukommen wird. So gründet er seine Geschichte in Gottes Geschichte. Er will treu sein, treu gegenüber Gott, auf dessen Treue er sich verlässt. Beide teilen sich in eine Geschichte. „Glaube schließt Treue ein; die Kraft warten zu können; das Jasagen zu seiner Verborgenheit; den Trotz gegenüber der Geschichte."[17]

Das ist das Glauben, das die Worte „Abraham glaubte Gott" aussagen. So wurde Gott nicht nur für Israel und die Juden, sondern auch für Muslime und Christen zum „Vater des Glaubens".

2 Mit Mose glauben

Wer ist der Gott, dem man nur im Glauben begegnen kann? Oder umgekehrt: Als wer erschließt sich Gott im Glauben? Die Berufung des Moses ist die am ausführlichsten überlieferte Berufungserzählung in der Bibel. Zugleich offenbart sich in ihr Gott in seiner Namentlichkeit, was zugleich Voraussetzung ist, ihn anzurufen und zu glauben.

Moses Begegnung mit Gott am brennenden Dornbusch (2. Mose 3,1 – 4,17) bedeutet einen geschichtlichen Umbruch: in der Biografie des Moses, in der Geschichte Israels und für die Geschichte des Glaubens. Die Erzählung vom Auszug des Gottesvolkes aus Ägypten nimmt hier ihren Anfang. Es ist die Grunderzählung Israels und des jüdischen Glaubens. Wer Israel ist und wie Israel sich versteht, was Israels Identität ausmacht und seinen Glauben bestimmt, davon erzählt die Erinnerung an den Auszug aus Ägypten, dem Haus der Knechtschaft, in das Land der Verheißung, wo Milch und Honig fließen.

Lange Zeit, nachdem Mose aus Ägypten vom Hof des Pharaos geflohen war, stirbt der Pharao. Die geknechteten Israeliten klagen unter der Last ihres Schicksals und schreien um Hilfe (2. Mose 2, 23–25). Doch rufen sie dabei nicht zu Gott. Es ist kein Gebet. Es scheint, als seien sie im Land Ägypten und in ihrer Knechtschaft ein Volk ohne Gott. Es ist Gott, der sie *hört. Ihr Schreien dringt zu ihm. Er* hört. Er *erinnert* sich. Er *sieht nach* ihnen. Er *nimmt sich* ihrer *an*. Mit Verben der sinnlichen Wahrnehmung, beschreibt die Erzählung eine innere Wende in Gott. Dabei wendet sich Gott den unterdrückten Menschen in ihrer Not und Klage zu. Gott nimmt Anteil an ihrem Schicksal. Innerlich zunehmend bewegt, wendet er sich ihnen mit Empathie zu.

In dieser Zeit nun geschieht dies (2. Mose 3,1ff): Weit draußen in der Wüste – ein Hirte zieht weidend mit seinen Schafen. Mose mit der Herde seines Schwiegervaters Jitro, des Priesters von Midian, am Fuße des Horeb. „Die Schafe und der Hirt unterwegs in der Wüste": ein Bild pastoralen Friedens, das den Freiheitsweg Israels durch die Wüste und den Bundesschluss am Horeb topographisch schon in sich abbildet. Ein Bild des Friedens und der Hoffnung im Kontrast zu dem Terror und der Diktatur, zu der Angst und dem Geschrei in Ägypten.

Eine Flamme im Dornengestrüpp lässt Mose aufmerken, seinen Weg zu unterbrechen und sich ihm zuzuwenden. Die Flamme ist eine Botin Gottes, ein Engel. Ganz still ruft sie Mose. Der hört, angezogen von dem brennenden Dornbusch, eine Stimme. Es ist Gottes Stimme: „Mose, Mose!", und Mose antwortet: „Hinnenij" – „Hier bin ich!" – Wir fragen oft: Wo bist du, Gott? Hier ist es umgekehrt. Gott fragt Mose: „Wo bist du? Bist du da?" Es ist eine alte Frage. Es ist die Grundfrage, mit der Gott nach seinem Menschen ruft. So wie er Adam fragt: „Wo bist du?" (1. Mose 3,9). Oder Abraham (1. Mose 22,11). Oder Samuel (1. Samuel 3). Gott ruft den Menschen in seine Gegenwart. So gewinnt der Mensch eine neue Perspektive im

Sinnhorizont seines Lebens. Mose erfährt seine Berufung, findet sich ein und wird sich seiner selbst im Gegenüber zu Gott ganz gegenwärtig. *„Glauben kommt aus der Ehrfurcht, aus dem Bewusstsein, dass wir seiner Gegenwart ausgesetzt sind; aus dem dringenden Verlangen, Gottes Herausforderung zu entsprechen, aus dem Bewusstsein, heimgesucht zu sein."*[8]

So widerfährt es Mose. Inmitten seines Alltages in der Wüste, für ihn überraschend, wird Mose erwartet. Ein Dornbusch, der brennt. Eine Anrede. So begegnet ihm in einem jähen Augenblick Gott. *„Zieh' deine Schuhe von den Füßen, denn der Ort, auf dem du stehst, ist heiliger Boden."* (V 5) Erst nachdem Mose seine Schuhe ausgezogen hat und als Gast Gottes Boden betritt, ehrfürchtig und demütig, stellt sich ihm Gott vor: *„Ich bin der Gott deines Vaters, der Gott Abrahams, der Gott Isaaks, der Gott Jakobs"* (V 6a). Dass der, der da aus dem Dornbusch spricht, sich Mose als „Gott deines Vaters" vorstellen muss, setzt einen polytheistischen Hintergrund voraus. Mose erfährt: Er hat es zu tun mit dem Gott, der schon seine Väter begleitete: „mein Gott". Nun erst schauert es Mose: *„Und Mose verhüllte sein Angesicht; denn er fürchtete sich, Gott anzuschauen."* (V 6b) Mose weiß sich im Angesicht dessen, der nach ihm schaut. Gott, der nach Israel, seinem Volk, schaut, um es zu erretten: *„Ich habe das Elend meines Volkes in Ägypten wohl gesehen."* (2. Mose 3,7). Gottesfurcht, Grundgefühl des Glaubens, steigt in Mose auf, und er verhüllt sein Gesicht.

Nun gibt Gott Mose teil und offenbart, was ihn bewegt: *„.... und ihr Geschrei über ihre Bedränger habe ich gehört; ich habe ihre Leiden erkannt. Und ich bin herniedergefahren, dass ich sie errette aus der Ägypter Hand ...."* (Vv 7–8) Israel findet in Gott den Anwalt seiner Gerechtigkeit und Freiheit. Ein Neuanfang geschieht. Im Kommen Gottes eröffnet sich das Bild einer verheißungsvollen Zukunft: *„und dass ich sie aus diesem Lande hinauf-*

führe in ein gutes und weites Land, in ein Land, darin Milch und Honig fließt." (V 8)

Doch Gott handelt nicht für sich. Er ruft Mose, um ihn zu senden, damit er sein Volk in das Land der Verheißung führe. Hier kommt ein neuer Ton in die Menschheitsgeschichte: Gott nimmt teil an Israels Geschichte. Aus Geschichte wird Heilsgeschichte: eine Geschichte der Befreiung aus dem Unheil der Unterdrückung. Als Heilsgeschichte erscheint Geschichte als eine gemeinsame Geschichte von Gott und seinem Volk.[19]

Gott beruft Mose in eine besondere Aufgabe in diesem gemeinsamen „Projekt Freiheit": *„So geh nun hin, ich will dich zum Pharao senden, damit du mein Volk, die Israeliten, aus Ägypten führst."* (V 10) Sich im Glauben berufen zu lassen, bedeutet, sich mit Gott in eine Geschichte zu teilen, an Gottes Geschichte selbst mitzuwirken und so Geschichte als Heilsgeschichte mit zu gestalten.

Gott ruft Mose in die Verantwortung – vor sich, für Israel, gegenüber dem Pharao. Doch Mose zögert angesichts der Last solcher Verantwortung: *„Wer bin ich, dass ich zum Pharao gehe und führe die Israeliten aus Ägypten."* (V 11) Angesichts der Verantwortung, in die ihn Gottes Berufung stellt, fragt Mose: „Wer bin ich ... denn?" Die Identitätsfrage schlechthin. Und JHWH antwortet: *„Ich will mit dir sein."* (V 12) Du kannst, was du sollst, denn ich bin bei dir! Ich, dein Gott, verbürge dir deine Achtung und Würde. Glaubst du mir, so findest du darin deinen Weg und kannst ihn in Verantwortung gehen.

Nun fragt Mose zurück: „Und wer bist du?" – *„Siehe, wenn ich zu den Israeliten komme und spreche zu ihnen: Der Gott eurer Väter hat mich zu euch gesandt!, und sie mir sagen werden: Wie ist sein Name?, was soll ich ihnen sagen? Gott sprach zu Mose: „JHWH – Ich bin da. Und sprach: So sollst du zu den Israeliten sagen: „Ich bin da" hat mich zu euch gesandt."* (Vv 13 und 14).

Gottes Da-sein und Gottes-Mit-Sein ist zugleich sein Name. In seinem Wirken liegt seine Identität. Gott ist ganz der, der JHWH in der Beziehung zu Israel ist und als der JHWH sich denen, die JHWH glauben, erweisen wird.

Dabei wird Gott zugleich namentlich. Gottes Name ist mehr als eine Bezeichnung für Gott. Gottes Name bedeutet Gottes Anwesenheit, Gottes Gegenwart. Das wird sofort deutlich, wenn man der Bedeutung von „Gottes Name" in den biblischen Schriften nachgeht. Gottes Name wird angerufen, er wird gelobt und gepriesen (z.B. Psalm 9,3), ja, Gottes Name wird geliebt (Psalm 5,12) und als „herrlich" gepriesen (Psalm 8,2). Im Segen wird der Name Gottes auf den Menschen gelegt (4. Mose 6,27). Im Namen Gottes wird geschworen und verflucht, wird Recht gesetzt und gesprochen. An einem Ort ist Gottes Name zu Hause: im Tempel. Nicht Gott wohnt im Tempel, sondern Gottes Name wohnt dort und wird im Tempel verehrt (5. Mose 9,12). In seinem Namen ist Gott hier gegenwärtig und ansprechbar. Mit seinem Namen sagt er Israel seinen rettenden Beistand zu. „Gottes Name" ist die uns zugewandte Seite Gottes, der „Gott-mit-uns" (hebräisch: Immanuel).

„JHWE" aber ist ein eigentümlicher Name. Ein Name, der sich kaum übersetzen lässt. Er ist wohl zurückzuführen auf das hebräische Wort für „sein". Sein bedeutet im hebräischen Denken immer ein „mit-sein". Alles Da-sein ist Mit-sein. Dann könnte JHWE bedeuten: „Ich bin da" im Sinne von „Ich bin mit dir".

„Ich bin da" ist wohl ansprechbar und verspricht sich Mose, aber zugleich bleibt Gott unverfügbar und souverän. Gott wird hörbar, aber er lässt sich nicht, auch nicht in Worten, greifen. Er lässt sich auf seinen Namen hin ansprechen, aber nicht auf den Begriff bringen. Gott bleibt auch in seiner namentlichen Nähe geheimnisvoll.

Gottes Name JHWH ist also nicht die Bezeichnung, es ist die Wirklichkeit des uns persönlich und liebevoll zugewandten Gottes, der sein Recht und sein Heil erweisen wird. Und diese Wirklichkeit wird aktuell, wo Menschen Gott bei Namen rufen. Er soll geheiligt werden. Im Rufen des Namens Gottes tritt der Mensch vor Gott.

Im jüdischen Tempelkult, der keine Gottesdarstellungen kennt, nahm der Gottesname die Funktion ein, die in anderen Religionen die Statuen und Bilder der Gottheiten einnehmen: Er vertrat die Wirklichkeit Gottes inmitten der Gemeinde. An die Stelle des Bildes trat mit dem Gottesnamen das Wort, der Name, der die Heiligkeit Gottes verkörpert. Jedoch nicht als verfügbarer Begriff, sondern als Name dessen, der uns ruft und von uns angerufen sein will. Sofern der Gottesname zum Inbegriff der Heiligkeit wird, entwickelt sich in nachexilischer Zeit (nach 539 v. Chr.) das Verbot, den Gottesnamen außerhalb des Tempelgottesdienstes auszusprechen. Das Tetragramm, das 4-Buchstaben-Wort JHWH, wurde tabu. In der Schriftlesung wurde es ersetzt durch *adonaj*, Herr, im freien Gebrauch durch *schamajim*, die Namen. Mit der Zeit wurden jedoch auch diese Ersatzworte tabu. Bei der privaten Lektüre las man bald nur noch *haschem* (der Name), an die Stelle *schamajim* trat *hamakom* (der Ort, also der Himmel = Gott).

Wer in die Namentlichkeit dieser Begegnung tritt, wird selbst beim Namen gerufen. Gott beruft Mose. Seine Anrede ist Auftrag. Und so gewinnt Mose in der unvermuteten und namentlichen Gegenwart Gottes seine eigene Identität. Nicht die An-rede an sich, sondern weil es Gott ist, der hier spricht und Mose in An-spruch nimmt, lässt sich Mose auf den neuen Lebensauftrag ein.

In dieser geschichtlichen Ur-Begegnung offenbart sich Gott als der Gott des Glaubens. Er ist das „Ich bin da" selbst. Gott ist das große, das in seinem Willen und weltmächtigen Wort alles als Ganzes repräsentierende Ich, das sich den Menschen zum Du erwählt. Gott wird zum JHWH des Menschen. Und der Mensch lernt sich im Gegenüber zu Gott selbst verstehen. Der Mensch erfährt sich als Du. Als Du, das erwartet wird, das angeschaut, das angesprochen ist.

Gott begegnet Israel so immer wieder in den historischen Momenten seiner Häutungen, wo seine Identität sich schält, Israel sich seiner selbst in einer veränderten Welt neu gewiss werden muss, um darin die Kraft zu finden, in eine neue und größere Freiheit aufzubrechen. Abraham im Umbruch der aramäischen Völkerwanderung; Mose in der Zeit der ägyptischen Knechtung der Hebräer und der Volkwerdung Israels; David in der Staatwerdung Israels; Jesaja im Zusammenbruch Judas, in Exil und Rückkehr; Jesus vor dem endgültigen staatlichen Zusammenbruch Israels mit der Zerstörung des 2. Tempels.

Glauben, Gott und Identität gehören zusammen. Glauben ist die Weise, in der der Mensch so in Beziehung zu Gott steht, dass er aus Gott seine eigene Identität und Existenz gewinnt. Es ist eine Beziehung der Teilhabe und der Teilgabe, aus der der Mensch sich selbst empfängt, indem er sich selbst in sie hineinbegibt. Ihre Form ist nie die des Habens, sondern des aktuellen Geschehens, des Werdens im Angesehen- und Angesprochen-werden durch Gott.

3 Mit Israel glauben

Am deutlichsten drückt dieses Verständnis von Glauben der hebräische Wortstamm נאמ (sprich: Aman) aus. „Aman" ist uns vertraut aus Gottesdienst und Gebet. Immer, wenn wir „Amen" sagen, dann nehmen wir dieses alte hebräische Wort in den Mund.

Zu etwas Amen sagen, heißt, etwas als unverbrüchlich zu bejahen: „So sei es! So soll es sein! Das gilt!" Und zwar gerade auch für mich soll das so gelten. Mit dem abschließenden Amen im Gottesdienst sagt die Gemeinde Ja zu dem Gehörten und macht sich die ihr zugesprochenen Worte zu eigen. Wer Amen sagt, legt sich fest. Wer Amen sagt, die oder der bekennen offen, wofür sie sich engagieren.

Beim Propheten Jesaja begegnet uns אמן (Aman) erstmals als Grundhaltung im Sinne von „Gott glauben" und nicht bloß „etwas glauben".

Als Berater des judäischen Königs Ahas warnte der Prophet Jesaja, in der Not die Treue gegenüber Gott einem scheinbar sicheren Militärbündnis zu opfern. Rezin, der König von Aram, und Pekach, der König des Nordreiches Israel, wollten sich gegen die Vorherrschaft des neuassyrischen Großreiches auflehnen und den König des Südreiches Juda, Ahas, dazu zwingen, bei dieser Rebellion mitzumachen. Sie drohten Ahas und Jerusalem, der Hauptstadt Judas, mit Krieg, wenn sie sich nicht beteiligen würden. Doch Jesaja, sein prophetischer Berater, hat eine andere Botschaft: Gott wird den Plan der Könige von Aram und Israel nicht gelingen lassen und stattdessen deren Untergang herbeiführen. Für den König Ahas, die Hauptstadt Jerusalem und das Volk von Juda blieben deshalb nur das Abwarten und das *Vertrauen* auf Gott. „*Glaubt ihr nicht, so bleibt ihr nicht!*" (Jesaja 7,6) hält Jesaja Ahas entgegen. An dieser Stelle findet sich erstmals das hebräische Wort für Glauben אמן (aman).

„Glaubt ihr nicht, so bleibt ihr nicht!" Das entspricht der Grundbedeutung von אמן, das so viel besagt wie „fest, zuverlässig" sein. אמן ist etwas, das nicht wankt, das nicht ausgeht und auch nicht verloren geht. Also etwas, das bleibt und worauf man bauen kann.

Die liturgische Verwendung von *Amen* ist aus dem christlichen Gottesdienst nicht wegzudenken. Nach jedem Gebet, zum Abschluss des Glaubensbekenntnisses oder nach dem Zuspruch des Segens bekräftigt jede und jeder aus der Gemeinde: Ja, so soll es sein. Dafür will auch ich mich einsetzen! Diese Worte unterschreibe ich mit meinem Namen! Dazu verstehe ich mich als gerufen.

Wer *Amen sagt*, begibt sich in eine Verbindlichkeit. Das hebräische Lehnwort *Amen* vermittelt uns ein Gefühl für das Bedeutungsspektrum der hebräischen Worte, die sich aus der Wurzel *aman* herleiten: Wahrheit und Treue; sich festhalten, glauben; zuverlässig, treu, fest bleiben.

„Wahrheit" und „Treue" sind in der Bibel zunächst Eigenschaften Gottes. Was Gott sagt, das ist wahr. Treu steht Gott zu seinem Wort. Wie Gott treu und wahr ist, so erwartet er Treue und Zuverlässigkeit auch von seinen Menschen.

Dass Gott treu ist, haben die Israeliten auf ihrem Weg aus der ägyptischen Knechtschaft am eigenen Leibe erfahren. Gott hat Israel nicht nur aus der Sklaverei befreit, sondern auch sicher durch die vielen Nöte und Gefahren geführt, die in der Wüste lauern. *„Da hast Du gesehen, dass dich der Herr, dein Gott, getragen hat, wie ein Mann seinen Sohn trägt."* (5. Mose 1,31).

Gott hält, was er verspricht. Was Gott sagt, das tut er, wie es im Buche des Propheten Jesaja später so anschaulich beschrieben wird. *„Denn gleichwie der Regen und Schnee vom Himmel fällt und nicht wieder dahin zurückkehrt, sondern feuchtet die Erde und macht sie fruchtbar und lässt wachsen, dass sie gibt Samen zu säen und Brot zu essen, so soll das Wort, das aus meinem Munde geht, auch sein: Es wird nicht wieder leer zu mir zurückkommen, sondern wird tun, was mir gefällt, und ihm wird gelingen, wozu ich es sende."* (Jesaja 55, 10–11).

Gottes Wahrheit ist seine Treue, in der zuverlässig geschieht, wie er es gesagt hat. Er befreit sein Volk, die Hebräer, aus der Knechtschaft des Pharaos. Gottes Reden und Gottes Tun sind eins. In Gottes Bund als Grund des Glaubens, der Israel seine Identität, seine Geschichte und seine Zukunft schenkt, fallen *Treue* und *Wahrheit* in eins. Dieses besondere Verhältnis der Treue ist besiegelt im Bund zwischen JHWH und seinem Volk Israel: Israel soll sich auf JHWH verlassen können – wie umgekehrt JHWH auf Israel und ihm und seinem Gebot folgen. Darin ist das Verständnis von Religion von Grund auf als „Glauben" bestimmt. Glauben heißt zuerst „Gott glauben" und sich darauf zu verlassen, dass Gott an uns wahrmachen wird, was er uns verheißen hat. Dieser „Monotheismus der Treue" (Jan Assmann) ist zu unterscheiden von einem „Monotheismus der Wahrheit". Er ist beziehungsgetragen: „Wo du bist, da will auch ich sein!" Es ist ein Monotheismus des „mit-Seins", des „füreinander-da-Seins". Es ist ein Monotheismus, der wesentlich von einer Beziehung des Glaubens und der Liebe getragen ist. Glauben bedeutet nicht, etwas für wahr oder unwahr zu halten. Glauben ist ein Beziehungsgeschehen. Es geht um das „Gott glauben", und nicht um das „etwas glauben". Darin gewinnt der Mensch Zukunft, und Geschichte wird möglich.

So verlässlich sich Gottes Zusage in der Befreiungsgeschichte Israels erweist, so sehr hadern Glauben und Unglauben auf Seiten des Volkes miteinander. Misstrauen, ängstliches Zaudern, „Murren" und Hadern bestimmen Israels Weg durch die Wüste. Unmittelbar nachdem Gott Mose seine Verheißung über das in Ägypten geknechtete Volk am Dornbusch offenbart hat, erwidert dieser: *„Siehe, sie werden mir nicht glauben und nicht auf mich hören."* (2. Mose 4,1).

In dieser Weise schreibt sich die Geschichte fort ... bis in unsere Zeit. Was bedeutet eine „Beziehung auf Treu und Glauben" in einer Zeit, die durch eine große Vielfalt an Wahlmöglichkeiten, durch vielfältige soziale Zugehörigkeiten (mit sehr unterschiedlichen Logiken) geprägt ist und durch ein loses Bindungsverhalten? Ist es die Wahrheits- oder ist es die Bindungsfrage, die unser Glaubens- und Gottesverhältnis trägt bzw. irritiert? Gründet die Krise des Glaubens in einem Plausibilitätsverlust von Religion infolge der Säkularisierung und dem damit verbundenen Transzendenz-Verlust (im Sinne eines „Monotheismus der Wahrheit")? Oder sind es die Prozesse der Pluralisierung, der Individualisierung und der gesellschaftlichen Differenzierung, die das „Gott glauben" (wollen) (im Sinne eines „Monotheismus der Treue") so vielen schwer bis unmöglich machen?

Die Angst vor dem Ungewissen begleitet jeden Schritt Israels in das Land der Verheißung. Kaum dass die Israeliten den Ägyptern in die Wüste entkommen sind, übermannt sie die Angst vor Hunger und Durst (2. Mose 15, 22–16). Während Mose noch auf dem Berge Horeb Gottes Rede hört und die Gebotstafeln des eben mit Israel geschlossenen Bundes empfängt, bekommt es das Volk am Fuße des Berges schon wieder mit seiner Ungewissheit und der darin gründenden Angst zu tun. Und so sprechen sie zu Aaron: *„Auf, mach uns einen Gott, der vor uns hergehe! Denn wir wissen nicht, was diesem Mann Mose widerfahren ist, der uns aus Ägyptenland geführt hat."* (2. Mose 32,1) Noch während Gott sich Israel verspricht, bricht Israel den Bund und bastelt sich seine eigene Gottheit, von der es sich seine Zukunft erhofft. So eindrücklich stellt die Bibel Israels Untreue der Treue Gottes entgegen. Und dennoch hält Gott treu und zuverlässig an dem Wort fest, das er Israel gegeben hat. Daran erweist sich Gottes besondere Treue, dass er Israel trotz dessen Untreue nicht verwirft. Diese Güte und Treue Gottes nicht wegen, sondern trotz dem, wie Menschen sich verhalten, ist Israel Grund zum Lobpreis Gottes: „*Du aber, Herr, Gott, bist barmherzig und gnädig, geduldig und von großer Güte und Treue* (vgl. Exodus 34,6; Psalm 86,15). *Denn deine Gnade reicht, so weit der Himmel ist, und deine Treue, so weit die Wolken gehen.*" (Psalm 108,5).

Glauben im Sinne des Zutrauens, dass wahr ist oder wahr wird, was die oder der Andere sagen, wird in personalen Begegnungen aktuell. Dabei ist das Zutrauen in die Worte immer von dem Zutrauen in die Vertrauenswürdigkeit des Anderen getragen. Glaube geschieht also in personaler Begegnung und ist getragen von einer (der aktuellen Begegnung voraus liegenden) Beziehung voller Vertrauen, der als wahr und verlässlich gilt, was der oder die andere sagt und das deshalb gelten soll. In Bezug auf Personen ist jemand, auf den man sich verlassen kann, treu. Israel kann getrost „Amen!" sagen zu dem, was Gott ihm zusagt, denn Gott ist treu und zuverlässig. Und jemand, der treu ist, dem kann man trauen gerade auch angesichts einer ungewissen Zukunft. In dieser Wortbedeutung wurde נאמ (aman) dann von der Septuaginta, der griechischen Übersetzung der Hebräischen Bibel, mit πιστεύειν (pisteuein) übersetzt, dem neutestamentlichen Wort für glauben.

Inbegriff der Treue, in der Gott Israel als sein Volk erwählt und ihm seinen Segen verspricht, ist der Bund, den Gott mit Israel am Sinai schließt. Gott verspricht sich Israel: „*Ich bin der Herr, dein Gott!*", der sich Israel erwiesen hat, indem er „*dich aus Ägyptenland geführt hat, aus der Knechtschaft.*" (5. Mose 5,6; 2. Mose 20,2)

Die bis heute zentralen Worte des *Sch^ma JISRAEL*, dem sogenannten Glaubensbekenntnis des Judentums, beschreiben eindrücklich, wie jeder Mann und jede Frau in Gottes erwähltem Volk glauben soll – auch wenn darin nicht ausdrücklich von „glauben" die Rede ist: „*Höre, Israel, der Herr ist unser Gott, der*

Herr allein. Und du sollst den Herrn, deinen Gott, lieb haben von ganzem Herzen, von ganzer Seele und mit all deiner Kraft." (5. Mose 6,5) Dieser Glaube lebt aus dem vertrauenden Hören auf Gottes Zusage: Ich bin dein Gott. Die Einzigkeit und unbedingte Treue Gottes ist der Lebensgrund und zugleich der ganze Inhalt dieses Glaubens.[20] Es ist ein Glaube, der den ganzen Menschen aus der Mitte seiner Person heraus erfasst und fordert: *"von ganzem Herzen, von ganzer Seele, mit all deiner Kraft."* Es ist ein Glauben als gelebte Beziehung, Glauben als Lieben, Glauben aus ganzem Herzen mit Gefühl und Verstand, in Haltung und Verhalten.

Ein „bisschen Glauben" gibt es nicht. Wer „geteilten Herzens glaubt", glaubt gar nicht. Wer Gott glaubt, der glaubt ihm ganz. Diesen Glauben soll Israel leben und weitergeben: an jedem Tag und an jedem Ort. Diese Worte soll sich Israel „zu Herzen nehmen", seinen „Kindern einschärfen" *„und davon reden, wenn du in deinem Hause sitzt oder unterwegs bist, wenn du dich niederlegst oder aufstehst."* (5. Mose 6,6f).

Ein solcher Glaube, der Gott treu ist, wie Gott Israel treu ist, wird in Israels Geschichte jedoch nur selten bezeugt. In Krisenzeiten, kaum scheint die Zukunft auf dem Spiel zu stehen, verlässt Israel sein Zutrauen in Gott und flüchtet in andere vermeintliche Sicherheiten.

Aber es gibt auch Gegenbeispiele. Im Zweiten Chronikbuch wird davon erzählt, wie der König Joschafat im 9. Jahrhundert vorbildlich eine Krisensituation im Glauben bewältigt. Als Moabiter und Ammoniter Jerusalem bedrohen, ruft Joschafat ein „Fasten" aus. In einem Klagegottesdienst schildert er vor Gott die Notlage. Da kommt der Geist Gottes über einen Leviten, der in dem Gottesdienst ein ermutigendes Heilsorakel spricht: Fürchtet euch nicht, Gott wird für euch kämpfen. Als es am nächsten Tag zum Kampfe kommt, ruft König Joschafat zum Glauben auf: *"Vertraut auf den Herrn, euren Gott, dann werdet ihr bestehen. Vertraut auf seine Propheten, dann werdet ihr Erfolg haben."* (2. Chronik 20,20) Am Ende vernichten sich die Moabiter und Ammoniter gegenseitig und die Männer Judas und Jerusalems gewinnen kampflos.

Der judäische König Ahas (ca. 744/735 – 729/725), von dem schon eingangs die Rede war, vertraut aber nicht auf Gott, sondern auf militärisch-diplomatische Taktik und bittet den assyrischen Großkönig Tiglat-Pileser um Hilfe (2. Könige 16,7). Das Ende davon ist das freiwillige Vasallentum und eine drückende Tributpflicht gegenüber Assurs König. Ahas' Misstrauen gegenüber Gott und seinen Propheten und sein Vertrauen auf eigenes Kalkül haben sich nicht ausgezahlt. Jesajas Satz *„Glaubt ihr nicht, so bleibt ihr nicht"* (Jesaja 7,9) hat sich bewahrheitet.

Auffällig ist, wie Glauben als Treue zu Gott an der Bündnistreue der Könige in militärischen Konflikten bemessen wird. Judas' Da-Sein ist sein Vertrauen in Gott, das ihm die Zuwendung seiner Treue gewährt. So übersetzt Martin Buber: *„Vertraut ihr nicht, bleibt ihr nicht be-treut"* (Jesaja 7,9). Mit eurem Misstrauen in Gott zerbricht die Grundbeziehung, die euer Leben trägt.

Jesaja setzt mit dieser Wendung Glauben und Leben in eins. Das Leben findet seinen Grund in der als Glauben beschriebenen Beziehung zu Gott. Leben ist wesenhaft Mit-Sein. Israels Existenz gründet im Mit-Sein Gottes.[21] Dieses Mit-Sein wird gelebt im Glauben an Gott und erweist sich im ausschließlichen Vertrauen auf Gottes Kraft. So wagt sich der Glaube gerade ins Ungewisse, das in besonderer Weise sein Land ist. *„Glauben meint: es zu wagen, eine Sache ganz auf Gott zu stellen, und dann zuversichtlich einer Wirklichkeit begegnen, die durchaus Anlass zum Fürchten geben könnte."*[22] Solch unbedingtes Vertrauen in Gott bezeichnet Jesaja mit *aman*.

Andere militärische Bündnisse einzugehen, sich durch eigene Kraft oder menschliche Macht abzusichern, bedeutet, Gott den Rücken zu kehren. Wo Sicherungssysteme das Vertrauen in Gott ersetzen, beginnt der Unglauben. Gott glauben heißt, ganz aus dem Vertrauen auf Gott zu leben. Wer Gott glaubt, sucht in Gott seine Identität und Integrität. Solches Glauben stellt immer wieder auch vor einschneidende Entscheidungen. *„In Umkehr und Ruhe liegt euer Heil; in Stillehalten und Vertrauen besteht eure Stärke. Doch ihr habt nicht gewollt. Ihr sprachet: Nein. Auf Rossen wollen wir rasen."* (Jesaja 30,15f).

Glauben ist bei Jesaja mehr als eine äußere Einstellung. Glauben ist eine Existenzform, die sich ganz in Gott gründet und darin zuversichtlich ihr Heil sucht: *„Wer glaubt, wird nicht zuschanden."* (Jesaja 28,16). Deshalb sollte von einem vertrauenden Glauben in Gott nur der reden, der bereit ist, sich völlig auszuliefern an das, was Jahwes Ratschluss ist.

Die Unbedingtheit und Absolutheit des prophetischen Glaubensrufes geht einher mit dem sich ausbildenden Monotheismus. Die Gewissheit, dass es keine anderen Götter neben Jahwe gibt, fordert einen entschlossenen und umfassenden Glauben. Der Ausschließlichkeit Gottes korrespondiert die Ausschließlichkeit des Glaubens. Der Erkenntnis, dass es außer Jahwe keine anderen Herren und kein anderes Heil gibt, entspricht der Glaube, der ganz auf den einen Gott vertraut. *„Vor mir ist kein Gott gemacht, so wird auch nach mir keiner sein. Ich, ich bin der HERR, und außer mir ist kein Heiland."* (Jesaja 43,10b.11)

Der absolute und unbedingte Glauben eines Jesaja hat die folgenden Jahrhunderte durchaus prägende Kraft ausgeübt. Der Glauben an Gott charakterisiert das rechte jüdische Gottesverhältnis so sehr, dass die Wendung „die, die glauben" neben den Begriffen „Fromme", „Heilige" und „Gerechte" zur Selbstbezeichnung der gesetzestreuen Juden wird. Dabei zeigte sich auch die fatale Gefahr, die hinter diesem radikalen Glaubensverständnis lauert. Gerade die Absolutheit der Glaubensforderung führte zu einer Ablösung des Glaubens vom profanen Alltag. Wer sich in Krankheit, Not oder Konflikten von woanders als allein von Gott Hilfe erhoffte, erwies darin schon Unglauben.

Kapitel 6
Von der heilsamen Kraft des Glaubens

Der Ruf zum Glauben steht auch im Zentrum der Verkündigung Jesu. Das älteste Evangelium, das Markus-Evangelium, fasst die Verkündigung Jesu als Ruf zu Umkehr und Glauben zusammen: *"Tut Buße und glaubt an das Evangelium."* (Markus 1,15). Der Ruf zur Umkehr und zum Glauben an das Evangelium hat Jesus in seinem öffentlichen Auftreten bewegt. Darum ging es ihm in allem, was er sagte und tat. Jesus spricht seine Mitmenschen auf ihren Glauben an. Glauben ist das, wozu Jesus sie einlädt. Im Munde Jesu ist dabei insbesondere im Zusammenhang der Heilungswunder immer wieder die Rede: Glauben eignet eine heilsame Kraft.

Die Evangelien erzählen. Sie bieten keinen Lehrtext. Sie erzählen Geschichten. Sie erzählen so, wie Jesus erzählt hat. Das ist kein Zufall. Es muss für sie auf der Hand gelegen haben, das Evangelium von Jesus Christus nur so weitergeben zu können. Von Jesus muss erzählt werden, weil das Evangelium, von dem er künden wollte, konkret wurde in Begegnungen. Es geschah. Es ereignete sich mit, gegenüber und unter Menschen. Es hat Menschen begeistert und verärgert. Es ließ wenige unberührt und kalt zurück. Manche hat es verändert: Es hat sie geheilt, versöhnt, ermutigt, bewegt. Wo das geschah, sprach Jesus von Glauben. Glauben als Glauben an das Evangelium ist ein „Glauben mit", eine intersubjektive Wirklichkeit. Es ist ein Geschehen, in dem sich Gottes Nähe ereignet: Gott ist, indem er unter uns wirkt. Und er wirkt unter Menschen, wo diese sich vertrauensvoll auf Gott, auf seine Geschichte einlassen, so wie er sich auf ihre Geschichte einlässt. Und wie das mit Geschichte so ist: Davon lässt sich am besten erzählen!

Wo das Evangelium Glauben findet, wird Leben neu. Da passiert etwas. Da erleben Menschen etwas, das sie persönlich berührt. Da entfaltet sich eine schöpferische Kraft. Da erwacht die Christuswirklichkeit auch heute mitten unter uns und nimmt Menschen in ihre Geschichte mit hinein. Davon lässt sich nicht anders berichten, als indem man davon erzählt.

1 Von Herzen glauben

Bartimäus war ein Mensch, der sich so ganz auf Jesus eingelassen hat und dabei die heilende Kraft des Glaubens am eigenen Leib erfuhr.

Als Jesus Jericho verlässt, sitzt da ein Blinder am Wege und bettelt. Als der erfährt, dass Jesus vorbeikommt, ruft er: Jesus, du Sohn Davids, erbarme dich meiner! (Markus 10, 46–52)

Der ganze Mensch Bartimäus – ein einziger Schrei nach Gott, nach Hilfe, nach Jesus. Ohnmächtig, kraftlos, in Lumpen, so kniet er da. Sein ganzes Leben legt er in diese Worte: „*Du, Sohn Davids, erbarme dich meiner. Kyrie eleison.*" Das älteste Gebet der Christenheit. Gebet und Bekenntnis zugleich: „Kyrios, Sohn Davids." Bartimäus, der Beter, der Bettler, der Blinde. Der ganze Mensch – ein Gebet: „Herr, hilf, du kannst. Dir trau ich. Dein bin ich."

Der in der Not nach Jesus ruft, dessen Schrei steigt auf aus der Tiefe seiner Seele. „Nicht eine allgemeine, stetig in der Seele vorhandene Idee oder Willigkeit, sondern die aus der Lage der Bittenden entspringende Erwartung, die sich auf ihn richtet und ihn als den Geber der göttlichen Hilfe bejaht, hat Jesus Glauben genannt. Dasselbe ist ein voll personhaft bestimmter Akt."[23]

Die Erzählung berichtet weiter, dass Jesus stehen bleibt und Bartimäus zu sich führen lässt. Als der Blinde näherkommt, da fragt er ihn: *Was willst Du? Was soll ich für dich tun? Er sprach: Herr, dass ich sehen kann. Und Jesus sprach zu ihm: Geh hin, dein Glaube hat dir geholfen. Und sogleich wurde er sehend und folgte ihm nach auf dem Weg.* (Markus 10, 51–52)

Jesus bringt es auf den Punkt: „Dein Glaube hat dir geholfen". Glauben ist für Jesus von Grund auf Vertrauen in Gott. Vertrauen, das im Gebet laut wird und Gott alles, das ganze Leben, zutraut, Rettung und Heilung. Selbst, ja gerade in ausweglosen Not. Radikale Abkehr vom Vertrauen auf mich selbst und ganzheitliche Hinkehr zum Vertrauen auf Gott. Gerade in Ungewissheit und Hilflosigkeit. Solchen Glauben findet Jesus besonders bei armen Menschen wie Bartimäus. Menschen, die äußerlich und innerlich alles von Gott erwarten: „*Glücklich die Armen, denn ihrer ist das Reich der Himmel.*" (Lukas 4,18)

Wohlgemerkt: Jesus verkündigt keinen Wunderglauben. Natürlich hoffen die Menschen, die in ihrer Not nach Jesus rufen, auf ein Wunder. Doch der Glaube, der sie rettet, ist der Glaube, der Gott das Leben zutraut. Der Glaube, der bei Gott die Identität und Integrität des eigenen Lebens sucht. Meistens ist es der Glaube des notleidenden Menschen selbst, der die Heilung in der Begegnung mit Jesus möglich macht. Bartimäus ist ein besonders eindrückliches Beispiel dafür.

Es kann aber auch der Glaube von Menschen sein, die dem Notleidenden besonders eng verbunden sind. In Kapernaum schleppen vier Männer ihren ans Bett gefesselten Freund vor Jesus. Keine Mühe scheuen sie, decken selbst das Dach auf, um das Bett vor Jesus herunter zu lassen. *„Als nun Jesus ihren Glauben sah, sprach er zu dem Gelähmten: Mein Sohn, deine Sünden sind dir vergeben."* (Markus 2,5). Ein römischer Hauptmann bittet Jesus: *„Sprich nur ein Wort, so wird mein Knecht gesund."* (Matthäus 8,8) Die heilende Kraft liegt in der durch den Glauben neu geschaffenen Gottesgemeinschaft, nicht in der autosuggestiven Wirkung positiven Denkens.

2 Teilhaben am Kraftstrom Gottes

In der Erzählung um die Heilung eines unter Epilepsie leidenden Kindes (Markus 9, 14 – 29) rückt diese Kraft des Glaubens ausdrücklich in den Mittelpunkt des Gespräches. So kann uns diese Erzählung noch einen Schritt weiter führen, um zu verstehen, was Jesus unter Glauben verstanden hat.

Ein Vater hatte zunächst Jesu Jünger gebeten, seinen Sohn zu heilen. Der war krank, von „einem sprachlosen Geist" (V 17) besessen. Doch die Jünger können dem Kind nicht helfen. Als Jesus davon erfährt, klagt er: *„Oh, du ungläubiges Geschlecht!"* (V 19) Unglauben scheint die Heilung des Knaben zu verhindern. Da wendet sich der Vater an Jesus selbst. *„Wenn du kannst, so erbarme dich unser und hilf uns!"* Daraufhin erwidert Jesus dem Vater: „Du sagst, wenn du kannst – *alle Dinge sind* *möglich dem, der da glaubt."* Sogleich schrie der Vater des Kindes: *„Ich glaube; hilf meinem Unglauben!"* (Vv 22–24).

In doppelter Weise weist Jesus eine Unterstellung zurück, die er den Worten des Vaters entnimmt: „Wenn du kannst ...". Wenn Jesus Menschen zu heilen vermag, so nicht deshalb, weil er über wundersame Fertigkeiten verfügen würde. Es ist nicht Technik, nicht Methode, über die er, Jesus, in besonderer Weise verfügen würde. Die Kraft seines Wirkens liegt im Glauben, dessen Kraft sich jeder und jedem erschließt, die glauben. Die Kraft Gottes kann durch jeden wirken.

Das hier mit „können" übersetzte griechische Wort hat den Wortstamm „dyna-". Mit Dyna-mis bezeichnet die Septuaginta, die griechische Übersetzung der Hebräischen Bibel, die Kraft und Macht Gottes. Wörtlich übersetzt würden die Worte Jesu dann bedeuten: „alles mächtig der, der glaubt". Wer glaubt, tritt ein in den Kraftstrom der schöpferischen Kraft Gottes. Er tut das nicht aus eigener Mächtigkeit, sondern weil es ihm von Gott ermöglicht ist. Denn wer, wenn nicht Gott allein, vermag Anteil an Gott zu geben. Im Glauben darf der Mensch teilhaben und teilnehmen am Werk Gottes. Wer glaubt, nimmt am Leben Gottes selbst teil. Oder umgekehrt: Wer glaubt, an dessen Leben nimmt Gott teil. Glauben ist eine partizipative Wirklichkeit: Gott mit mir. Ich mit Gott. Wir miteinander. Es ist dieselbe Einladung, die schon JHWH, der Immanuel, gegenüber Mose ausgesprochen hat.

Darin liegt die besondere Berufung des Glaubens: Gott selbst gibt sich der oder dem Glaubenden in seiner schöpferischen Kraft. Im Glauben darf der Mensch teilhaben an der schöpferischen Kraft Gottes, die Natur und Geschichte gestaltet und bewahrt. Im Glauben ist der Mensch mit Gott verbunden und versöhnt. Deshalb, weil Glauben Partizipation an der Schöpfermacht Gottes schenkt, vermag Glauben zu heilen. Jesu Glauben ist ein heilender Glaube, ist Heils-Glaube.

3 Die Kraft des Glaubens fließt aus dem Gebet

Wer aber, außer Jesus, glaubt so? Als die Jünger später fragen *"Warum konnten wir ihn nicht austreiben?"*, antwortet Jesus ihnen: *"Diese Art kann durch nichts ausfahren als durch Beten."* (V 28–29). Glauben hat seine besondere Mächtigkeit nicht in sich selbst. Aus sich selbst heraus vermag der Glaubende nichts. Die Kraft des Glaubens liegt einzig in der Macht Gottes. Das einzige, was der, der glaubt, tut, ist dies, dass er sich ganz Gott öffnet und sein Vertrauen in Gott gründet. Das ist das Glauben, auf das hin sich Abraham in die Zukunft wagt. Das ist das Glauben, zu dem Jesaja aufruft. Das ist das Glauben, zu dem Jesus einlädt.

Wer mit Jesus glaubt, verlässt sich ganz auf Gott, den Grund des Heils. Solches Glaube lebt im Gebet. Im Gebet finden sich Gott und der Glaubende. Vertrauensvoll öffnen sich Beter und Beterin vor Gott und empfangen sich zugleich aus Gottes Liebe. Im Gebet teilen sie Lob, Dank und Not mit Gott. Und zugleich nimmt Gott an ihrem Leben Anteil. Im Gebet geben und nehmen Gott und Mensch einander teil. Im Gebet lebt die innige partizipative Gemeinschaft zwischen Gott und Mensch. Im Gebet wird Glauben konkret und laut. Glauben trägt das Gebet. Zugleich erfährt Glauben aus dem Gebet seine Kraft. Die Existenzhaltung des Glaubens lebt und empfängt sich selbst im Gebet. Glauben ist gelebte Beziehung zu Gott, die im Gebet aktuell wird. Glauben lebt im Gebet. Gebet ist gelebter Glauben.

In dem Wort von dem „Berge versetzenden Glauben" spricht Jesus dieses Glaubensverständnis noch einmal deutlich aus (Markus 11, 20–24). *Habt Glaube an Gott! Wahrlich, ich sage euch: Wer zu diesem Berge sagt: "Hebe dich und wirf dich ins Meer!" und in seinem Herzen nicht zweifelt, sondern glaubt, dass das, was er sagt, geschieht, dem wird es zuteil werden.* Wer glaubt, die oder der weiß sich selbst ohne Macht. Ihre ganze Kraft liegt in dem Vertrauen und in der Hoffnung, dass Gott sie hört. Darin sind Menschen wie Bartimäus Vorbilder des Glaubens. Was dem Menschen unmöglich ist, das erhoffen sie von Gott. Ihr ungeteiltes, aus ganzem Herzen getragenes Glauben lebt im Gebet: *„Alles, um was ihr betet und bittet, glaubt, dass ihr es empfangt, und es wird euch zuteil werden."* (Markus 11,25). Doch in solcher Haltung eigener Ohnmacht, das eigene Leben ganz in Gott gründend, empfängt der Glaubende im Gebet Teilhabe an Gottes schöpferischer, lebensbildender Kraft.

Es ist diese Grundhaltung des Gebets, die Urform des christlichen Glaubens-Bekenntnisses, aus der Jesus die Vollmacht seines Handelns gewinnt. Viele Jesus-Begegnungen erzählen davon, wie das Glauben der Menschen Jesus die Vollmacht zu seinem heilenden Handeln schenkt. Das Heil und die Heilung ereignen sich in einer Weise der Begegnung, in der Jesus als der Christus angerufen und geglaubt wird. Wo ihm diese Macht nicht eingeräumt und zugetraut wird, dort vermag er nicht zu handeln – wie das Beispiel seines Auftretens in Nazareth zeigt (Lukas 4,16ff).

Kapitel 7

Das Vaterunser als Schule des Glaubens

Die Evangelien überliefern uns keine Glaubenslehre Jesu. Weder hat er eine Theologie geschrieben, noch hat er sie vorgetragen. Wir haben überhaupt kein geschriebenes Wort von ihm. Wir haben nur ... . Ja, was haben wir denn? Historisch gesichert wenig! Kein Bild, keinen Text von seiner Hand. Wenig nur lässt sich von ihm wissen. Man erkennt ihn nur im Glauben. Alles, was geblieben ist, sind Spuren, die er bei anderen hinterlassen hat. Die allerdings sind historisch – im wahrsten Sinne des Wortes. Es sind Beziehungsspuren.

Jesus beeindruckte als Person. Als Person im eigentlichen Sinne: Person leitet sich ab von „Per-son-are" und das bedeutet „hindurch tönen". Durch Jesus sprach eine Stimme, die seither die Menschheit bewegt. Durch ihn begegneten Menschen Gott. Sie sagen von ihm, dass er „mit Vollmacht" auftritt (Matthäus 7,29; 9,6 oder Lukas 4,36). Seine Person und seine Botschaft waren von Anfang an nicht voneinander zu trennen. Sein Glaube vermittelte sich in Begegnungen mit ihm – und das ist auch heute so. Wer ihn wirklich verstehen will, muss sich aufmachen und ihm nachfolgen. Sein Weg führte ihn mitten in die Konfliktlinien des Lebens – die sein Leben schließlich sprichwörtlich durchkreuzten. Hier bezeugte er Gott und sein Kommen, sein Werden inmitten der Welt.

Jesu Glauben lebt aus seiner Beziehung zu Gott im Gebet. Das Gebet Jesu ist das Vaterunser. Wenn wir die Worte dieses Gebetes sprechen, dann beten wir mit ihm. Manche Theologen bezeichnen es auch als eine „Schule des Glaubens", in die Jesus seine Jünger genommen hat. So sollt ihr beten, sagt Jesus. Mit diesen Worten dürft ihr vor Gott treten. So dürft ihr Gott glauben. So könnt ihr im Glauben bittend zu Gott sprechen. Das dürft ihr hoffen. Es ist ein Gebet aus Glauben um Glauben. Erbeten wird das, was nur im Glauben zu gewinnen und allein von Gott zu erhoffen ist: Geborgenheit, Würde, Glauben, Hoffnung, Liebe, Vergebung, Befreiung. Glauben sucht Heil – und die Gaben des Heils lassen sich nur im Glauben empfangen. Sie machen es für das Leben so bedeutsam, Jesus Christus zu glauben. Sie sind das, was Glauben dem Leben schenkt und was sich nur finden lässt, indem wir Gott glauben. Hier wollen wir nun weiter schauen, wie solches Glauben im Geiste Jesu Christi ausschaut. Auf welchen Weg des Glaubens sind wir durch ihn gewiesen?

„Vaterunser" spricht Jesus Gott an. Eine Anrufung, ein Name, in dem ein ganzes Glaubensbekenntnis liegt. Danach folgen nur sieben Bitten – und es bleibt offen, wie Gott sie erfüllt. Gott bleibt gegenüber dem Glauben der, der als der auf uns Zu-Kommende empfangend erwartet wird. Wir dürfen hoffen, dass er an uns wahr-macht, was er uns verheißt. Aber wie das geschieht und was darin auf uns zukommt, das sollen wir vertrauensvoll ihm überlassen. Für uns mag es oft überraschend anders sein als das, was wir erwarten. Auch das gehört zur Verkündigung Jesu. Ohne die Bitten des Gebetes in Aussagen aufzulösen, wird in ihnen aber doch die Verkündigung Jesu sichtbar.

Was „glauben" für Jesus bedeutet, ist, so wie die Evangelien von Jesus erzählen, durchaus inhaltlich gefüllt. So lassen sich die einzelnen Anrufungen und Bitten des Vaterunsers mit Begebenheiten aus dem Leben Jesu und Worten seiner Verkündigung füllen und konkretisieren, ohne sie dadurch zu ersetzen und ihrer erwartungsoffenen Haltung gegenüber Gott zu benehmen.

Als ein im christlichen Überlieferungsstrom vielen Menschen vertrauter Text bietet das Vaterunser uns die Möglichkeit, zentrale Aussagen des christlichen Glaubens zu meditieren und zu memorieren. Wie Jesus die „Lebensgaben des Glaubens" (vgl. Kapitel 3 von der „Relevanz des Glaubens) als „Heilsgaben" füllt, lässt sich entlang seines Gebetes, des Vaterunsers, entdecken.

1 Geborgenheit
„Unser Vater"

Glauben bedeutet bei Jesus immer „Gott glauben". „Glauben" ist ein Leben aus der Beziehung zu Gott. Jesus spricht Gott als „Abba" an. Jesus meint damit nicht, dass Gott ein Mann ist. Er meint damit vielmehr, dass wir uns auf die elterliche Liebe Gottes verlassen dürfen. Genauso könnte er sagen „Amma, unsere Mutter". Gott ist wie ein liebender Vater oder wie eine liebende Mutter.

Mit Abba reden Kinder ihren Vater an. Jesus versteht diese Anrede nicht exklusiv. Gott ist nicht nur sein Vater. Gott ist „unser Vater". Unser gemeinsamer Vater. Durch ihn, durch Gott, sind wir miteinander verbunden und gehören zusammen. Weil wir einen Gott haben, zu dem wir gemeinsam „unser Vater" rufen, deshalb sind wir untereinander Geschwister: Töchter und Söhne des einen Gottes. Von diesem Grundverständnis ist das gesamte Gebet getragen. Wir stehen nicht als Einzelne vor Gott und beten „Vater mein im Himmel", sondern wir stehen gemeinsam und somit solidarisch vor Gott und beten: „Vater unser ... unser Brot ... unsere Schuld ... unsere Schuldiger." Das ist besonders: Wir treten vor Gott in die Not, ja sogar in die Schuld des Anderen ein. Wir beten miteinander, wir beten füreinander. Und der Grund dieser besonderen Verbundenheit liegt darin, dass wir gemeinsam Gott am Herzen liegen. Es ist eine Beziehung der Liebe, die uns mit Gott verbindet; eine Liebe, die allen Geschöpfen gleichermaßen gilt. Auf diese Liebe können wir uns verlassen: Sie ist treu und gütig. Sie ist der Stoff, aus dem die Schöpfung ist. Fein durchwebt sie den Kosmos, atmet noch in jeder Zelle, verbindet alles mit allem und treibt immer neue schöpferische Knospen. Sie ist der immerwährende und pulsierende Ursprung von allem. Die Macht aller Mächte. Am Anfang ist Beziehung, eine Liebe voller Sehnsucht und schöpferischer, ja erotischer Kraft, aus der immer wieder aufs Neue Leben erwächst. Beziehungslosigkeit hingegen ist der Tod. Dieser allgegenwärtigen Liebe verdanken wir uns. Wir glauben sie, indem wir sie untereinander teilen. Indem wir einander nicht im Stich lassen, sondern füreinander einstehen – Mensch und Mensch, Mensch und Tier, Mensch und Natur.

Der Abba-Gott, der die Menschen liebt, zeichnet die Frömmigkeit und die Verkündigung Jesu aus. Das „Vaterunser" dürfen wir als eine Einladung hören, mit Jesus zu Gott zu sprechen „Unser Vater".

Abba ist kein abstrakter Begriff. Abba ist eine geradezu zärtliche Anrede, die besondere Vertrautheit und Geborgenheit ausdrückt. Als würden sich Gott und sein Mensch in die Arme schließen. Gott des Menschen „Abba". Und der Mensch des „Abba" Kind. Wer mit Jesus Gott glaubt, glaubt sich selbst als Gottes Kind. Dass die von Jesus eröffnete Glaubensbeziehung die identitätsstiftende Eltern-Kind-Beziehung spiegelt, lädt dazu ein, über das Verhältnis beider zueinander nachzudenken.

Das ist besonders. Jesus selbst versteht sich als Kind Gottes. Es geschah bei Jesu Taufe im Jordan, dass sich ihm Gott in seiner väterlichen Liebe erschloss. Hier erfährt Jesus seine Berufung durch Gott. Alle vier Evangelien erzählen davon. Mit vielen anderen Israeliten folgte Jesus dem Buß-Ruf des Täufers Johannes in die Wüste. Dort lässt er sich im Jordan taufen. Die Taufe soll das Zeichen seiner Umkehr zu Gott sein. Doch es geschieht mehr. Der Evangelist Markus erzählt, wie sich Jesus bei seiner Taufe der Himmel öffnet. Gottes Gegenwart schwebt über ihm. Gottes Geist kommt auf ihn nieder. Eine Stimme spricht: „Mein Mensch. Mein Sohn. Ihn liebe ich." Es ist Gottes Stimme.

Seine Taufe wird Jesus zur grundlegenden Erfahrung der Gegenwart Gottes in seinem Leben. Der Himmel ist geöffnet. Gott steht zu ihm wie ein Vater zu seinem Kind. Hier erfährt Jesus seine Berufung: Ich bin Gottes Kind. Ich bin sein Mensch. Jesus spürt: Hier geschieht Besonderes und Neues. Für mich. Und durch mich für Israel. Jesus erfährt in diesem Augenblick sein Leben als Auftrag und Sendung.

Hier erwacht ein neues individuelles menschliches Selbstbewusstsein. Gottes Familie Mensch nimmt einen neuen Anfang. In und durch Jesus. Das ist sein Weg. Jesus ruft Menschen, seine Beziehung zu dem Abba-Gott, dem Vater-Gott, zu teilen. Er lädt sie ein, in seine Gottesbeziehung einzutreten, mit ihm Gott zu glauben, sich seinem Kindschaftsverhältnis zu dem Abba-Gott anzuschließen: „Die Zeit ist erfüllt. Kehrt um und glaubt an das Evangelium!" (Markus 1,15) Jesus lädt ein, an seinem besonderen Gemeinschaftsverhältnis mit Gott teilzunehmen.

Wir begegnen dieser Einladung Jesu im Taufgeschehen. In der Taufe empfängt der Täufling die Heilsgabe der Gottesliebe. Er wird in die Christusgemeinschaft aufgenommen und gewinnt so Anteil an der Beziehung, die in und durch Jesus Christus zwischen Gott und seinen Menschen gestiftet wurde.

Sicher: Wir sind schon in dieser Liebe – denn aus dieser Liebe sind wir gezeugt und geboren. Sie ist ja der schöpferische Urgrund des Daseins. Jedes neue Leben sollte davon gezeichnet sein, dass es aus Liebe gezeugt wurde und in Liebe aufwachsen darf, begleitet von der Treue und Güte der Eltern, die so zu einem Spiegel der Gottesliebe werden. Dass es so oft anders ist, ist der Zärtlichkeit der Liebe geschuldet, die gerade in ihrer Zärtlichkeit so verletzlich ist und gegenüber der boshaften Verletzung ohnmächtig. Doch das hebt die Wahrheit der Liebe nicht auf. Sie ist die Lebensgabe, die die Gabe des Lebens selbst hervorbringt. Sie ist der Heilsgrund selbst.

Glauben zu dürfen, geliebt zu sein, bedeutet heil zu sein. Der Heilige selbst steht dafür als der „Abba" ein. Die Liebe, die Gott ist, teilt Gott mit uns. Gabe des Lebens. Heilsgabe. Das geschieht in Christus. Und daran haben wir teil durch die Taufe. In der Taufe empfangen die Täuflinge diese Heilsgabe. Sie treten in ihren Heilsgrund, in die Gottesliebe ein, die in Christus zur Lebensgestalt geworden ist. In Christus haben wir teil an der Gemeinschaft mit Gott. Im Abba-Gebet betreten wir diesen Christusraum der Gottesgemeinschaft, wir tauchen ein in das Beziehungsbad der Gottesliebe. Sie verspricht sich uns, wir versprechen uns ihr und untereinander zu Güte und Treue in Liebe. So empfangen wir in der Taufe die Heilsgabe der Liebe.

Wer nun allein in dieses Bad der Gottesliebe eintaucht, der taucht neben Schwestern und Brüdern auf, die miteinander beten *„unser* Vater". Verbunden in einer Solidarität grenzenloser Liebe stehen sie füreinander ein: in der Not, in der Schuld, gegenüber der Macht des Bösen. So beten sie weiter.

2 Würde
„Geheiligt werde dein Name"

Mit sieben Bitten treten die Gotteskinder vor den Abba-Gott. Wie im jüdischen Kaddisch-Gebet steht die Bitte um die Heiligung des Gottesnamens obenan: „Geheiligt werde dein Name."

Dass Gottes Name geheiligt werde – und nicht der unsere –, erinnert uns daran, wer wir sind. Der Mensch, der sich mit Gott verwechselt, ist der Mensch, der sich selbst vergisst. Darin sieht die Bibel die Grundsünde des Menschen (vgl. 1. Mose 2–3).

Gott hat einen Namen. Durch seinen Namen ist Gott für uns ansprechbar. In seinem Namen ist Gott uns gegenwärtig. Im Rufen des Gottesnamens tritt der Mensch vor Gott. Ich rufe „Gott!" Und ich vertraue darauf, dass Gott mich hört. Gott ist, wo sein Name gerufen wird. Im vierten Kapitel haben wir darüber nachgedacht, wie sich Gott Mose am Dornbusch in seinem Namen zu erkennen gibt und welche Bedeutung der „Name Gottes" in Israels Glauben über die Jahrhunderte hinweg gewonnen hat. Gottes Name verkörpert alles, was Israel von Gott hat und weiß. In seinem Namen hat Gott sich damals am Sinai auf Israel eingelassen und Israel als das Volk seines Bundes erwählt. In seinem Namen bleibt er seinem Volk gegenwärtig, lebt seine Verheißung fort und bleibt er für Israel persönlich ansprechbar. Gottes Name sagt Gottes Nähe und Hilfe, Rettung und Heil zu. Gottes Name JHWH ist also nicht die Bezeichnung, er ist die Wirklichkeit des uns persönlich und liebevoll zugewandten Gottes, der sein Recht und sein Heil erweisen wird. „Haschem", der Name, wird im Judentum zur Gottesbezeichnung.

Doch die Geschichte des Gottesnamens ist eine Geschichte voller Missbrauch. Eine Geschichte entsetzlicher Verbrechen „im Namen Gottes". Immer wieder haben Menschen „Gottes Namen" beansprucht, um ihre eigenen Interessen durchzusetzen. Missbräuchlich. Denn was „im Namen Gottes" entschieden, behauptet oder befohlen wird, dem wird eine besondere Autorität beigelegt. Es scheint heilig – ob als heiliges Recht, als heiliger Auftrag oder als heiliges Gericht. Und heilig erscheinen auch die Menschen und Institutionen, die solch „heiliges Recht" sprechen oder solch „heilige Entscheide" treffen dürfen. Die blinde Unterwerfung unter die Autorität des Heiligen „im Namen Gottes" hat in der Geschichte viel Unheil angerichtet.

„Im Namen Gottes" ist zu einer Maske des Bösen geworden. Die entsetzlichsten Verbrechen an der Würde des Menschen wurden und werden „im Namen Gottes" verübt. Der „Name Gottes" dient dabei der Legitimation eigener Interessen und Machtansprüche. Glaube wird zur Ideologie. Die dankbare Anerkennung, die Glauben Gott zuspricht, wird den Vertretern und Vertreterinnen der Religion zuteil, die sich an die Stelle Gottes stellen und „in seinem Namen" beweihräuchern lassen. Indem sie sich als Repräsentanten der Gegenwart Gottes in das Licht seiner Ehre und Größe stellen, haben sie teil an seiner Mächtigkeit und Autorität. Sie leben und handeln im Licht des Glanzes Gottes. Sie machen sich vor den Menschen groß – und die Menschlichkeit klein.

Jesus hat das heftig kritisiert. Menschen, die sich in ihrer Frömmigkeit vor den Menschen selbstgerecht als „fromm und heilig" darstellen, kritisiert Jesus als Heuchler (vgl. Lukas

18, 9–14; Matthäus 6,2; 6,5; 6,16). Nichts und niemand ist an sich heilig. Heilig ist allein Gott und wer an seiner Gegenwart teilhat. Jesus warnt in seinen Auseinandersetzungen mit den Pharisäern und Schriftgelehrten als den religiösen Autoritäten seiner Zeit vor solcher Selbstherrlichkeit: *„Jeder, der sich selbst erhöht, wird erniedrigt werden; wer sich aber selbst erniedrigt, der wird erhöht werden."* (Lukas 18, 14). Wer vor Gott groß sein will, der mache sich klein und wähle den Weg der Demut.

Die Unterscheidung zwischen dem, was Gottes ist, und dem, was menschlich ist, gehört zu den Aufgaben einer kritischen Theologie, um den Glauben davor zu bewahren, zur Ideologie zu verkommen. Denn Glauben bedeutet zwar, seine Identität in Gott zu suchen und sich von Gott her zusprechen zu lassen. Glauben steht damit aber auch immer in der Gefahr des Missbrauchs, Gott für sich und die eigenen Interessen in Anspruch zu nehmen. Dann wirkt Glauben Unheil. Jesus hingegen ruft in eine Glaubenspraxis, die der Heilung der menschlichen Personalität dient: in der Beziehung zu sich selbst, zum Mitmenschen und zu Gott. Eine Praxis des Dienens, nicht des Herrschens. Eine Praxis der Zärtlichkeit, nicht der Mächtigkeit.

Mit Jesus Gott glauben, heißt dem Abba-Gott glauben. An den „Immanuel", den „Gott-mit-uns". Es ist derselbe Immanuel, von dem in den Heiligen Schriften Israels die Rede ist. Der Gott Abrahams, Isaaks und Jakobs. Der Gott der Väter. Es ist der Gott, der sich Mose am Dornbusch vorstellte. Der „Ich-bin-da". Der Gott, der Israel durch die Wüste in das Land der Verheißung führte. Der Bundesgott vom Sinai.

Als der Mensch-Gewordene rückt Gott dem Menschen nahe. Er erschließt sich als Abba. Gott, die Eltern von Familie Mensch und der ganzen Schöpfung. Ja, mehr noch. Mutter und Vater in zärtlich-persönlicher Anrede, Gott und Mensch aufs Engste miteinander verbunden. Der „Ich-bin-mit-dir" tritt aus seiner verborgenen Abstraktheit heraus. Die Gottheit wird dem Menschen menschlich. Die Gottheit wird dem Menschen zu Mutter und Vater. Der Mensch wird Gott zu Tochter und Sohn. Unter Gottes Namen „Abba" findet auch der Mensch zu neuer Identität. Als Menschensohn und Menschentochter wird der Mensch zu Gottes Kind. In Jesu Namen ruft Gott nach seinem Menschen. Der Mensch erfährt in diesem Ruf seine persönliche Berufung. Gott ruft den Menschen bei seinem Namen. Das bist Du! Er ruft ihn in seine Identität. Und der Mensch, der sich so be-rufen lässt, der seine Größe darin findet, Gottes Kind zu sein, heiligt eben darin, in seinem eigenen Selbst- und Weltverständnis, den Namen Gottes.

Das also ist die erste Bitte des Vaterunser: Erweise dich, Gott, als der du bist; als der lebendige Gott, der zu uns gesprochen hat; erweise dich an uns, indem deine Herrlichkeit an uns sichtbar wird und wir dir als glaubwürdige Zeugen deiner Liebe und deiner Wahrheit dienen: Lass uns deine Kinder sein und darin unsere erwachsene Größe finden.

3 Hoffnung
„Dein Reich komme"

Nach seiner Taufe und 40 Tagen innerer Prüfung in der Wüste kehrt Jesus zurück nach Galiläa. Hier tritt er nun öffentlich auf und lehrt. Das Lukas-Evangelium erzählt davon, wie Jesus in der Synagoge seiner Heimatstadt Nazareth erstmals öffentlich auftritt. Während des Synagogengottesdienstes wird ihm eine Buchrolle gereicht. Er soll daraus, wie es üblich ist, vorlesen. Jesus liest Verse aus dem Buch des Propheten Jesaja. *„Die Geistkraft des Lebendigen ist auf mir, denn sie hat mich gesalbt, den Armen frohe Botschaft zu bringen. Sie hat mich gesandt auszurufen:*

Freilassung den Gefangenen und den Blinden Augenlicht! Gesandt um die Unterdrückten zu befreien, auszurufen ein Gnadenjahr der Lebendigen." (Jesaja 61,1f; Lukas 4,18f)

Jesus zitiert nicht nur. Er identifiziert sich selbst mit den Worten des Propheten: *"Heute hat sich diese Schrift vor euren Ohren erfüllt."* (Lukas 4,21). Er versteht sich im Geschehen der Gottesherrschaft und lädt ein, glaubend daran teilzunehmen. Er ruft, wie einst Jesaja, erneut „das Gnadenjahr des Lebendigen" aus: Hier und jetzt ist der Augenblick, wo die Gottesherrschaft mitten unter uns geschieht.

Jesus ruft zum Glauben. Er ruft zum Glauben an das Evangelium. Und in der Mitte dieses Evangeliums steht die Botschaft vom Kommen des Reiches Gottes. *„Der Augenblick ist gekommen, die Zeit ist erfüllt. Die Gottesherrschaft ist nahegekommen. Kehrt um und glaubt an das Evangelium."* (Markus 1,15). Gottes Herrschaft ist im Kommen. Wer glaubt, blickt ihr entgegen. Wer glaubt, richtet sich auf das heilsame Kommen Gottes aus. Wer glaubt, lebt im Licht des Kommens Gottes. Wer glaubt, lebt in Hoffnung. Es ist ein Leben im Advent, was ja übersetzt nichts anderes bedeutet als „An-kunft". Gott als der An-Kommende ist das Licht der Welt, das als ein Novum in dieser Welt aufleuchtet und so zugleich alles neu schauen lässt. Wo Gott als der Kommende geglaubt wird, erfüllt sich die Zeit mit Frieden und Gerechtigkeit. Wer glaubt, der traut Gott, dass sich diese Wahrheit auch an ihm bewahrheitet. In solchem Gott Trauen liegt die Treue des Glaubens.

Darin liegt vor allem eine Freudenbotschaft für die Armen. Jesu Seligpreisungen preisen sie glücklich: *„Glücklich seid ihr Armen, denn die Herrschaft Gottes ist auf eurer Seite."* (Lukas 6,20b) Die Gottesherrschaft bedeutet Freiheit für die Gefangenen und Licht für die Blinden (Lukas 4,18), Brot für die Hungernden und Lachen für die Trauernden (Lukas 6,21). Das Reich Gottes ist Hören und Sehen, Licht und Leben, Barmherzigkeit und Trost. Eine heilsame Wirklichkeit, die jedem widerfahren kann – und durch jede und jeden als Heilige wirken kann – so wie es im Psalm besungen wird:

Er schafft den Unterdrückten Recht,
gibt an die Hungernden Brot,
der Heilige lässt Gefangene frei.
Der Heilige öffnet die Augen der Blinden,
der Heilige richtet die Gebeugten auf,
der Heilige liebt die, die gerecht handeln.
Der Heilige bewahrt die Fremden,
Waisen und Witwen richtet er wieder auf,
aber den Weg der Gewalttätigen macht er krumm.
(Psalm 146, 7–9)

Mit Jesus glauben heißt, im Licht der Gottesherrschaft zu leben. Zwar ist sie eine zukünftige Größe. Aber eine zukünftige Größe, deren zeitliche Gegenwart eine „Gegenwart im Kommen" ist. Wer sie glaubt, der richtet sich in Hoffnung auf sie aus. Wer in den Raum der Herrschaft Gottes eintritt, dem wird sie als Hoffnung gegenwärtig. Diese Hoffnung erfüllt mit einer Freude, die *„hier und jetzt"* zu einem neuen Handeln befreit.

Jesus erzählt davon in Gleichnissen. „Mit dem Reich Gottes verhält es sich wie mit ... ." Zum Beispiel wie mit einem Arbeiter, der beim Pflügen plötzlich auf einen Schatz stößt *„und in seiner Freude hingeht, alles verkauft, was er hat,"* um den Acker und mit dem Acker den Schatz zu erwerben (Matthäus 13,44).

Im Glauben wird die Gottesherrschaft zu einer Hoffnung, aus der heraus „ich" *heute* lebe. Sie löst eine Freude aus, die mich *heute* schon aufatmen lässt. Sie erfüllt mich mit der Gewissheit, dass wahr und wirklich wird, was ich in ihr als Zukunft gefunden habe. Sie bedeutet Hoffnung für die Armen, Trost für die Trauernden, Freiheit für die Gefangenen, Gerechtigkeit für die Verfolgten und Unterdrückten. Zukunft nicht nur für mich, sondern Zukunft für all jene, die heute um ihr Leben betrogen werden. Sie stiftet Zuversicht und Freude.

Aus Zuversicht und Freude erwächst der Mut, es jetzt schon zu wagen, nach der Logik des Reiches Gottes zu handeln – gegen allen Augenschein der Verhältnisse. Die Hoffnung des Glaubens wendet sich an die Habenichtse. Sie ist Freudenbotschaft für die Armen. Sie gilt denen, die äußerlich nichts haben und sich innerlich ausstrecken nach Brot, Gerechtigkeit und Freiheit, nach Trost und Licht. Nach einem „Leben in Fülle". Nach Heil. Sie löst aus der Macht der Verhältnisse. Sie befreit von den Fesseln der Vergangenheit zu einem Leben, das bestimmt ist durch das, was kommt: das Reich Gottes, das Kommen Gottes.

Mit Jesus glauben bedeutet, *heute* im Licht der Zukunft des Reiches Gottes zu leben, aufzustehen und ihm entgegen zu gehen. Mit Jesus glauben bedeutet, einzutreten in einen Raum der Hoffnung, der in diesem Glauben „schon jetzt" ist.

Glauben erwartet und erbittet das Kommen Gottes. Wer glaubt, rechnet mit der Wirkmacht Gottes, aber beschwört sie nicht magisch. Sie stellt sich in den Raum der Mächtigkeit Gottes, jedoch in einer Haltung demütiger Armut und nicht abgeleiteter selbstherrlicher Mächtigkeit. Sie lebt aus der Gewissheit der Zukunft, aber nicht mit ihrer Sicherheit, und wagt den Aufbruch.

4 Geführt sein
„Dein Wille geschehe"

Die meisten, die mit Jesus glaubten, blieben „zuhause" und lebten ihren Glauben im Alltag. Ihnen stellte sich die Frage, woran sich eine „Spiritualität im Alltag" ausrichten soll. Worauf sollen wir alltäglich achten? In der Mitte des Lukas-Evangeliums (Lukas 10,25 – 11,4) findet sich dazu eine Folge von drei Erzählungen. „Geistliche Lebensführung im Namen Jesu", so könnte man diese drei Erzählungen überschreiben.

Die Beispielerzählung vom Barmherzigen Samariter (Lukas 10, 25–37) ist zu einem Leitbild der Menschlichkeit geworden. Bewegt ist die Erzählung von der Frage eines schriftgelehrten Mannes: „Wie finde ich das ewige Leben?" Woraufhin Jesus auf ein Grundwort der Thora verweist: „Liebe Gott und deinen Nächsten wie dich selbst." Die Liebe zu Gott und die Liebe zum Nächsten ist der geistliche Weg zu einem erfüllten Leben.

Doch wer ist der Nächste, dem man sich liebend zuwenden soll? Wo fängt die Liebe zum Nächsten an? Wo hört sie auf? Wer ist das berechtigte Gegenüber meiner Liebe – wem schulde ich sie nicht?

Jesus beantwortet die Frage nicht lehrhaft-dogmatisch, sondern indem er eine Geschichte erzählt. Die Geschichte von einem Samaritaner. Heute würde Jesus vielleicht von einem Punker auf der Kölner Domplatte erzählen, der von drei anderen in die Mangel genommen und zusammengeschlagen wird. Keiner kümmert sich drum. Alle gehen wie unbeteiligt vorbei. Auch ein Priester, auf dem Weg zur nächsten Messe im Dom. Auch eine Journalistin, eilig unterwegs zu einem Pressetermin beim WDR. Auch ein evangelischer Theologe, unterwegs zum Bahnhof. Passanten schauen zu. Da wagt sich ein älterer syrischer Mann dazwischen. Was hat der mit dem Punker zu tun? Nichts. Er ist nur gerade der, der ihm jetzt begegnet – und dessen Not ihn anrührt. Er hat auch was Anderes vor. Er hat auch Angst. Aber er fühlt sich von der Not des fremden Anderen als Mitmensch angesprochen. Dessen Not weckt seine Mit-menschlichkeit, macht ihn zum Nächsten, zum Menschen, der für den Anderen da ist. Nicht mehr, nicht weniger. Er hilft.

Auffälligerweise wendet Jesus zum Schluss die Frage des Schriftgelehrten. Statt „Wer ist mein Nächster?" fragt er: *„Wer von diesen dreien, meinst du, ist dem, der unter die Räuber gefallen war, zum Nächsten geworden?"* (Lukas 10,36). Nächster ist man nicht. Nächster wird man. Indem wir Nähe wagen, stiften wir Nähe und werden Mitmensch. Indem wir Grenzen übersteigen, die Menschen voneinander trennen, zeigen wir Gesicht und überwinden Anonymität. Indem wir den fremden Anderen als unseren Bruder, als unsere Schwester wahrnehmen, wird Geschwisterlichkeit. So wird Fremdheit überwunden und Versöhnung gestiftet. So breitet sich Liebe aus und wird Leben wahr. So geschieht Gott, und haben wir teil an seinem Leben. So heiligen wir das Leben. Und das Leben hat es nötig. Wir sind einander nicht einfach Nächste. Wir werden einander Nächste, indem wir einander wahrnehmen, uns einander zuwenden und füreinander da sind. Indem wir uns sehen.

Die Erzählung will mehr als ein Beispiel geben. Das, was Jesus sagen will, lässt sich nicht anders als in der Form der Erzählung ausdrücken. Warum? Weil die Erzählung die Sprachform des Lebens ist. Leben ist, was zwischen Menschen passiert. Oft unerwartet. Spontan. Vom Leben zu handeln, heißt, sich ins Leben hinein zu begeben. Und bin ich dann dort, mitten im Leben, hört sich die Frage „Was muss ich tun?" mitunter ganz neu an. So übrigens auch bei der zweiten Erzählung dieser lukanischen Komposition: der Besuch Jesu bei Maria und Marta. Wieder die Frage: Was soll ich tun? Was ist Gottes Wille?

Marta hat Jesus in ihr Haus eingeladen. Er soll es schön bei ihr haben, ein gastfreundliches Haus vorfinden. Und so hat sie nun zu tun: zu kochen und zu backen, Teller und Tassen zu bringen, Wasser und Tee, Obst und Gebäck. Unterwegs zwischen Küche und Wohnzimmer, beeilt, dem kostbaren Gast jeden Wunsch von den Lippen abzulesen. Während Marta hastet, alle Hände voll zu tun hat und sich sorgt, nichts zu vergessen, tut Maria, ihre Schwester scheinbar nichts! Platz genommen hat sie zu Jesu Füßen. Stellt neugierige Fragen, lauscht seinen Gedanken, schaut bewundernd zu ihm auf. Ist ganz Ohr. Marta ärgert sich. „Herr", so spricht sie Jesus an, „kommt ihr in euren tiefsinnigen Gesprächen vielleicht auch mal darauf zu sprechen, dass mich meine Schwester hier allein schuften lässt? Während ihr euch angeregt unterhaltet, bin ich die ganze Zeit unterwegs, es euch angenehm bei Tische zu machen. Sag ihr, dass sie mir helfen soll."

Jesus weist Martas Ansinnen zurück: „Marta, so viel beschäftigt dich. Doch das nimmt dich so in Beschlag, dass du das eine nicht wahrnimmst, was jetzt dran ist. Ich bin heute bei dir. Und das nicht des Tees wegen. Maria hat es verstanden. Sie ist einfach ganz bei mir. Ihr gehört der Augenblick." Mit dieser Antwort hat Marta nicht gerechnet. Sagt Jesus nicht, wir sollen füreinander da sein, auf griechisch: *diakonein?* Doch in dieser Begegnung setzt Jesus die Akzente überraschend anders. Mir braucht ihr nicht mit Kaffee und Tee zu dienen. Wenn ich bei euch bin, dann schenkt mir euer Ohr, eure Ruhe und Aufmerksamkeit, eure Zeit. Hier in der Begegnung mit ihm stört der Aktivismus der Marta. Ihm gegenüber ist Ruhe, Hören, Aufmerksamkeit für sein Wort gefragt: Kontemplation, Meditation.

Maria und Marta verkörpern zwei geistliche Grundhaltungen. Marta steht für ein engagiertes Glauben, das sich um den Anderen sorgt, diakonisch engagiert, mit einem offenen

Blick für das, was nottut. Maria verkörpert eine verinnerlichte Spiritualität des Gebetes und des Hörens auf Gott. Es ist die Spannung zwischen der Orientierung nach innen und der Ausrichtung nach außen, auf Gott und auf die Welt, der Gegensatz zwischen Hören und Handeln, zwischen Ruhe und Aktivität, zwischen Arbeit und Gebet. In der Geschichte der Kirche wurde daraus immer wieder ein Entweder-oder-Gegensatz: als würde die eine Haltung die andere ausschließen. Als käme es nur auf den rechten Glauben und nicht auf das rechte Tun an – oder umgekehrt.

Unsere Entweder-oder-Logik ist nicht christusgemäß. Im Geist der Liebe kommt es darauf an, beide Haltungen zu ihrem Recht kommen zu lassen. Mal ist das eine dran, mal das andere. Es ist der Charakter der Situation, der darüber entscheidet, was jetzt (beziehungs-gerecht) dran ist. Liebe zu Gott und Liebe zum Nächsten ist kein abstraktes Programm, sondern geschieht mitten im Leben. Das eine kann nicht ohne das andere sein. Es heißt nicht „liebe Gott oder deinen Nächsten", sondern „liebe Gott und liebe deinen Nächsten". Unterscheide den Augenblick!

In der Beispielerzählung vom „Barmherzigen Samariter" scheinen der Priester und der Levit ganz in ihrer Rechtgläubigkeit versunken, in Gedanken ganz bei Gott, so dass sie den verletzten Mitmenschen am Straßenrand, der jetzt ihr Nächster ist und ihre ganze Aufmerksamkeit verlangt, schlicht nicht wahrnehmen. In der folgenden zweiten Erzählung geht Marta ganz in ihrer geschäftigen Gastfreundschaft auf, in Gedanken ganz bei dem, was sie hilfreich tun kann, so dass sie keine Zeit für Jesus findet, der jetzt ihr Nächster ist und ihre ganze Aufmerksamkeit verlangt. Es gibt eine Zeit zum Gebet und eine Zeit zum tatkräftigen Engagement; es gibt eine Zeit der Einkehr und eine Zeit der Arbeit. Beides hat sein Recht. Beides braucht seine Zeit.

Schüler: Was soll ich tun?
Meister: Tu, was dran ist.
Schüler: Wie kann ich erkennen, was dran ist?
Meister: Schau auf das, was jetzt ist
Schüler: Jetzt ist aber so vieles!
Meister: Richte dich auf das eine. Auf das, was jetzt wesentlich ist.
Schüler: Was ist jetzt wesentlich?
Meister: Das entscheidet sich in der konkreten Begegnung; an dem, der dir jetzt begegnet. So führt Gott.

Die Christus-Nachfolge braucht beide, Maria und Marta. Sie sind Geschwister. Falsche Sorge lässt uns manches Mal das versäumen, was „jetzt" wirklich wichtig ist. Geschäftig in Besorgungen unterwegs, verpassen wir jene sich stets augenblicklich einstellenden Gelegenheiten, Gottes Stimme zu hören, den Nächsten wahrzunehmen und Gottes Liebe zu leben, dem Augenblick gerecht zu werden; zwischen den vielen Sprüchen und Ansprüchen zu unterscheiden und dem unsere Aufmerksamkeit zu schenken, was jetzt dran ist: zu kämpfen oder zu ruhen; sich lautstark einzumischen oder zu schweigen.

Geistliche Lebensführung im Namen Jesu – christliche Glaubenspraxis – lebt gleichermaßen in der Zuwendung zu Gott im Hören auf das Wort und im Gebet wie in der tätigen Zuwendung zum Mitmenschen. In achtsamer Wachsamkeit für das, was situativ jetzt vor Gott und dem Mitmenschen dran ist, lebt der Christ in einer Haltung liebevoller Verantwortung. Das, was geistlich nottut, kann deshalb nicht „gesetzlich" durch abstrakte Normen eingefordert werden. Es entscheidet sich immer konkret in einer Haltung von Achtsamkeit und Liebe. Derjenige, der darüber jeweils verantwortlich entscheidet, ist der Einzelne in Verantwortung gegenüber sich selbst, gegenüber Gott und dem jeweils aktuell begegnenden Nächsten.

Mit Jesus glauben, heißt: tun, was dran ist. Mit Jesus glauben, bedeutet, Zeit für Gott und Zeit für seine Nächsten zu haben. Einfach den Augenblick als Gelegenheit wahr-zu-nehmen im Geist der Liebe Jesu. Zu entdecken, wie Gott mich jetzt, durch die augenblickliche Begegnung hindurch, anspricht, herausfordern und führen will. Denn Gott als Geheimnis des Lebens ist keine abstrakt-begriffliche Wahrheit, sondern eine Wahrheit, die sich im Leben schöpferisch ereignet und darin bewahrheitet.

5 Vertrauen
„Unser tägliches Brot gib uns heute"

Jesus zieht durch Galiläa und Judäa. Ein Vagabund des Glaubens. Ohne festen Wohnsitz. Unterwegs mit den Menschen. Nach seiner Taufe und der „Versuchung in der Wüste" beginnt er seinen Weg. Er predigt, und er heilt. Und er sammelt um sich einen Kreis von Schülern. Sie treffen sich aber nicht in einer Schule, sondern sie schließen sich Jesus an und ziehen mit ihm. Es ist eine Lebensschule. Sie teilen seinen Weg. Sie begeben sich auf den Weg der Nachfolge Jesu. Sie teilen sein Leben und seinen Lebensstil. Und er gibt ihnen teil an seinem Auftrag.

Jesus sucht und beruft Menschen, die mit ihm glauben. Von Anfang an geht er seinen Weg nicht allein. Mit einem ausgewählten Kreis von zwölf Jüngern ist er besonders verbunden und gemeinsam unterwegs. In Analogie zu den zwölf Stämmen Israels bilden sie das neue Gottesvolk ab. Jesus lebt seinen Glauben nicht für sich. Er teilt ihn mit anderen. Es ist ein gemeinschaftlicher Weg. Das ist bedeutsam. Mit Jesus glauben bedeutet, gemeinschaftlich zu glauben. Und der Ort gemeinschaftlichen Glaubens ist die Gemeinde.

Gemeinsam wagen sie es und leben ein Leben im Kommen des Reiches Gottes. Mit Jesus zu glauben, bedeutet für sie, aufzubrechen in das Land der Verheißung. Ganz und gar versuchen sie aus dem Glauben an Gott als den Vater zu leben. Sie vertrauen darauf, dass sie von ihm alles empfangen werden, was sie unterwegs brauchen. Sie hoffen, dass er ihre Bitten erhört und seine Verheißungen an ihnen wahr macht: „Unser tägliches Brot gib uns heute."

Wie das alte Gottesvolk auf dem Weg durch die Wüste in das Land der Verheißung jeden Tag aufs Neue mit himmlischem Manna gespeist wurde, so bitten sie, Gott möge ihnen Tag für Tag geben, was sie zum Leben brauchen: Nahrung, Kleidung, ein Tisch, ein Bett, ein Haus für die Nacht. Für all das steht „unser tägliches Brot ...". Es ist ein Leben im Provisorischen, nicht geleitet von wirtschaftlichem Kalkül. Deshalb beten sie um das *tägliche* Brot. Deshalb bitten sie „... gib uns *heute.*" Ein Leben ohne persönlichen Besitz, ein Leben in Armut – aber im Reichtum des Gottvertrauens: „Gott wird für uns sorgen. Aber er gibt uns nicht im vorhinein." Es ist ein Leben „im Heute Gottes" (Frére Roger), das einem fürsorgenden, mütterlich-väterlichen Gott das eigene Leben ganz und ungeteilt anvertraut. *„Sorgt euch nicht um euer Leben, was ihr essen und trinken werdet; auch nicht um euren Leib, was ihr anziehen werdet. ... Nach dem allen trachten die Heiden. Denn euer himmlischer Vater weiß, dass ihr all dessen bedürft. Trachtet zuerst nach dem Reich Gottes und nach seiner Gerechtigkeit, so wird euch das alles zufallen."* (Matthäus 6, 25–33)

Mit Jesus zu glauben bedeutet, sich von Jesus senden zu lassen. Nach dem Lukas-Evangelium sendet Jesus einen weiteren Kreis von 72 Jüngern in die Städte und Dörfer Galiläas aus, das Evangelium von der nahenden Gottesherrschaft zu verkünden und die Menschen zu heilen: *„Heilt die Kranken, die dort sind,* *und sagt ihnen: Das Reich Gottes ist nahe zu euch gekommen."* (Lukas 10,9) Wie damals, beim Auszug des Gottesvolkes aus Ägypten, ist es ein Weg durch die Wüste, auf die er die Jünger weist. Jesus war kein Träumer. Seine Zeitgenossen waren keine Heiligen. Und Palästina war nicht das Schlaraffenland. *„Seht, ich sende euch wie Schafe mitten unter die Wölfe."* (Lukas 10,3) Dennoch sendet er sie mit nichts als dem einen Kleid, das sie am Leibe tragen, auf den Weg. *„Tragt keinen Geldbeutel bei euch, keine Tasche, keine Schuhe."* (Lukas 10,4) Arm und ungeschützt sollen sie von dem leben, was ihnen die Menschen unterwegs gewähren – ohne jedoch bettelnd oder schmarotzend von Haus zu Haus zu ziehen.

Hinter der einfachen Bitte „Unser tägliches Brot gib uns heute" steht ein messianischer Lebensstil, der sein Leben ganz von Gott empfängt – und gleichzeitig bereit ist, alles zu geben und miteinander zu teilen. *„Wer die Hand an den Pflug legt und sieht zurück, der ist nicht geschickt für das Reich Gottes."* (Lukas 9,62) erwidert Jesus einem, der ihm nachfolgen will, zuvor aber von zuhause Abschied nehmen will. Wohin schaut, wer pflügt? Sicher nicht zurück, aber auch nicht weit nach vorn. Er schaut auf seinen Pflug und das Stück Erde, das gerade gepflügt wird. Er ist ganz bei dem, was jetzt dran ist – das Ziel innerlich vor Augen. Er ist ganz gegenwärtig.

Es ist der Weg den Jesus selber geht: *„Die Füchse haben Gruben und die Vögel unter dem Himmel haben Nester; aber der Menschensohn hat nichts, wo er sein Haupt hinlege."* (Lukas 9,58) Auf diesen Weg ruft Jesus die, die ihm nachfolgen wollen: Als Andreas und sein Gefährte Jesus begegnen, da fragen sie ihn: *„Rabbi, wo wirst du bleiben?"* Er aber spricht zu ihnen: *„Kommt und seht!"* (Johannes 1,38f). Es ist der Weg, der Jesus nach Jerusalem und ans Kreuz führen wird. So stellt Lukas diese radikalen Nachfolgeworte Jesu auch in den unmittelbaren Zusammenhang seiner drei Leidensankündigungen. Jesus nachzufolgen, das bedeutet, sein Kreuz auf sich zu nehmen: *„Wer mir nachfolgen will, der verleugne sich selbst und nehme sein Kreuz auf sich täglich und folge mir nach. Denn wer sein Leben behalten will, der wird es verlieren; wer aber sein Leben verliert um meinetwillen, der wird's erhalten."* (Lukas 9,23)

Es ist ein ganz und gar unbürgerlicher Lebensstil, zu dem Jesus da ruft und in den er seine Jünger einweist. Es ist eine Mission, die dem ökonomischen Besitz- und Erfolgsstreben absagt: *„Niemand kann zwei Herren dienen .... Ihr könnt nicht Gott und dem Mammon dienen."* (Matthäus 6,24). Es ist ein Leben in der Feindesliebe, in der immer wieder neuen Bereitschaft zur Vergebung, ein Leben in Barmherzigkeit und Sanftmut, wie es die Seligpreisungen zu Beginn der Bergpredigt (Matthäus 5,3ff) gewissermaßen als Eingangstor in das Reich Gottes ansagen: *„Selig sind, die da geistlich arm sind, denn ihrer ist das Himmelreich."* (Matthäus 5,3) Ihnen ist verheißen, *„Ihr seid das Salz der Erde! ... Ihr seid das Licht der Welt!"* (Matthäus 5, 13–14).

Wenn wir also beten „Unser tägliches Brot gib uns heute", dann bekennen wir, dass wir in unserem täglichen Leben Gott vertrauen. Dass wir ihm trauen, uns mit dem Nötigen zu versorgen. Dann geben wir unsere tägliche Sorge an ihn ab. Und wir stellen uns in Gemeinschaft mit denen, denen das Nötige zum Leben fehlt. Wir begeben uns in Solidarität mit den Armen, mit jenen, die hungern, mit denen, die auf der Flucht sind.

6 Vergebung
„und vergib uns unsere Schuld; wie auch wir vergeben unseren Schuldigern"

Jesus wandte sich in besonderer Weise jenen Menschen zu, die nach allgemeinem Verständnis abgewandt von der Gottesherrschaft lebten, ja, die ihrem Kommen geradezu im Wege standen. Seine besondere Zuwendung galt denen, von denen es hieß, Gott hätte mit ihnen nichts zu tun. Sie seien Verlorene. Wie etwa die mit den Römern kollabierenden Zöllner oder wie die Huren.

So lässt sich Jesus in Jericho von dem Zöllner Zachäus einladen und feiert mit dessen Freunden (Lukas 19, 1–10): *„Heute ist diesem Hause Heil widerfahren, denn auch er ist ein Sohn Abrahams. Der Menschensohn ist gekommen, zu suchen und selig zu machen, was verloren ist"*, schließt er seinen Besuch. Eine Ehebrecherin bewahrt er vor der Steinigung: *„Wer unter euch ohne Sünde ist, der werfe den ersten Stein auf sie."* (Johannes 8,7) Zu Gast im Haus eines Pharisäers lässt sich Jesus von einer Dirne die Füße liebkosend waschen. Sein Gastgeber entsetzt sich. Doch Jesus rühmt die überschwängliche Liebe der Frau: *„Ihre vielen Sünden sind vergeben, denn sie hat viel geliebt."* (Lukas 7,47) Jesus hat gerne gefeiert – und er ließ sich auch gerne einladen. Das gemeinsame Festmahl war für ihn ein Bild für „den Himmel auf Erden". Und wenn die zum Fest geladenen Gäste nicht erscheinen, dann sucht er seine Tischgefährten eben *„in den Straßen und Gassen"* (Lukas 14,21).

Dass er mit Zöllnern und Huren lebt und feiert, das machen ihm die Pharisäer heftig zum Vorwurf. Aber Jesus malt ihnen in immer neuen Erzählungen die Freude des Himmels über *„einen Sünder, der Buße tut"* (Lukas 15,10) vor Augen. Die Feste, die Jesus immer wieder feiert, sind Feste der Versöhnung,

Freudenfeste des Himmels über Menschen, die aus der Verlorenheit wieder zurückgefunden haben – wie der Sohn, der nach Jahren der Wanderschaft nach Hause zurückkehrt und dessen Vater daraufhin zum Fest einlädt: *„Lasst uns essen und fröhlich sein! Denn dieser mein Sohn war tot und ist wieder lebendig geworden; er war verloren und ist gefunden worden!"* (Lukas 15,24) So fröhlich kann Buße sein! Und Jesus hat viele Feste gefeiert. So viele, dass es von ihm hieß: *„Dieser Mensch ist ein Fresser und Weinsäufer, ein Freund der Zöllner und Sünder."* (Lukas 7,34) Mit Jesus glauben heißt also auch: nicht Trübsal blasen, sondern das Leben und die Liebe Gottes feiern.

Jesus schenkte den Menschen einen Raum liebevoller Akzeptanz. Er verstand es, eine Atmosphäre bedingungsloser Bejahung zu schaffen, die Menschen dazu befreite, sich mit ihrer eigenen schwierigen Geschichte zu zeigen. In seiner Gegenwart schienen sie sich sicher zu sein, auch dann respektiert und geliebt zu sein.

Es braucht solche Räume der grundsätzlichen Liebe und Akzeptanz, damit eine schuldhafte Geschichte angeschaut und Versöhnung ermöglicht werden kann. Nur wenn wir glauben oder zumindest ahnen, dass diese Liebe größer ist, als unsere Schuld es je sein könnte, kann man dieser ehrlich ins Auge schauen. Mit Jesus glauben bedeutet, einer solchen je größeren Liebe Begegnungs-Räume zu öffnen, in denen sich Menschen, Opfer und Täter, der eigenen Schuld offen und ehrlich stellen können. Das bildet die Voraussetzung dafür, dass die Wahrheit sich ans Licht traut und Versöhnung möglich wird. Diese Erkenntnis machten sich die unter Nelson Mandela geschaffenen südafrikanischen Wahrheits- und Versöhnungskommissionen zur Aufarbeitung von Verbrechen unter dem Apartheidregime zu eigen. Die Schuld der Vergangenheit konnte so ausgesprochen und eingestanden werden, ohne dass die Gesellschaft zerrissen wurde, und Versöhnung zwischen Opfern und Tätern wurde möglich.

Jesus erzählt dazu von einem König, der eines Tages seine Sklaven zu sich ruft (Matthäus 18, 23–35). *„Was habt ihr mit Geld und Vermögen, die ich euch anvertraut habe, gemacht?"* Einer dieser Männer hat sehr schlecht gewirtschaftet und schuldet nun die ungeheure Summe von zehntausend Talenten, das sind 490 Tonnen Gold. Unermesslich viel. Die Stunde der Wahrheit hat geschlagen. Lange konnte er es in den Büchern verstecken und verbergen. Täuschte sich selbst, indem er sich sagte: „Schau, mag es mir auch viel erscheinen, ihm fällt es in seinem Reichtum nicht mal auf! Es wird schon gut gehen: Schwamm drüber, heute vermag ich es zu vertuschen, morgen werde ich es vielleicht wieder ausgleichen können."

Der König erspart seinem Sklaven die Wahrheit nicht. Die Gnade, die er später erweisen wird, besteht nicht im Verschweigen der Schuld. Sie wird nicht zur Seite geschoben, verdrängt, dem Vergessen anheimgegeben. Auf Heller und Pfennig wird dem Veruntreuer seine Schuld vorgerechnet. Die Wahrheit muss ans Licht. „Lüge tötet Seele" oder wie ein rabbinisches Sprichwort sagt: „Das Geheimnis der Versöhnung ist Erinnerung."

Der Betrag, der ihm da vorgerechnet wird, geht allerdings über alle wirtschaftlichen Möglichkeiten des Schuldners hinaus. Er ist verloren. Mit seinem Leben soll er für seine Schuld einstehen: *„Verkauft ihn und seine Frau und seine Kinder und alles, was zu ihm gehört"*, sagt der König. Dem Sklaven ist seine Schuld überdeutlich, offen liegt sie auf dem Tisch, Strafe und Konsequenzen werden ihm vor Augen gemalt. Die Konsequenzen seines Tuns und Lassens, auch für Unschuldige, selbst für seine Kinder und noch ungeborenen Enkel, stehen ihm vor Augen. Es ist entschieden. So wird es sein.

Was bleibt ihm noch? Sein Schicksal liegt ganz in den Händen seines Königs. Er fällt auf die Knie. Ein Häufchen Elend. Bittet und fleht. Bittet um Nachsicht. Bittet um sein Leben. Und tatsächlich: Der König, reich und gütig, erlässt ihm alles – und trägt nun also selbst den ganzen Schaden. Denn irgendwer muss ihn ja tragen. Der Schuldner darf sich erheben. Als freier Mann darf er gehen. Befreit von seiner Lebenslüge. Sein Leben frei von den Konsequenzen seiner Schuld. Die Sorgen, die ihn getrieben haben, ist er los. Zentnerlasten. Ein neues, ein freies Leben, liegt vor ihm. Ich stelle mir diesen Moment vor: Schuldner und Gläubiger stehen sich gegenüber, reichen sich die Hände, schauen sich in die Augen, ein kurzes Nicken, ein leises, erleichtertes „Danke!", er wendet sich zum Gehen – in ein neues, versöhntes Leben. In diesem Moment liegt die Vision, aus der sich die Vergebung speist: Es wird anders, es wird besser. Du hast nun Zeit, noch einmal neu anzufangen.

Die fünfte Bitte des Vaterunser bittet um die Grunderfahrung, dass Gott uns solche Liebe und Vergebung gewähre: „Und vergib uns unsere Schuld ...". Aus dem Rahmen aller anderen Bitten des Vaterunsers fällt diese Bitte jedoch heraus, sofern sie die Bitte um Vergebung an das entsprechende Verhalten des Beters selbst bindet. Die Vergebung, die er erfährt, soll seinen Umgang mit seinen Mitmenschen auch selbst prägen. Wie es im Gebet heißt: „ ... wie auch wir vergeben unseren Schuldigern."

Gottes Liebe lebt unter uns, indem wir einander vergeben, wie wir es von Gott für uns erbitten. Wenn wir der Wirklichkeit der Vergebung Gottes wirklich trauen, dann soll sie auch unseren Umgang untereinander bestimmen. So antwortet Jesus auf die Frage des Petrus: *„Herr, wie oft wird mein Bruder mir zum Schaden handeln, und ich soll ihm noch vergeben? Bis zu siebenmal?"* – *„Ich sage dir, nicht bis zu siebenmal, sondern bis zu* *siebzig Mal siebenmal!"* (Matthäus 18,22) Das Vergeben darf nie aufhören. Nur so können wir offen und ehrlich miteinander umgehen. Nur so ist Veränderung möglich. Nur so kann das Reich Gottes unter uns Wirklichkeit werden.

Die Erzählung von dem Sklaven, dem so unendlich viel vergeben wurde, findet im Munde Jesu deshalb auch eine Fortsetzung, in der die eigentliche Pointe der Geschichte liegt. Noch auf dem Weg zurück von seinem König trifft dieser auf einen Kollegen. „Hey, du schuldest mir was!" spricht er ihn an. In der Tat: 100 Denare – das entspricht etwa dem Tagelohn eines Arbeiters. Eine Kleinigkeit also. Doch er fragt nicht lange, lässt kein Gespräch, keine Erklärung zu, sondern geht dem anderen gleich an den Kragen, packt und würgt ihn: „Her mit dem, was mir gehört. Rück raus, was du mir schuldest."

Der will sogar bezahlen. Er bittet nur um Frist und Aufschub: „Ein paar Tage nur, ein wenig Geduld, dann zahle ich." Doch der, gerade mit seinem Leben neu beschenkt, hat keine Geduld, keine Zeit. Er zeigt sich gnadenlos. „Nichts da. Kannst du nicht zahlen, musst du ins Gefängnis. Ich will mein Recht," verklagt ihn und lässt ihn ins Gefängnis werfen. Das Fatale daran: Nie mehr wird der da raus kommen – tritt nicht ein dritter für seine Schuld ein. Denn wie soll er sich aus dem Gefängnis heraus das Geld verdienen, um seine Schuld zu bezahlen? Für eine Kleinigkeit ist der Mann sein ganzes Leben lang bestraft.

Als das dem König berichtet wird, ist der erbost, widerruft seine Begnadigung und setzt die zunächst verhängte Strafe wieder ins Recht. Hartherzigkeit tötet Barmherzigkeit! Jesus schließt: *„So wird auch mein himmlischer Vater mit euch verfahren, wenn ihr nicht, ein jeder seinem Bruder* (und wir ergänzen: „seiner Schwester"), *von Herzen verzeiht.".* Ein drastisches Bild, das Jesus uns da vor Augen malt. Vergebt, denn ohne Vergebung könnt ihr selbst nicht leben.

Vergebung, weil man doch zusammengehört, ganz und gar, nicht aus Selbstüberwindung, sondern aus tiefstem Empfinden heraus. Und das nicht nur einmal, nicht siebenmal, sondern siebzig Mal sieben Mal. Immer wieder, immer aufs Neue; nicht weil ich muss, als äußerliches Gesetz, aus religiöser Pflicht, sondern aus Dankbarkeit, aus Liebe. Den Strom der barmherzigen Liebe Gottes weitergeben, durch mich hindurchfließen und dem anderen zukommen lassen: Ich schenke dir, was ich selbst empfangen habe – Liebe und Vergebung. So entstehen Erlebnisräume des Glaubens.

Mit Jesus glauben bedeutet, Gottes vergebender Liebe so weit zu vertrauen, dass wir auch einander immer wieder und aufs Neue vergebungsbereit und offen begegnen. Solche Vergebung stiftet Verbundenheit und ermöglicht eine Gemeinschaft trotz des Missbrauchs an Liebe und Vertrauen, den wir selbst begehen, aber auch an uns selbst erleben müssen.

7 Glauben
„Und führe uns nicht in Versuchung"

Das narzisstische Missverständnis des Glaubens, in dem der Mensch sich mit Gott gleichzusetzen sucht, trägt auch die letzte Bitte des Vaterunsers: „Und führe uns nicht in Versuchung." Der Mensch vermag viel zu glauben. Sich zum Heil oder zum Unheil, zum Fluch oder zum Segen, zum Guten oder zum Bösen. Die bösartigste Krankheit des Glaubens liegt in dem Größenwahn, sich im Glauben mit Gott gleich zu setzen. Solch ein Glauben führt ins Unheil. Jesu Gebet ist in einem anderen Geist gesprochen. Im Geist der Demut der Kinder Gottes. Es ist kein Glauben des Habens und Besitzens. Kein Glauben des Beherrschens, in dem mir Gott und das Leben zu Händen sind.

Kein Glauben, das mich vor Not und Tod und Leiden bewahrt. Es ist ein Glaube, der heilt und Heil gibt. Solcher Glaube ist selbst eine Gabe, die der Mensch empfängt.

Nach seiner Taufe am Jordan zieht Jesus weiter in die Wüste. Vierzig Nächte und vierzig Tage verbringt er dort in der Einsamkeit. Wochen der Klärung allein mit Gott. Vierzig Tage und vierzig Nächte im Ringen um die eigene Berufung. Was darf ich hoffen? Wofür will ich mich einsetzen? Was soll ich tun? Was soll ich lassen? Wo ist mein Platz im Leben? Wüstentage gehören zum Weg des Glaubens.

Am Ende dieser 40 Tage begegnet Jesus „der Stimme, die gegen Gott ist". Die „Stimme des Lügners von Anbeginn an". Die Bibel nennt ihn auf Hebräisch „Satanas" oder Griechisch den „Diabolos", den Widersacher. Es ist eine geistliche Grunderfahrung, die Menschen immer wieder sammeln. Je mehr sich ein Mensch auf Gott einlässt, desto lauter wird die Stimme des Widersachers in ihm. Sie scheint auf seiner Seite. Sie sagt: „Gott ist gut, wo er für dich ist!"

So begegnet der „Lügner" auch Jesus. Nach vierzig Tagen und vierzig Nächten ohne etwas zu essen hat Jesus Hunger (vgl. Lukas 4, 1–12). Da spricht die Stimme: *„Wenn Du ein Kind Gottes bist, dann sprich zu diesen Steinen, dass sie zu Brot werden!"* Jesus weist ihn mit einem biblischen Wort ab: *„Der Mensch lebt nicht vom Brot allein, ..."* Macht euch nicht Steine zu Brot, sondern Gottes Wort. Das Reich Gottes ist nicht das Schlaraffenland.

Gott ist nicht ein Gott nach unseren Wünschen. Wer einen Erfüllungsgehilfen seiner eigenen Allmachtphantasien sucht, der ruft nach „dem Versucher", dem Satanas. Der führt Jesus nun auf einen hohen Berg. Von dessen Gipfel fällt der Blick über alle Länder der Erde. *„Wenn Du mich anbetest, will ich dir alle Macht und allen Erfolg geben ..."*. Jesus erwidert ihm: *„Du* *sollst Gott anbeten und allein ihm dienen."* Der Teufel, der Anti-Gott, dient der Aufrichtung von Macht und Herrschaft im eigenen Interesse. Das ist nicht Gott, dem zu glauben Jesus einlädt.

Der lebendige Gott ist auch kein Gott, der einen vor Gefahren und den Folgen des eigenen Übermutes bewahrt. Zuletzt führt der Teufel Jesus auf die Spitze des Tempels in Jerusalem: *„Bist du ein Gotteskind, so stürze dich hinab!"* Und er weiß dafür sogar die verheißungsvoll-segnenden Worte aus Psalm 90 vorzutragen: *„Denn es steht geschrieben: Deinetwegen wird er seine Engel senden, dich zu behüten, und sie werden dich auf Händen tragen, damit dein Fuß nicht an einen Stein stoße."*

„Gott glauben" entlässt nicht aus der Verantwortung. Gottes Segen ist kein magischer Schutz. Der Gott Jesu ist kein Zaubergott. Gott mag uns bewahren, wie und wo es ihm gefällt. Doch Gott glauben, heißt nicht, es darauf ankommen zu lassen. So erwidert Jesus schließlich: „Es heißt, du sollst Gott nicht herausfordern."

Drei Wege, Gottes Namen zu missbrauchen. Drei Weisen, in denen uns „der Teufel" in der Maske des Gottesnamens begegnet. Häufig werden der Glaube an Gott und der Glaube an den „Diabolos" miteinander verwechselt. Unmerklich gewinnt der Glaube dämonische Züge. Dann geht es teuflisch zu. Dann verliert der Mensch seine Menschlichkeit, seine Humanitas. Dann wird deutlich, wie der Mensch, indem er Gott verfehlt, zugleich sich selbst verfehlt.

8 Erlösung
„... sondern erlöse uns von dem Bösen"

Jesu Weg führt ihn schließlich nach Jerusalem. Es ist ein gewagter Schritt. Und er mag gewusst haben, was da auf ihn zukommt. Die Leidensankündigungen der Evangelien jedenfalls erzählen davon – doch wissen wir nicht, ob sie historisch sind. Jesus feiert gemeinsam mit seinen Jüngern noch ein letztes Passah-Mahl. Er teilt mit ihnen das Brot, er trinkt mit ihnen aus einem Kelch. Die Überlieferung erzählt, dass er dazu, das Brot brechend, sagt: „Das (bin) ich." Er bezieht die Erinnerung dieser Nacht, die Befreiung und den Auszug des Volkes Gottes aus der Knechtschaft in Ägypten, auf sich und möglicherweise auch auf die Geschehnisse der folgenden Stunden: seine Verhaftung, Verhör, Verurteilung und Folterung, seine qualvolle Hinrichtung, begleitet von Spott und Demütigung, am Kreuz auf Golgatha. „Das – ich" – wie Brot das gebrochen wird und das ihr untereinander teilt. Zu wenig, um satt davon zu werden. Genug um aufbrechen zu können. Glaubensbrot. *„Das tut zu meinem Gedächtnis!"* Im Teilen des Brotes mögen seine Jünger und Jüngerinnen mit ihm verbunden bleiben.

Nach dem Mahl verlässt er den Raum und geht in den Garten Gethsemane zum Gebet. Dort ringt er mit Gott: *„Abba, Vater, alles ist möglich; nimm diesen Kelch von mir, doch nicht, was ich will, sondern was du willst."* Jesus geht seinen Weg in der Haltung des Glaubens, für den er geworben hat. Er überlässt sich ganz Gottes Führung. Er traut sich ganz Gottes Gegenwart an. Er gibt sich ganz in Gottes Hand. Und er hofft darauf, dass Gott sich an ihm bewahrheiten wird. Nach einem ungerechten Verfahren wird er zum Tode verurteilt. Zum Tod am Kreuz. Dort stirbt er am Tag vor dem Passahfest einen grausamen und gänzlich entwürdigenden Tod. Mit Worten aus dem 22. Psalm auf den Lippen stirbt er: *„Mein Gott, mein Gott, warum hast du mich verlassen."* (Psalm 22,2) Das Kreuz markiert den äußersten Punkt auf dem Weg der Erniedrigung, den Jesus gegangen ist. Ort der Gottverlassenheit, Bild des Verlorenen, des in seinem Glauben verratenen Menschen. Dennoch wird es zum Symbol christlichen Glaubens. Christen verehren Gott im Bild eines Gekreuzigten. Hier erfüllt Gott ihre Bitte: „Erlöse uns von dem Bösen." Hier ist der Ort des Heils. Doch das ist nur von Ostern her zu verstehen.

Kapitel 8
Der Gegenwart Gottes gewahr sein

Die vorösterliche Glaubens- und Lebensgemeinschaft um Jesus zerfällt nach der Gefangennahme Jesu durch die Römer. Die Abendmahlsgemeinschaft um Jesus ist das letzte Bild, das die Evangelien von dieser Gemeinschaft zeichnen. Es wird zum Grundbild christlicher Glaubensgemeinschaft. Was nach diesem letzten gemeinsamen Seder-Mahl Jesu geschieht, steht ganz in Kontrast dazu. Seine Jünger lassen Jesus bei seinem nächtlichen Gebetsringen in Gethsemane allein. Bald darauf werden sie ihn und ihren Glauben verleugnen. Ihr Glaube erstickt unter dem Kreuz Jesu.

Ängste zerfressen Glauben. So vernichtend, so enttäuschend ist die Hinrichtung Jesu, dass es den Jüngern ihren Glauben verätzt. Sie fliehen. Karfreitag bedeutet das Ende der Jünger-Gemeinschaft. Jesus geht seinen Kreuzweg allein. Vorgeführt, verhöhnt und verlacht, beschuldigt und verurteilt. Der Glaube an das Evangelium vom Reich Gottes ist vorläufig an sein Ende gekommen. Er stirbt mit Jesus. *„Mein Gott, mein Gott, warum hast du mich verlassen?"* (Markus 15,34) Ob Jesus dabei die hoffnungsvolle Wendung, die der Psalm nimmt, im Sinn hatte?

„Ach du, Herr, sei nicht ferne; meine Stärke, eile mir zu helfen!
... Denn er hat nicht verschmäht das Elend des Armen / und sein Antlitz nicht vor ihm verborgen; und da er zu ihm schrie, hörte er's."
(aus Psalm 119)

Die Evangelien-Erzählungen erinnern, dass wohl einige der Freundinnen Jesu mutig in Jerusalem verblieben. Sie kümmerten sich auch um den Leichnam Jesu. Die Jüngerschaft aber zerfiel. Sie hatte mit Jesus ihre Mitte verloren. Die Gefährten und Gefährtinnen von einst kehrten zurück in ihre alte Heimat. Sie hatten Jesus, ihren Glauben und die mit ihm verbundenen Hoffnungen begraben. Und sie wollten nicht so schrecklich enden wie er. Angst ist wohl der größte Feind des Glaubens. Glauben braucht Mut. Glaubensmut.

Dann muss „etwas" passiert sein. Etwas, das die Gefährten und Gefährtinnen von einst wieder in Jerusalem zusammengeführt hat. Etwas, das stärker als ihre Angst war. Etwas, das ihnen ihren Glauben an Jesus neu geschenkt hat. Eine neue Beziehung zu Jesus, neue Gewissheit und neue Identität. Etwas, das sie wieder nach Jerusalem, der heiligen Stadt, führte und untereinander notwendig zu einem gemeinsamen Leben verbunden hat. Etwas, das sie nicht ruhig sein ließ. Nicht verborgen, im Stillen und Geheimen, blieben sie. Laut und öffentlich gaben sie weiter, was sie selbst erlebt hatten. Ihr Glaube steckte an.

Was war passiert zwischen Flucht und Rückkehr? Was war stärker als die Angst? Was ließ die niedergeschlagenen Freunde Jesu wieder aufstehen? Was hat ihren Glauben neu geboren? Was schenkte ihrem Glauben diese ansteckende vitale Kraft? Was war dieses „Etwas", das da passiert ist zwischen Flucht und Gemeinschaftsbildung, den beiden historisch greifbaren Rändern dessen, was wir Ostern nennen.

Die Weggefährten Jesu erzählen, Jesus sei Ihnen lebendig wieder begegnet. Ein unerwartetes und plötzliches Ereignis, das kurz nach Jesu Tod früheren Jüngern und Jüngerinnen unabhängig voneinander widerfährt. Es „geschieht ihnen", jedoch nie als Einzelnen und für sich allein, dann also auch deutbar als inneres Erlebnis, sondern immer in Gemeinschaft.

Die österlichen Begegnungserzählungen stimmen in verschiedenen Motiven überein. Die Jünger und Jüngerinnen erzählen: Wir haben ihn gesehen. Er hat zu uns gesprochen, und wir haben mit ihm gegessen wie früher. Er hat uns neu seine Gemeinschaft geschenkt. Wie er das gemacht hat, daran haben wir ihn erkannt. Schließlich hat er uns beauftragt und gesandt.

Die Erzählung von den Emmaus-Jüngern (Lukas 24, 13–35) zeichnet diesen Weg der Christusbegegnung nach. Zwei Jünger kehren am Ostersonntag zurück nach Emmaus, dahin wohl, wo ihre Familien leben, wo sie geboren und aufgewachsen sind. Unterwegs reden sie von dem, was in den letzten Tagen in Jerusalem geschehen ist. Jesus, den sie als den Sohn Gottes glaubten, war verhaftet, gefoltert und am Kreuz hingerichtet worden. Ein Jahr waren sie mit ihm unterwegs gewesen, hatten alles zurückgelassen, Familie, Freunde, Arbeit, Zuhause. Von ihm hatten sie sich alles erhofft: ein erfülltes Leben, Gottes Nähe. Es ist ein Trauerweg. Zerschlagene Hoffnungen, enttäuschte Erwartungen.

In ihre Trauer versunken, bemerken sie gar nicht, wie sich ihnen ein Fremder nähert, sie schließlich einholt und den Weg mit ihnen teilt. Es ist Jesus. Doch sie erkennen ihn nicht, denn *ihre Augen waren gehalten* (V 16).

„Wovon redet ihr?", spricht der Fremde sie an. Erstaunt bleiben sie stehen. „Du weißt nicht, was da in Jerusalem geschehen ist?" Doch, er weiß schon. Aber er will von ihnen selbst hören, wie sie diese Tage erlebt haben, was in ihnen vorgeht und sie beschäftigt. Er möchte ihnen Gelegenheit geben, ihre Geschichte zu erzählen. Er fragt und hört zu – und sie bleiben stehen. Halten inne in ihrer Flucht. Denken nach. Drücken aus, was sie bewegt.

Aufmerksam hört der Fremde zu. Er versteht. Er versteht gut, zu gut. Jesus, der fremde Begleiter. Er geht den beiden in ihrer Traurigkeit und Leere nach; er holt sie ein; er fragt und hört zu; er begleitet. So ist Christus – unerkannt – bei den beiden.

Doch es bleibt nicht beim Zuhören und Verstehen. Der Fremde stellt die Geschehnisse von Jerusalem, Jesu Verhaftung und seinen Kreuzestod, in einen tieferen Zusammenhang. „Musste das nicht alles geschehen?" Er wechselt die Perspektive: „Steht nicht in der Schrift geschrieben, dass der Gesandte Gottes das alles erleiden muss?" Wo steht geschrieben, dass der Gerechte Gottes nicht leiden muss? Ganz im Gegenteil. Gerade ihm wird das Elend des Menschen aufgeladen und zu eigen. Dass Gott bei ihm ist, heißt doch nicht, dass er von Tod und Leid verschont bleibt.

So hatten die beiden das bisher noch gar nicht gesehen. Der Christus lehrt sie einen anderen Blick auf die Dinge – er befreit sie aus ihrer hoffnungslosen Sichtweise. Indem er sie die Wirklichkeit mit Hilfe der Schrift neu wahrnehmen lehrt und so sich selbst aus der Sichtweise Gottes neu anschauen lässt. Christus legt ihnen ihre Erfahrungen in der Begegnung mit der Schrift neu aus. Und sie entdecken in den alten biblischen Überlieferungen ihre eigene Geschichte, die so in den Horizont der Wahrheit und Liebe Gottes überführt wird. Das Absurde gewinnt Bedeutung, im Horizont der biblischen Erzählung gewinnt es einen Sinn, in den sich die verloren fühlenden Freunde bergen können. Sie beginnen zu verstehen.

Schon sind sie fast zu Hause, da wird es Abend. Der unbekannte Weggefährte will sie verlassen und weitergehen. Aber sie bitten ihn: *„Bleibe bei uns; denn es will Abend werden und der*

Tag hat sich geneigt." (V 29) Bereitwillig folgt der Fremde der Einladung. Und als er mit ihnen zu Tisch sitzt, nimmt er das Brot, dankt, bricht es und reicht es ihnen. In diesem Augenblick *„werden ihnen die Augen geöffnet"* (V 31). Er ist es. Christus selbst. Wie er sie begleitete, wie er ihnen zugehört hat; wie er ihnen die unverständigen Ereignisse der letzten Tage in neuem, in biblischem Sinn erschloss. Und nun bricht er ihnen das Brot, genau wie vor wenigen Tagen in Jerusalem schon, wo der Schrecken seinen Ausgang nahm: „Das bin ich für euch – wie Brot, das nährt; gebrochen, um seine Kraft zu teilen; ich – für euch." Es ist die dritte Weise – neben der des begleitenden Gesprächspartners und des Bibelauslegers – in der Christus als der Auferweckte seinen Jüngern begegnet. Als der, der sich ihnen im Teilen des Brotes selbst zu eigen gibt und so erschließt. In und durch Jesus Christus werden die beiden Jünger der Gegenwart Gottes gegenwärtig. Sie glauben und im Glauben erkennen sie in dem fremden Anderen den lebendigen Christus.

Kaum haben die Jünger Jesus erkannt, entschwindet er vor ihren Augen. Seine Gegenwart ist nicht zu halten. Es sind Augenblicke. Augenblicke bloß, jedoch erfüllt von göttlicher Gegenwärtigkeit. Die beiden vergewissern sich ihrer Erfahrung: *Brannte nicht unser Herz in uns, als er mit uns redete auf dem Wege und uns die Schrift öffnete?* (V 32)

Glauben bedarf der gemeinschaftlichen Vergewisserung. Ja, sie hatten beide dasselbe erfahren: Christus lebt. Er ist bei Gott – und zugleich uns nahe. Er hört uns, wenn wir zu ihm beten; er spricht zu uns und erschließt unserem Leben neuen Sinn, wenn er durch die Worte der Schrift zu uns spricht; wir erfahren seine Gemeinschaft, wenn wir in seinem Namen das Brot miteinander teilen.

Jesus als der auferstandene Christus ist die lebendige Gestalt des Glaubens, zu dem Jesus eingeladen hat. Aus „dem

Glauben an das Evangelium vom Kommen des Reiches Gottes", zu dem Jesus eingeladen hat, wird *„der* Glaube an Jesus, den Christus". Er verkörpert selbst die lebendige Gestalt eines Glaubens, der aufstehen lässt. Er führt uns als der lebendige Auferweckte in die Gegenwart der Zukunft Gottes. Er, der uns als der leidende Gekreuzigte begegnet, ist die Personifizierung der Liebe Gottes, Ort der Vergebung, Kraft des Widerstandes gegen die Macht des Bösen. Das, was Glauben bedeutet, die Kraft, die Hoffnung und Orientierung, die nur im Glauben zu gewinnen sind, sind in Jesus, dem Christus des Glaubens, verkörpert.

Was die Jünger erfahren, gilt auch für uns. Im Gebet, durch das Wort der Schrift und in der Feier von Abendmahl und Taufe ist Christus unter uns als der Gegenwärtige lebendig. So werden wir der Wahrheit und Wirklichkeit von Ostern inne. So erschließt sich auch uns: Jesus lebt. Er ist auferstanden. Der auferweckte Christus ist nicht im Jenseits zu suchen. Er ist hier und heute da. Die Auferstehungswirklichkeit ist keine zukünftige, sondern eine gegenwärtige. Christus begleitet uns. Christus spricht zu uns. Christus teilt das Brot mit uns. Der Auferweckte nimmt uns in seine gemeinschaftsstiftende Gegenwart und lebt so mitten unter uns.

Eine Erfahrung, die nicht bei sich selbst bleiben kann, sondern nach Konsequenzen verlangt. Die beiden kehren um von ihrem Weg nach Emmaus, zurück nach Jerusalem in die Gemeinschaft der Jünger: *Und sie standen auf zu derselben Stunde, kehrten zurück nach Jerusalem und fanden die Elf versammelt und die bei ihnen waren.* (V 33)

Das also ist passiert. Frühere Jüngerinnen und Jünger Jesu erzählen, dass ihnen der gekreuzigte Jesus als der lebendige Christus begegnet ist. Hier liegt allerdings auch die Grenze des historisch Greifbaren. Denn wir wissen davon nicht anders, als wir davon eben wissen können, nämlich durch Berichte, die sich auf eben diese Jüngerinnen und Jünger beziehen. Ihr Zeugnis ist: Jesus lebt. Gott hat ihn von den Toten auferweckt. Der Geist des lebendigen Christus ist in unserer Mitte lebendig. Die Botschaft des Glaubens begegnet uns durch seine Zeugen und Zeuginnen. Und ihr Zeugnis lebt, indem wir es miteinander teilen und dabei selbst zu Zeugen werden.

Der Glaube an Christus lebt, indem wir ihn teilen – ganz persönlich und in Begegnung. Begegnung, die immer konkret und leibhaftig geschieht mitten im Alltag. Jesus begegnet Vertrauten, jedoch Vertrauten, die ihren Glauben verloren haben. Und er begegnet ihnen in personaler Freiheit. So wie er ihnen begegnet, ermöglicht er es ihnen umgekehrt, ihm zu begegnen. Er begegnet ihnen nicht übermächtig. Die Jünger staunen, aber sie verlieren sich nicht in ihrem Staunen. Sie begegnen ihm bewusst und in klarem Bezug zu ihrem Alltag. Auch sie begegnen ihm in personaler Freiheit. Ihre Begegnung mit dem Auferweckten befreit von Angst und Kleinmütigkeit. Sie schenkt Kraft zum Aufstehen. Sie gibt dem Leben eine Richtung, eine Berufung, eine Sendung.

Was den Jüngerinnen und Jüngern damals geschah, das geschieht auch heute. Denn auch uns Heutigen ist der Auferweckte der Gegenwärtige. Die Osterberichte erzählen also nicht nur vergangene Geschichte. Sie erzählen eine auch uns mögliche Geschichte. Damals nicht weniger sonderbar, als sie uns Heutigen erscheinen mag. Immer wieder erzählen die Evangelien deshalb, dass sich die Wirklichkeit des Auferweckten nicht unmittelbar und von selbst erschließt. Meist wird Jesus zunächst als ein Fremder wahrgenommen, der unvermutet den Weg seiner früheren Gefährten kreuzt. Erst in der Art und Weise, wie sich Jesus in der Begegnung verhält, wird den Jüngerinnen und Jüngern mit einem Mal bewusst, wem sie da begegnen. Der Auferweckung folgt die Selbsterschließung des Auferweckten in der persönlichen Begegnung mit seinen früheren Jüngern und Jüngerinnen. Diese Selbsterschließung ermöglicht es ihnen, Jesus zu erkennen. *„Brannte nicht unser Herz?"* (Lukas 24,32) Dieser Augenblick ist das Momentum des „Zum-Glauben-Kommens". Ein Augenblick tiefster innerer Gewissheit: „Er ist es!" Und sie erfahren dieses „Er ist es", „Er lebt" als Augenblick „inniger Gemeinschaft" geteilten Lebens. Er lebt. Ohne dieses „zum Glauben kommen" wäre Ostern stumm geblieben. Erst dadurch, dass ihnen die Augen geöffnet werden und sie Jesus mit ihren Herzen als den Auferweckten erkennen, wird Ostern zu einer die Menschen bewegenden Wahrheit. Im Glauben wird Gottes Offenbarung zu einer Menschen bewegenden Wahrheit, die sie aufstehen und den Weg Jesu weiter gehen lässt. Was Ostern geschah, kann nur im Glauben erkannt und bezeugt werden. Es kann nur im Glauben als wahr gehört und ins eigene Leben übertragen werden.

Für Paulus ist das grundlegend. Glauben ist glauben an und leben mit dem auferweckten Christus. Glauben heißt, in Beziehung zu dem lebendigen Christus zu leben. Und die Hoffnung des Glaubens ist ein erfülltes Leben in Gott. Glauben also heißt mitten in dieser Welt in einer Beziehung zu dem neuen Leben zu stehen, das Gott uns durch Kreuz und Auferstehung Jesu geschaffen hat.

Kapitel 9
Wer glaubt, steht auf

Das Evangelium vom geöffneten Himmel, das Teilen des Glaubens in der Begegnung und die Entwicklung des persönlichen Glaubens hängen unmittelbar miteinander zusammen. Sie bilden die drei Seiten einer Medaille – und jede lebt von Gottes heilsamer Gegenwart. Das Evangelium bringt die Botschaft. Die Botschaft des Evangeliums wird laut, indem wir sie teilen. Der Glaube lässt sich auf die Botschaft des Evangeliums ein. Kein Evangelium ohne Glauben, kein Glauben ohne Evangelium. Kein Glaube und kein Evangelium, ohne dass wir sie teilen. Evangelium ist „der Raum, an dem und in dem der Glaube entsteht" (Thomas Söding)[24].

Die Evangelien erzählen die Geschichte von Jesus Christus. Sie erzählen von seinem Leben und Sterben, von seinen Taten und Worten, von Begegnungen mit ihm, um uns in seine Geschichte zu verwickeln. Jesus Christus ist das Evangelium. Und das Evangelium sucht die Antwort des Glaubens, damit *„ihr glaubt, dass Jesus der Christus ist, der Sohn Gottes, und damit ihr durch den Glauben das Leben habt in seinem Namen."* (Johannes 20,31) Er, seine Liebe, seine Verkündigung, die Begegnung mit ihm erschließt Menschen das Reich Gottes, das „ewige Leben".

So wie sich das Evangelium in seiner Wahrheit nur im Glauben erschließt, so finden Menschen nur durch den Glauben Zugang zu Jesus, dem Christus. Glauben ist die Weise, in einer Beziehung zu Jesus Christus zu stehen, durch die sich mir wiederum die im Evangelium angesagte Gemeinschaft erschließt.

Näherhin ist es das Evangelium von Jesus Christus. Es ist sein Evangelium. Von ihm, Jesus Christus, geht es aus. Zu ihm, zu der durch ihn beschlossenen und in ihm verkörperten Gottesbeziehung, führt es im Glauben hin. So lässt sich mit Paulus noch grundlegender sagen, dass Jesus Christus den Glauben gebracht hat. Das gilt historisch wie theologisch.

1 Mit Paulus glauben – Sein in Christus

Nach Ostern passiert etwas Einschneidendes. Jesus, der zum Glauben gerufen hat, wird nun selbst zum Inhalt des Glaubens. Der Bote selbst wird zur Botschaft. Was Glauben überhaupt heißt, das wird fortan durch ihn, durch Jesus bestimmt, den sie nun den Christus, den Gesalbten, den Messias nennen.

Schauen wir noch einmal zurück auf die Entwicklung des Glaubensverständnisses in der Bibel: Glauben bedeutet, dass Gott am Leben „seines Menschen" teilnimmt und der Mensch am Leben Gottes „segensreich" teilhat – und das geschieht in und durch Jesus Christus. War es alttestamentlich der Bundesschluss mit der Thora in seiner Mitte, der Gott und Mensch in einer gemeinsamen, von Gottes Treue bestimmten Geschichte verbindet, so ist es bei Jesus das Kommen des Reiches Gottes. Und nach Ostern ist es nun Jesus Christus selbst. Er nimmt nun den Platz ein, den in seiner Verkündigung das Reich Gottes eingenommen hat.

Der Theologe des Christus-Glaubens ist Paulus. Glauben und Christ-Sein sind für ihn gleichbedeutend. Wenn Paulus vom Christsein spricht, dann spricht er vom Glauben. Denn Glauben gibt es für Paulus nur als Christus-Glauben. Einen allgemeinen religiösen „Glauben" wie etwa den Glauben an eine göttliche oder übersinnliche Macht kennt Paulus nicht. Neben dem Christus-Glauben gibt es für ihn nicht noch einen religiös auf eine andere Gottheit hin ausgerichteten Glauben – etwa an Jupiter oder Zeus. Genauso wenig kennt er einen profanen Wortgebrauch von „Glauben" im Sinne eines vermutenden Für-wahr-haltens. Glauben ist für ihn vielmehr eine neue Seinsweise. Ein Sein in Christus. Entweder, jemand ist gläubig, oder er ist ungläubig; entweder er glaubt an Christus oder er glaubt eben nicht. Wer glaubt, gehört zu Gott und zählt zu seinem Volk. Der gehört im Glauben zu Gott, denn im Glauben wohnt ihm Gott inne; er ist Gottes Tempel: *„Wisst ihr nicht, dass euer Leib ein Tempel des Heiligen Geistes ist, der in euch ist und den ihr von Gott habt, und dass ihr nicht euch selbst gehört?"* (1. Korinther 6,19). Glauben ist also jene geistliche Wirklichkeit, durch die wir mit Gott verbunden sind.

Durch Glauben (an Jesus Christus) gehört ein Mensch zu Gott – wirklich und seinshaft. „Christus zu glauben" bedeutet, dazusein in Gott. Wer Christus glaubt, ist ein neuer Mensch: ein mit Christus verbundener Mensch – durch Christus in Gott gegründet und von Gottes Geist durchatmet. Eine solch neue Existenz mit Gott kann nicht durch eigenes Handeln erworben werden. Durch nichts von all dem, was ein Mensch tun kann, vermag er sein Leben in Gott zu gründen. An Gottes Wirklichkeit, die Liebe ist, teilzuhaben und teilzunehmen, gelingt nicht durch die Erfüllung eines Ethos. Gott selbst hat dieses neue Leben in und durch Jesus Christus geschaffen – und in der Wirklichkeit des Glaubens können wir daran teilhaben. In paulinischer Sprache heißt das: Im Glauben werden wir gerecht vor Gott. *„Nicht aus Werken"* (Römer 3,28), nicht aus eigener Kraft und Anstrengung vermag der Mensch in eine heile Beziehung zu Gott finden. Allein *„aus Glauben in Glauben"* (Römer 1,17) findet der Mensch in die Gemeinschaft mit Gott. Es ist der Weg, der durch Jesus Christus eröffnet wurde: der Weg *der Gerechtigkeit, die aus dem Glauben kommt* (Römer 9,30). Es ist der Christus-Weg. Und für diesen ganz neuen geistlichen Weg verwendet Paulus den Begriff „Glauben/pistos" – auch gegenüber dem Weg Israels, den er als den Weg des Gesetzes und der Werke beschreibt (vgl. Römer 9, 30–32). Es ist ein Weg auf neuem Grund: auf Gottes Grund. Wer glaubt, lebt eine neue Existenz. So kann Paulus im Galaterbrief formulieren: *„Ich bin mit Christus gekreuzigt. Ich lebe, doch nun nicht ich, sondern Christus lebt in mir. Denn was ich jetzt lebe, das lebe ich im Glauben an den Sohn Gottes, der mich geliebt hat und sich selbst für mich dahingegeben."* (Galater 2, 19.20).

So bildet Glauben eine eigene und neue Existenzform. Glauben ist die durch Jesus Christus geschaffene, von ihm ermöglichte und durch ihn getragene Existenz. Und deshalb spricht Paulus von Glauben nur als Glauben an Jesus Christus. Wer glaubt, der lebt bewusst und vertrauensvoll in seiner Gegenwart. Im Glauben ist er mit Christus verbunden. Er gehört ganz zu ihm – und durch ihn zu Gott. Christus bestimmt sein Leben.

„Im Glauben" und „in Christus" hängen für Paulus so eng miteinander zusammen, dass sie von ihm theologisch synonym verwendet werden (Römer 8,1). „Zu Christus gehören", „in Christus leben" und „glauben" meinen dasselbe. Glauben ist keine andere Sichtweise, kein neues Ethos. Glauben bedeutet eine Lebensgemeinschaft, ein gemeinsames Leben von Gott und Mensch, wie es vor Kreuz und Auferweckung Jesu nicht möglich war. Und zwar nicht als ethische Forderung, nicht als ein „Sollen", sondern als „ein neues Sein" in Christus: Da-sein als Mit-sein, als Mit-Sein mit Gott durch Jesus Christus, den neuen Immanuel („Gott ist mit dir").

So verwundert es nicht, dass „der Glaube" bei Paulus auch als umfassende Selbst-Beschreibung für die gesamte christliche Verkündigung stehen kann. „Der Glaube" ist für ihn Grund (1. Korinther 2,3), Ziel (Römer 1,5) und Inhalt (Römer 10,8) seines Dienstes wie seiner Verkündigung. Deshalb spricht Paulus, wenn er von den Christen und Christinnen spricht, auch von „den Gläubigen" (z.B. 1. Thessalonicher 2,10). Und als *apistos*, ungläubig, bezeichnet er alle diejenigen, die nicht zu Christus gehören (1. Korinther 7,15).

Von einem ungläubigen Menschen zu einem gläubigen zu werden, sich zu bekehren, bedeutet, dass ein Mensch sich auf dieses Heilsgeschehen persönlich von Grund auf einlässt. Es ist wie ein Sterben und neu geboren Werden. Das geschieht in der Taufe: *„Wisst ihr nicht, dass alle, die auf Christus getauft sind, die sind in seinen Tod getauft? So sind wir ja mit ihm begraben durch die Taufe in den Tod, auf dass, wie Christus auferweckt ist von den Toten durch die Herrlichkeit des Vaters, so auch wir in einem neuen Leben wandeln."* (Römer 6, 3–4). Der persönliche, individuelle Glaube („Mein Glaube") ist ein Aufleuchten Gottes selbst im Menschen, in dem das, was das Evangelium ansagt, für den einzelnen Menschen selbst personale Wirklichkeit wird, nämlich die unbedingte, vergebende und Gemeinschaft stiftende Liebe Gottes.

Durch Glauben gehöre ich ganz zu Christus und habe teil an seiner Gemeinschaft mit Gott. Doch zugleich wachse ich in meiner persönlichen Glaubensentwicklung weiter. Einerseits ist es ganz und gar Gott, der hier handelt. Mein Glaube ist sein Werk, ja, ist seine Gegenwart in meinem Leben. Verhielte es sich anders, wäre mein Glaube mein Tun, dann wäre mein Glaube ja ein Werk meines Wollens und (Ein-)Bildens. Andererseits: So sehr Glauben Gottes Werk ist, bin doch ich es, der da sieht und hört und dadurch Gott erkennt. In dieser Logik vermag Paulus zu unterscheiden zwischen solchen, die stark sind im Glauben, und solchen, die schwach sind im Glauben (vgl. 1. Korinther 3, 1–2). Doch so unterschiedlich stark Christen im Glauben stehen, gehören sie doch alle zu Christus und haben teil an seiner Heilswirklichkeit.

Abraham bildet für Paulus das biblische Vorbild des persönlichen Glaubens (vgl. Römer 4 oder Galater 3). Der Weg Abrahams ist der Weg des Glaubens, denn Abraham vertraut Gott und seiner Verheißung unbedingt. Abrahams Glauben ist ein Glauben voller Hoffnung und zeichnet sich durch Treue und Vertrauen aus. So geht Abraham den Weg Gottes. Dabei liegt der Akzent jedoch nicht auf der Anstrengung Abrahams, sondern auf seinem unbedingten Vertrauen, dass Gott es richten wird – selbst da, wo nach menschlichem Ermessen nichts mehr zu machen ist. Gott ist es, der handelt. Abraham traut Gott dieses Handeln zu. Er lässt Gott handeln und erfährt so „Gottes Gerechtigkeit".

Doch wie wächst der Glaube? Indem Christen ihren Glauben untereinander teilen, wird der Glaube gestärkt. Die Kraft des Glaubens wächst im Teilen. Glauben ist eine „miteinander"- und „füreinander"-Wirklichkeit. Zu einem Glauben, der lebt, indem er geteilt wird, ruft Paulus besonders eindrücklich im 1. Brief an die Thessalonicher auf. Der Glaube der Christen lebt, so schreibt Paulus dort, indem sie einander an ihrer Glaubensgeschichte teilhaben lassen (2,8) und sich gegenseitig ermutigen, indem sie sich wechselseitig trösten (3,7) und ermutigen (3,13), einander zureden und ermahnen. Der Glaube lebt, indem wir ihn miteinander teilen. Dieses Teilen des Glaubens aus Glauben auf Glauben hin ist der gemeinschaftliche Prozess der Verkündigung, in dem der Leib Christi, die Kirche, wächst (1. Korinther 12; Römer 12).

Indem Christinnen und Christen einander von ihrem Glauben erzählen, wirkt Gottes Geist und gebiert den Glauben, lässt ihn wachsen und gedeihen. So ist der Glaube ein gemeinsames Gut, das niemand für sich besitzt, sondern das in Christus und in der Gemeinschaft untereinander lebt. Der Glaube ist nicht bloß eine innere, sondern auch eine kommunikative Wirklichkeit. „Paulus denkt den Glauben also nie ohne seinen Gemeinschafts- und Öffentlichkeitscharakter; er fasst ihn nirgends im Sinne einer reinen Innerlichkeit oder radikalen Individualisierung auf."[25] Es begegnet uns in der Gemeinschaft durch Wort und Sakrament. Insofern ist die Kommunikation des Glaubens Gabe und Aufgabe, Auftrag und Wesen der Kirche zugleich (vgl. Römer 1,8.11; 10,8 oder 10,14ff). Kirche geschieht in der Kommunikation des Evangeliums. Wo das Wort verkündigt wird, da ist Kirche. Kirche ist eine Sozial- und Kommunikationsgestalt des Glaubens.

2 Mit Markus glauben – Glauben als Aufbruch ins Unbekannte

Im Markus-Evangelium wird der Ruf zum „Glauben" zu einem „Programmwort Jesu"[26]. Die Verkündigung Jesu überschreibt Markus zu Beginn von dessen Wirken mit dem zusammenfassenden Ruf: *„Die Zeit ist erfüllt, und das Reich Gottes ist nahe herbeigekommen. Tut Buße und glaubt an das Evangelium!"* (Markus 1,15) In solchen Glauben will das Evangelium hineinführen. Wer sich aufmacht und Jesus auf den Spuren des Evangeliums nachgeht, dem wird sich das messianische Geheimnis Jesu erschließen, und er wird dem auferweckten Christus in seinem Leben begegnen. Zu dem Wagnis eines solchen Glaubensweges lädt das Markus-Evangelium von seinem ursprünglichen Schluss her ein. Das Evangelium kennt keine Begegnungen mit dem Auferweckten. Wer dem Auferweckten begegnen will, der muss selbst umkehren, aufbrechen und dem Evangelium folgen. Christusbegegnung geschieht im Wagnis des Glaubens.

Das Markus-Evangelium schloss ursprünglich mit dem Bericht über die drei Frauen, die sich frühmorgens am Tag nach dem Sabbat, also an unserem Sonntag, aufmachen, um den Leichnam des verstorbenen Jesus zu salben (Markus 16, 1–8). Nahe dem Grab bewegt sie die Frage, wie sie bloß Zugang zu der Grabkammer finden könnten, die mit einem großen Stein verschlossen ist: *„Wer wälzt uns den Stein von des Grabes Tür?"* (V 3) Doch sie finden das Grab schon offen, den Stein zur Seite gewälzt. Das Grab ist leer. Von Jesus keine Spur. Hier ist er nicht. Stattdessen ein junger Mann mit einem langen weißen Gewand. Wer der Fremde ist, bleibt hinter seiner Botschaft zurück. Er ist einzig der anonyme Übermittler der österlichen Botschaft an die drei Frauen – und über sie an die Menschheit: *„Fürchtet euch nicht! Ihr sucht Jesus von Nazareth, den Gekreuzigten. Er ist auferweckt worden, er ist nicht hier. Siehe da die Stätte, wo sie ihn hinlegten."* (V6) Wer bisher meinte, der antike Mensch habe in seinem mythischen Weltbild mit einem märchenhaften Wirklichkeitsverständnis gelebt, wo man dem Göttlichen wie selbstverständlich auf Schritt und Tritt begegnet, darf aus dieser Passage zumindest mitnehmen, dass die Auferweckung eines Toten zu neuem Leben auch das Weltbild und das Vorstellungsvermögen des antiken Menschen überforderte und durchbrach. Das Entsetzen, das die Frauen packt, ist der „heilige Schrecken", der den Menschen überkommt, wenn er überrascht dessen inne wird, vor Gott zu stehen: Hier ist Gott.

– Aber: *„Fürchtet euch nicht! Geht vielmehr hin und sagt seinen Jüngern und Petrus, dass er vor euch hingehen wird nach Galiläa; dort werdet ihr ihn sehen, wie er euch gesagt hat."* (V 7).

Der Fremde weist den Frauen den Weg. Weg vom Grab. Hinaus aus Jerusalem. Zurück nach „Galiläa". Nicht allein sollen sie gehen. Er wird ihnen vorangehen. Sie sollen ihm nachgehen. Ihm nachgehend werden sie ihn dort sehen. Diese Botschaft sollen sie „seinen Jüngern und Petrus", der hier besonders herausgestellt wird, weitersagen. *„Und sie gingen hinaus und flohen von dem Grab; denn Zittern und Entsetzen hatte sie ergriffen. Und sie sagten niemandem etwas; denn sie fürchteten sich."* (V 8) Und mit diesen Worten schloss das Evangelium ursprünglich und geheimnisvoll. Mehr ist am leeren Grab nicht zu vernehmen als dieses „Hier ist er nicht". Er ist auferweckt worden. Folgt ihm nach Galiläa, dort werdet ihr ihn sehen. Wer sich der österlichen Wahrheit historisch vergewissern will, wird weiter nichts finden.

Wo, wann und wie können wir dem auferstandenen Christus hier begegnen? Wie kann ich persönlich der Auferweckung Jesu gewiss werden? Wo berührt der Himmel die Erde? Wie kann ich glauben? Um diese Frage zu beantworten, muss ich mich schon selbst auf die Spur begeben, die der fremde Bote im Grab gelegt hat. Niemand kann diese Frage für mich beantworten. Ich muss mich selbst in das Geheimnis hineinbegeben, das der Evangelist benennt – aber auch bewusst offen lässt. Das Hineintreten in die Wirklichkeit des Glaubens kann nur mein persönlicher Schritt sein. Aber wie und wohin?

„Er wird vor euch hingehen nach Galiläa. Dort werdet ihr ihn sehen, wie er euch gesagt hat." (V 8) Der erste Schritt in den Glauben ist schon ein Glaubensschritt, nämlich darauf zu vertrauen, dass er, Jesus Christus, mir vorangeht; darauf zu vertrauen, dass Christus mich führt, dass er mich zur Begegnung mit sich

selbst führen wird. Es ist ein Schritt über alles eigene Wissen hinaus; ein sich selbst aus der Hand Geben und des vertrauensvollen Sich-Einlassens darauf, dass wirklich wahr ist, was das Evangelium bezeugt: Er ist auferstanden. Er geht dir voran. Ein Schritt, ein existentiell-persönlicher Schritt, den aber jeder und jede nur für sich selbst vollziehen kann. Den mir niemand abnehmen kann. Es ist der erste und nötige Schritt zu der tiefen Erkenntnis der Wahrheit: Hier ist Gott.

Christus nachgehend, ihm folgend, wird mich der Weg des Glaubens zum „Sehen" führen. Nicht zu einem bloß theoretischen Schauen, sondern zu wirklicher Begegnung, zu existentieller Wahr-nehmung. Ich werde von Christus an den Ort geführt, wo „der Himmel die Erde berührt", und ich werde selbst inmitten dieser Berührung sein. Ich werde sehen. Ich werde dem Auferweckten begegnen.

Als geheimnisvoller Ort dieses Sehens ist „Galiläa" benannt. Galiläa, der Landstrich im Norden Israels westlich des Sees Genezareth, aus dem Jesus stammt, wo er gelebt und die Monate seiner Verkündigung gewirkt hat. Nazareth, Kapernaum, Kana, Tiberias, Magdala, Bethsaida – all die aus den Evangelien vertrauten Orte. Hier hat Jesus gepredigt, geheilt, das Evangelium verkündigt. Galiläa, das ist aber auch die Heimat der Jüngerinnen und Jünger. Da kamen sie her. Dort waren sie zu Hause. Ihre alte Heimat. Ihr Alltag. Galiläa – das ist die Landschaft der Verkündigung Jesu; Galiläa – das ist die alltägliche Heimat seiner Jünger.

Welche Wegweisung ist uns damit gegeben hinein in das Geheimnis des Glaubens, hin zur Wirklichkeit des Auferweckten? Nicht an besonderen heiligen Orten, nicht am Grab, nicht im Tempel, werden wir Christus begegnen, sondern an den Orten unseres Alltags. Ich werde ihm begegnen, indem ich mich auf die Geschehnisse des Evangeliums, Jesu Verkündigung und Wirken einlasse, als würde darin mein Leben verhandelt. Ich sage bewusst „ich", denn es ist ein persönlicher Weg, auch wenn ich dabei bestimmt nicht allein unterwegs bin. Und ich werde dann, so die Verheißung des Markus-Evangeliums, in meinem gewöhnlichen Alltag Christus begegnen.

So jedenfalls verstehe ich den eigentümlichen Schluss des Markus-Evangeliums. Es lädt uns von seinem Ende her zu einer erneuten, nun aber persönlich mitvollzogenen Re-Lecture des Evangeliums ein. Einer Lektüre, in der wir nicht bloß lesen, sondern mit-leben und mitgehen, als wären wir selbst es, die da Jesus begegnen. Wir müssen den Weg schon selber gehen. Jesus nach, immer tiefer in seine Verkündigung hinein. Wir nennen das „Glauben": Wer glaubt, steht auf, kehrt um und geht Jesus nach.

3 Mit Matthäus glauben – Wer glaubt, lebt anders

Auch bei Matthäus steht im Zentrum der Verkündigung Jesu die Ankündigung der Nähe des Reiches Gottes. Deshalb ruft Jesus laut und eindringlich wie Johannes der Täufer: „Tut Buße, kehrt um." – „*Tut Buße, denn das Himmelreich ist nahe herbei gekommen*", heißt es bei Matthäus kurz und prägnant (Matthäus 4,17). Markus formulierte darüber hinaus: „*... und glaubt an das Evangelium*" (Markus 1,15). Dieser Ruf zum Glauben an das Evangelium fehlt bei Matthäus. Geht bei ihm das Evangelium in der Ankündigung der unmittelbaren, in Jesus die Menschheitsgeschichte schon berührenden Nähe des Reiches Gottes auf?

Wer umkehrt, der glaubt. Wer glaubt, kehrt um! Wer glaubt, die oder der lebt und handelt schon heute nach der neuen Gerechtigkeit des Reiches Gottes. Glauben bedeutet also bei Matthäus, sich auf die nahende Wirklichkeit Gottes vertrauensvoll einzulassen. Leben im Kommen Gottes: Wer glaubt, schaut nicht zurück, sondern lebt im Raum des „Hier und Heute Gottes".

Sichtbar wird solcher Glaube in einer erneuerten Geisteshaltung und einem gewandelten Lebensstil. Wer glaubt, lebt anders. Wie anders, davon erzählt das Evangelium des Matthäus. In großen Abschnitten erzählt es die Lehre und das Wirken des Rabbi Jesu aus Nazareth. Glauben bedeutet mehr als „etwas für wahr nehmen". Glauben bedeutet mehr als eine andere Sicht auf die Menschen und Dinge. Glauben bedeutet einen anderen Umgang mit der Wirklichkeit. Ein Leben im Licht des Reiches Gottes, das mit Jesus, dem messianischen König des Friedens und der Gerechtigkeit in die Welt kommt. Ein Licht, das ständig von der Finsternis des Bösen umgeben und bedroht ist, in das hinein es strahlt und leuchtet.

Dreimal greift Matthäus in den ersten Kapiteln seines Evangeliums auf das Bild von Licht und Finsternis zurück. Die Weisen aus dem Morgenland folgen dem Stern des neugeborenen Königs der Juden bis zum Kind nach Bethlehem (Matthäus 2, 1–12) – und begegnen dabei den mörderischen Plänen des Königs Herodes. Bei seiner Taufe öffnet sich über Jesus der Himmel und *„der Geist senkt sich auf ihn herab"* (Matthäus 3,16) – und der Geist führt ihn in die Wüste, *„damit er vom Teufel versucht würde."* (Matthäus 4,1) Über den Beginn des Wirkens Jesu in Galiläa stellt Matthäus die Verheißung des Jesaja: *„Das Volk, das in Finsternis saß, hat ein großes Licht gesehen; und denen, die saßen im Land und Schatten des Todes, ist ein Licht aufgegangen."* (Jesaja 9,1 zit. Matthäus 4,16). Schließlich ruft Jesus in der Bergpredigt seinen Jüngern zu: *„Ihr seid das Licht der Welt ... So lasst euer Licht leuchten, damit sie eure guten Werke sehen und euren Vater im Himmel preisen."* (Matthäus 5, 14–16).

Die Bergpredigt beschreibt den Weg eines Lebens im Lichte des Reiches Gottes. *"Selig sind, die da geistlich arm sind, denn ihrer ist das Himmelreich."* (Matthäus 5,3) Sie ist wie eine Wegbeschreibung zu Gott, die Gottes Liebe und Barmherzigkeit zum Maß des Lebens erhebt: *"Denn wenn ihr liebt, die euch lieben"* (Matthäus 5,46) – was ist daran anders und besonders? Nein, ihr *"sollt vollkommen sein, wie euer himmlischer Vater vollkommen ist."* (Matthäus 5,48) Wie ist Gott vollkommen? Gemeint ist nicht eine metaphysische Vollkommenheit, die sich in Adjektiven wie unendlich, ewig oder allmächtig ausspricht. Vollkommen wie Gott sind jene Momente, wo ein Mensch einen anderen selbstlos liebt. Es ist der Weg, den Gott im Lebensweg des Jesus von Nazareth selber wählt und geht. Es ist der Weg vom Stall in Bethlehem zum Kreuz auf Golgotha.

Glauben bedeutet, sich auf diesen Weg, den Gott in Jesus genommen hat, selbst einzulassen. Es ist der Weg, auf den Jesus beruft. Der Weg der Nachfolge. *"Folge mir nach!"* lautet die wiederkehrende Berufungsformel im Munde Jesu. Jesus nachzufolgen, das bedeutet, sein bisheriges Leben zu verlassen (Matthäus 8, 18 – 22) und sich auf einen ungewissen Weg unter dem Kreuz einzulassen: *"Wer sein Kreuz nicht auf sich nimmt und folgt mir nach, der ist meiner nicht wert."* (Matthäus 10,38). Unterwegs auf diesem Weg wächst der Glaube. Aber unterwegs in solchem Glauben wächst auch der Weg.

Glauben bedeutet, das Leben anders zu leben – nicht nur, es anders zu verstehen. Das hebt das Matthäus-Evangelium besonders hervor. Glauben wird an seinen Früchten erkannt. An Liebe und Barmherzigkeit, Gerechtigkeit und Frieden. Er erkennt Christus in dem bedürftigen Menschen, dem er konkret begegnet. In dem Hungernden, dem Fremden, dem Gefangenen oder dem Trauernden (vgl. Matthäus 25,31 ff) – und hilft ihm. In der barmherzigen und liebevollen Zuwendung wird Glauben konkret – und wird das Licht sichtbar, das den Glaubenden erfüllt. *„Kommt her zu mir alle, die ihr mühselig und beladen sein, ich will euch erquicken."* (Matthäus 11,28)

Dem Weg des Glaubens steht die Angst des Menschen entgegen. Die Angst frisst die Seele des Glaubens. Solchen von der Angst und den Sorgen um das Leben angenagten Glauben bezeichnet Matthäus als „Kleinglauben". Es ist ihr Kleinglaube, der die Jünger in Angst und Panik versetzt, während Sturm und hohe Wellen ihr Boot auf dem See hin und her schleudern (Matthäus 8, 23–26). Es ist sein Kleinglaube, der Petrus in dem Wasser versinken lässt, über das er eben noch – Jesus vertrauensvoll im Blick – gehen konnte (Matthäus 10,31). Es sind die Sorge und der Zweifel daran, dass Gott es wirklich gut mit uns meint, dass er uns auch in der Not noch führt, begleitet und rettet (Matthäus 6,30). Aus Angst und Sorgen wird der Zweifel geboren, der den Blick von Jesus weg auf die Gefahr richtet – und darin nun umzukommen droht.

Wie der Kleinglaube den Machtraum Gottes verlässt, so begibt sich der Glaube in diesen Raum der Vollmacht Jesu. Matthäus sieht den Glauben in besonderer Weise dort wirken, wo Menschen auf wundersame Weise Heilung widerfährt. Matthäus 9 erzählt, wie zwei blinde Menschen Jesus um Erbarmen bitten und ihm nachgehen. Da wendet er sich zu ihnen um und fragt sie: *„Glaubt ihr, dass ich das tun kann?"* *Da sprachen sie zu ihm: „Ja, Herr." Darauf berührt er ihre Augen und sagt: „Wie ihr geglaubt habt, so soll es geschehen." Da wurden ihre Augen geöffnet* (Matthäus 9, 27–31). Im Glauben wird möglich, was dem Unglauben unmöglich erscheint. So stiftet Glauben neue Möglichkeiten und verändert die Wirklichkeit. Der Christusglauben traut im Angesicht Christi der verheißenen Gegenwart Gottes – trotz bedrohlicher Finsternis, Not und Gefahr. Glauben lässt sich von der Angst weder die Augen verschließen noch lähmen. Wer glaubt, der schaut im Glauben auf Christus und durch Christus auf Gott und erhofft von ihm Führung und Begleitung, Bewahrung und Rettung.

4 Mit Lukas glauben – Glauben mitten im gewöhnlichen Leben

Ein Meister lebendiger Verkündigung war Lukas, der Evangelist. Ein großartiger Erzähler, ja, der wirkmächtigste Erzähler der Weltliteratur. Er hat sich dazu von Jesus anstecken lassen, der selbst ein Meister der Erzählung war. In Gleichnissen und Beispielen wusste er aufs Anschaulichste von Gottes Gegenwart mitten im Leben zu erzählen. Ja, in Jesus spricht sich ja Gott selbst mitten in unserer Geschichte aus. So wie in und durch Jesus Gott mitten in unserer Geschichte laut wird, so schreibt Lukas sein Evangelium. Er erzählt in alltäglichen Begebenheiten von Gott und seiner Wirklichkeit in der Welt. Meist geht es da ganz profan zu.

Erzählungen, die selber neue Wirklichkeit stiften. Jede Erzählung ein Raum der Verwandlung:

- Die Weihnachtsgeschichte – wahrscheinlich das am häufigsten aufgeführte Stück der Literaturgeschichte: Gott wird Mensch.
- Die Erzählung vom barmherzigen Samariter: Ein Fremder wird zum Nächsten (vgl. Kapitel 7,4).
- Maria und Marta: zwischen Aktion und Kontemplation (vgl. Kapitel 7,4).
- Der verlorene Sohn: Ein Mensch, der sich verloren hat, wird wiedergefunden (vgl. Kapitel 10).

- Zachäus: Ein habgieriger Mensch verwandelt sich in einen Geber.
- Die Emmaus Geschichte: Aus Trauer wird Hoffnung (vgl. Kapitel 8).
- ... und es gäbe noch mehr aufzuführen: der reiche Mann und der arme Lazarus; der reiche Jüngling.

Lukas verstand es, Erzählungen zu schreiben, die dazu einladen, in den Raum der Liebe Gottes einzutreten und darin Verwandlung zu erfahren. Erzählungen, in deren Raum es möglich ist, Begegnung mit Gott zu erfahren. Erzählungen, die wir weitererzählen können mit unserem Leben und den Geschichten, die wir erlebt haben.

In der Apostelgeschichte, die auch vom Evangelisten Lukas stammt, beschreibt sich dieser als ein Gefährte des Paulus. Im Lukas-Evangelium dürfte uns deshalb viel von der Theologie des Paulus begegnen. Jedoch nicht in der abstrakt-theologischen Form der Briefe, sondern in der erzählerischen Fassung des Evangeliums. Gott ist hier nicht in Kult und kultischen Vorschriften zu finden. Gott lebt mitten in der Welt. Er geschieht in Begegnungen, in denen sich Menschen zum Beispiel barmherzig begegnen. Es ist ein Gott auf Seiten der Armen und gesellschaftlich Ausgeschlossenen. Es ist ein Gott vor den Toren. Ein Gott außerhalb von Tempel und Synagoge. Gott mitten in der Welt. In Israel so gut wie an jedem anderen Ort der Welt.

Weil ich an anderen Stellen ausführlich auf Lukas eingegangen bin, fällt dieser Abschnitt kürzer aus.

5 Mit Johannes glauben – Glauben im Licht des Lebens

Das Johannes-Evangelium will „Zeugnis ablegen" (Johannes 19,35), damit Menschen zum Glauben an Jesus Christus als den Sohn Gottes finden (Johannes 21,31). Nur auf dem Weg des Glaubens erschließt sich das Zeugnis des Evangeliums von Jesus als dem Christus als die Wahrheit, die zu Gott und somit zum Leben führt.

Darin lag schon der Verkündigungsauftrag des Täufers Johannes (Johannes 1,7; 1,34). Und darauf zielt nun auch das Evangelium. Denn nur im Glauben finden Menschen zu dem Leben, das ihnen durch Jesus Christus eröffnet und durch sein Evangelium angesagt wird (Johannes 11,25). Glauben im Johannes-Evangelium ist deshalb immer Glauben an Jesus. Und zwar Glauben an ihn als den Sohn Gottes (Johannes 1,49; 11,27), den verheißenen Messias (Johannes 4,42), den Heiligen Gottes (6,69). Glauben bedeutet also Erkenntnis. Nämlich die Erkenntnis, dass Jesus der Christus ist (Johannes 4,42; 6,69; 17,3). Diese Erkenntnis wird laut im Bekenntnis. Im Johannes-Evangelium ist Glauben ein Tun des Erkennens.

Wo Menschen zum Glauben gefunden haben, legen sie wie Johannes der Täufer Zeugnis ab von der Wahrheit, die sie erfahren haben. Indem sie von ihrem Glauben erzählen, führen sie andere Menschen zu Jesus Christus. So wächst der Glaube, indem er geteilt wird.

„Glauben" ist ein Verb. Glauben ist ein Tu-Wort. Ein Tu-Wort, in dem Empfänglichkeit großgeschrieben wird. Besonders eindrücklich, geradezu exemplarisch, erzählt das Johannes-Evangelium davon in der Berufung der ersten Jünger (Johannes 1, 35–51).

Es ist am Tag nach der Taufe Jesu am Jordan. Johannes steht mit zwei seiner Jünger beisammen, als Jesus vorbeikommt. Da ruft Johannes: *„Schaut: Gottes Lamm!"* Das klingt merkwürdig in unseren Ohren. Doch die beiden wissen, was Johannes damit meint. Gottes Lamm, das ist der Knecht Gottes. Jesaja hat von ihm geweissagt, dass er es sei, der uns mit Gott zusammenbringen wird. Neugierig wenden sich die beiden Johannes-Jünger Jesus zu. „Sie hören *ihn* reden und folgen *ihm* nach." So nüchtern steht es da. Es ist seine Person, die sie anzieht; es ist die Art, wie er spricht, die sie aufmerken lässt. Wie es dann später heißt: *„Meine Schafe hören meine Stimme. Und ich kenne sie, und sie folgen mir nach."* (Johannes 10,27) oder *„Es kann niemand zu mir kommen, es sei denn mein Vater zieht ihn."* (Johannes 6,44)

Als Jesus, die beiden wahrnimmt, wendet er sich ihnen zu und konfrontiert sie: *„Was sucht ihr?"* (Johannes 1,38) – „Was sucht ihr?" sind im Johannes-Evangelium die ersten Worte aus dem Munde Jesu. „Wen suchst du?" (Johannes 20,15) sind zugleich die ersten Worte des auferweckten Christus. Erste und letzte Worte sind besonders bedeutsam. Jesus fragt die beiden, was sie wollen. Er fragt sie nach ihrem Interesse ihm gegenüber. So weckt er ihre Eigenverantwortung und tritt zugleich in Beziehung zu ihrer Suchbewegung.

Die beiden fragen zurück: *„Rabbi, wo bist du zuhause?"* In der Sprache des Johannes-Evangeliums bedeutet das: „Wer bist Du? Wo kommst du her?" Schon in den hymnisch eröffnenden Worten des Prologs verwendet der Evangelist Worte des „Wohnens", von „Herkunft" und „Fremde", um die Sendung Jesu zu beschreiben: *„Er kam in sein Eigentum; und die Seinen nahmen ihn nicht auf. So viele ihn aber aufnahmen, denen gab er Macht, Gottes Kinder zu werden, denen, die an seinen Namen glaubten. ... Und das Wort ward Fleisch und wohnte unter uns."* (Johannes 1,11.12.14)

Jesu Zuhause ist nicht in dieser Welt. Es ist genau umgekehrt. Der Mensch findet im Christus sein Zuhause. Denn der Christus ist der Ursprung und das Ziel seines Lebens, das Wort, das ihn und die ganze Schöpfung ins Leben ruft. Glauben bedeutet, den Christus in sich aufzunehmen und in sich wohnen zu lassen und so zugleich in Christus einzuziehen (vgl. auch Johannes 15, 5–7; 17,23).

Die Wahrheit, die sich dem Glauben erschließt, ist eine Wahrheit, in der der Glaubende lebt (und leben wird) – und nicht eine Wahrheit, über die er wissend verfügt. Sie ist nicht Besitz, den man sich einstecken kann. Es ist eine Wahrheit, in die man hinein geht. Sie erschließt Leben und Zukunft. In diesem Sinne lädt Jesus die beiden ein: *„Kommt und seht!"* Er lädt sie ein, ihm nachzugehen. Aber sie müssen schon selbst kommen. Sie müssen sehen und sich ihr eigenes Urteil bilden.

„Sie kamen und sie sahen es," erzählt der Evangelist weiter. Zum Glauben an Jesus gelangen Menschen durch eine Bewegung des Kommens. Menschen „kommen zum Glauben", indem sie Jesus „nachgehen", erzählt das Johannes-Evangelium immer wieder (Johannes 5,40; 6,35; 6,44; 6,65; 7,37). Dabei entdecken sie in Jesus den Christus, der in die Welt gekommen ist (Johannes 1,11), um ihr innezuwohnen (1,14) und der der Welt und dem Mensch Heimat und Ursprung sein will.

Einer von den beiden Jüngern ist Andreas. Der erste Jünger Jesu. Das, was er gesehen hat, kann er nicht für sich behalten. Er muss es weitererzählen. Der erste, der ihm begegnet, ist Simon, sein Bruder. Und er bekennt ihm: Wir haben den Christus gefunden. Dieses Bekenntnis „Jesus ist der Christus" ist das Bekenntnis des Glaubens. Glauben im Johannes-Evangelium ist Christus-Glauben. Denn Glauben ist die einzige Weise, in der die Wahrheit Jesu und durch ihn die Wahrheit Gottes erkannt werden kann. Glauben ist die Gott angemessene Erkenntnisweise. Einer Wahrheit, in die der Glaubende im Glauben und durch das Wirken des Geistes immer tiefer hineinfindet (Johannes 7,38; 14,16f; 15,26).

Wohlgemerkt: Es ist nicht Jesus, der von sich selbst behauptet, der Christus, der Sohn Gottes zu sein. Es sind Menschen, die Jesus als den Christus erfahren und dies anderen Menschen bezeugen. So wächst die Jüngerschaft Jesu: Einer sagt es dem anderen weiter. Einer führt den anderen zu Jesus. Johannes den Andreas, Andreas den Simon, Simon die Jerusalemer, ... bis hin zu uns Heutigen. Und Jesus schenkt ihnen das Leben mit Gott als neues Zuhause: Glaube – zuhause im Leben.

Die Sendung der Apostel und der Zeugendienst der Jüngerinnen und Jünger Jesu ist durch die ganze Geschichte der Kirche hindurch weitergetragen worden. Ohne Mission und Evangelisierung hätte sie nicht mehr getan, als im Kreise der Entschiedenen das Ende der Welt abzuwarten. Die Kirche ist aber aus sich herausgegangen. Wie gut, dass es zu allen Zeiten Menschen gab, die das Evangelium unter die Leute brachten! Wie gut, dass auch heute Männer und Frauen von ihrem Glauben reden und aus ihrem Glauben leben. Das Zeugnis der Worte und das Zeugnis des Lebens gehören dabei zusammen. Erst in diesem Zweiklang entfalten sie ihre Überzeugungskraft. Davon können viele Menschen berichten.

Dass das Johannes-Evangelium auf Glauben hin geschrieben ist, bestimmt auch seine innere Diktion. Die ersten Berichte von Auftreten und Verkündigung Jesu schließen alle mit der abschließenden Bemerkung, dass Menschen nun an Jesus glauben (Johannes 1,34; 1,49; 2,12; 4,39; 4,53). Schon das erste Auftreten Jesu zielte also darauf, dass Menschen zum Glauben an ihn finden.

Das Johannes-Evangelium ist Verkündigung aus Glauben auf Glauben hin, aus Christus auf Christus hin, in dem durch ihn, Jesus Christus, dem Menschen geschaffenen und eröffneten Geist-Raum lebendiger Wahrheit. Wer zu Jesus kommt, entdeckt, dass Jesu Reich nicht von dieser Welt ist (Johannes 18,36). Reich Gottes ist die durch Gottes Willen bestimmte Wirklichkeit. Gottes Wollen aber ist nichts anderes als sein Sein, das reine Liebe ist. Jesus sagt die Gegenwart Gottes an und lädt in ein Leben ein, das durch Gottes Liebe qualifiziert ist. So wird Jesus seinen Mitmenschen zum Messias, zum Christus, der ihnen das Reich Gottes bringt. In der Begegnung mit ihm erleben sie die Gegenwart des Gottesreiches. Er ist ihnen die Tür in ein Leben überfließender Fülle. Deshalb stellt Johannes an den Anfang des öffentlichen Wirkens Jesu programmatisch die Erzählung von der Hochzeit zu Kana, auf der Jesus Wasser in köstlichsten Wein wandelt (Johannes 2, 1–10). Tausende Menschen werden in Jesu Gegenwart satt, erzählt das in verschiedenen Varianten von den Evangelien überlieferte Wunder der Brotvermehrung. Wo Jesus ist, muss niemand hungern und dürsten. In Jesu Gegenwart wird das Leben überschwänglich gefeiert. Jesus ist der Weg in ein erfülltes Leben. Glauben bedeutet, aus der Fülle des Christus zu leben.

Kapitel 10
Wiedergefunden!

Unter Gottes Frage „Wo bist du, Mensch?" begannen wir unsere Untersuchung zu Glauben (und Heil) in der Bibel. Mit der Erinnerung an den Ausruf des Vaters: Mein Sohn „war verloren und ist wiedergefunden!" (Lukas 15,32) im lukanischen Gleichnis von dem Vater und seinen zwei Söhnen möchte ich schließen.

„Wenn Hölle und Teufel keine Bedeutung mehr haben, dann interessiert den christlichen Glauben doch niemanden mehr," meinte ein Bekannter von mir provokant. Hatte er damit nicht recht? Kein Glaube ohne Heil. Kein Heil ohne Gericht. Gibt nicht erst der Glaube an ein Jüngstes Gericht – den einen zum ewigen Leben, den anderen zur ewigen Verdammnis – dem Evangelium von der Erlösung durch Jesus Christus seine Bedeutung? Kurz: ohne Gericht kein Evangelium. Ohne Verdammnis kein Heil. Denn wo keine Frage ist, da braucht's auch keine Antwort. Wovor soll der Glaube denn retten und bewahren, wenn nicht vor Hölle, Tod und Teufel? Worin soll denn dann das Heil liegen, das wir im Glauben suchen? Angesichts des Richtergottes geht es in der Verkündigung um ewiges Leben oder ewigen Tod. Es geht um alles oder nichts. Da ist kein Raum für Zwischentöne.

Die apokalyptische Bilderwelt des Jüngsten Gerichts ist tief eingezeichnet in unsere religiöse Vorstellungswelt. Am Ende der Zeiten, mit dem letzten Stoß der Posaune, werden die Toten aus ihren Gräbern auferstehen und sich vor dem göttlichen Richterstuhl finden. Dort werden sie und ihr Leben für gut oder für böse befunden und werden entsprechend bestraft oder belohnt. Diese Vorstellungswelt entwickelt sich im apokalyptischen Judentum der drei vorchristlichen Jahrhunderte und ist zur Zeit der Evangelien eingeführt.

Aus der Vorstellung vom doppelten Gericht Gottes zum Heil oder zum Unheil des Menschen erwuchs ein dualistisches Welt- und Glaubensverständnis. Es bietet eine schlichte, in seiner Übersichtlichkeit aber umso überzeugendere Grundordnung. Sie übt bis in die Gegenwart ihre demagogische Wirkung aus. Denn sie weiß genau: Dort, „bei den anderen", ist das Böse, das Falsche, die Lüge, die Versuchung – aber hier, „bei uns", findest du das Gute, das Wahre, das Leben, die Liebe. Dort herrscht Finsternis, hier regiert das Licht. Dort herrscht der Teufel, hier Gott. Dort die Hölle, hier der Himmel. Daraus erwächst sozial eine Freund-Feind-Logik, die die Mutter aller Kriege ist: „Wir bilden das Reich des Guten! Gegen uns steht das Reich des Bösen, das bekämpft und überwunden werden muss." Ein einfaches Schwarz-Weiß-Denken, das Enge und Angst, sektenhafte Abgrenzung und heilsgewisse Überheblichkeit aus sich hervorbringt.

Das mittelalterliche Christentum entwickelte daraus eine eigene Religion und Frömmigkeit der Jenseitsvorsorge, die die politische und wirtschaftliche Macht der Kirche als Heilsanstalt nährte. Denn die Kirche verstand sich als Gottes Justitiarin. Nach einem geschäftlich gut ausgeklügelten Deal wurde sie so Monopolistin in Sachen Gerichtsvorsorge und Heil. So entschied sie über Heil oder Verdammnis, über Leben und Tod. Sie war selbst das Gericht.

Genau in dieser Rolle griff Martin Luther die Kirche an. Er entdeckte neu das Evangelium des uns gerecht machenden Gottes: Der Mensch findet vor Gott seine Gerechtigkeit allein aus Glauben, allein aus Gnade, allein durch Jesus Christus. Im Namen Jesu Christi und des Evangeliums von der Rechtfertigung des Sünders griffen Martin Luther und die Reformatoren das Selbstverständnis der Kirche als allein selig machende Heilsanstalt an.

Die anmaßende, mit jenseitigem Heil und Unheil mal lockende, mal drohende Predigt vom Gericht fand damit aber nicht ihr Ende. Das rhetorische Spiel mit der Angst verlockte Prediger, Diakonissen, Seelsorger und Lehrer immer wieder. Es lockte die Lust an der Macht über Leben und Tod. Das Recht, über andere das Gottesurteil sprechen zu dürfen. Es ist in der Sache derselbe missbräuchliche Fehlgriff, wie ihn Martin Luther an der Kirche seiner Zeit kritisiert hat. Ein Missbrauch, der in der Versuchung des Menschen gründet, sich selbst für Gott zu halten. Darin jedoch liegt seit Adam und Eva die eigentliche Sünde des Menschen.

Der Glaube an ein Gericht bildet die dunkle Folie, um die rettende Kraft des Evangeliums – und der eigenen Glaubensgemeinschaft – nur um so leuchtender vor Augen malen zu können. Erst kommt das Gericht, dann die Gnade. Erst der Glaube an die Hölle, dann der Glaube an Jesus Christus. Leider erweist sich die verkündete Krankheit oft als mächtiger denn die verabreichte Arznei. Schwarze Pädagogik, düstere Sittenlehre, verdammende Predigten im Namen Gottes vergiften Seelen bis in die Gegenwart. Sie verdammen den Menschen, um von seiner Erlösung sprechen zu können. Sie machen den Menschen klein und schlecht, um Gott groß machen zu können. Vor allem aber dient diese Predigt der Macht und dem Erfolg derer, die sie halten. Der christlichen Mission wurde damit ein Bärendienst erwiesen. Gott selbst, so wie er uns in Jesus Christus begegnet, ist damit nicht gedient. Er ist den umgekehrten Weg gegangen. Den Weg der Barmherzigkeit. Den Weg der Liebe und der Vergebung. Er hat sich klein und schwach gemacht, um dem Menschen seine Liebe zeigen zu können. Das ist der Weg Gottes in Jesus Christus. Es ist der Raum der Gnade, der durch Jesus Christus qualifiziert ist. Durch Jesus Christus sind wir erlöst und in die Gemeinschaft mit Gott aufgenommen.

Eigentlich sollte die Heilsgewissheit des persönlichen Glaubens an das Evangelium von Jesus Christus dem Gedanken an ein kommendes Gericht seinen drohenden Charakter nehmen können. Der Mensch im Gericht ist der Mensch vor Gott, der Mensch „coram deo". In diesem Gegenüber wird sich der Mensch dessen inne, wer und was er ist – und worin seine Berufung liegt. Hier erfährt sein Leben Halt und Orientierung in den Grenzen seines Menschseins. „Vor Gott" steht er unausweichlich vor der Frage: Wurdest du deiner Berufung gerecht? Es ist ein Gegenüber in Liebe und Kritik, in Gnade und Gericht. Was für eine Erlösung! Was für eine Erlösung von allen irdischen Instanzen und Ideologien, die sich im Namen Gottes an die Stelle Gottes setzen. Und was für ein Gericht! Wer glaubt, hat nicht recht. Wer glaubt, gibt Gott recht. Und er gibt Gott recht, indem er Gott traut, das Wort seiner rettenden Verheißung an uns wahr zu machen. Es ist ein Glauben auf Hoffnung, in und aus der wir heute schon leben. Das Heil, das Jesus verkündet, geht über das rein jenseitige Heil hinaus. Es ist ein Heil, das Menschen schon heute erfahren können, indem es sie persönlich und in ihrem Zusammenleben heilt. Es schenkt Orientierung, Liebe, Hoffnung und Verbundenheit, Lebens-

und Widerstandskraft. Es lässt Menschen aus ihrer Verlorenheit und aus der Gewalt lebensbedrohlicher Mächte aufstehen. Es schenkt dem Leben immer wieder neu Perspektive und erlaubt immer wieder neue Aufbrüche hin zu Gerechtigkeit und Frieden.

Das ist der Glaube der Rechtfertigung. Im Glauben verstehen wir uns von dem her, was uns von Gott zugesprochen ist. Der Glaube, aus dem die Gläubigen leben, ist selbst Geschenk. Und er ist das wesenhaft und bleibend, d.h. mein Glaube lebt nur, wenn ich ihn teile und dabei auch selbst immer wieder neu empfange. Es ist ein dauerndes Geben und Nehmen, in einem Begegnungsraum, der durch Gottes Gnade geschaffen wird. Dieser strikte und immer aktuell gehaltene Gottesbezug, die konsequente Achtung des Ersten Gebots, hält den Glauben in der lebendigen Balance von Gewissheit und Kritik, die ihn vor fundamentalistischen Verengungen und ideologischen Vereinnahmungen bewahrt.

Wer ist der Gott, der dem Menschen im Raum der Gnade im Glauben begegnet? Der Gott, der uns im Glauben begegnet, ist ein Gott der Liebe, ein Gott der Barmherzigkeit, der Geduld und der Treue. Ein Gott, der den Menschen liebt. Und der ihn deswegen nicht ohne sich als Mensch-ohne-Gott (d.h. also als Sünder) will. Ein Gott vielmehr, der den Menschen im Raum seiner Liebe und Wahrheit sehen will. Das ist die Jesus-Botschaft. Jesus knüpft darin an die Ursprungsfrage Gottes an seinen Menschen an: *„Wo bist du, Adam?"* (1. Mose 3,9) Gott will nicht, dass wir in Unwahrheit und ohne Liebe leben. Gott will nicht, dass wir ohne ihn sind, weil Mensch-Sein nur mit dem, der hält und aushält, gelingen kann. Hier, im Zentrum des biblischen Gottes- und Heilsverständnisses, liegt der Grund für ein theologisches Toleranzverständnis. Gott toleriert uns, indem er uns aushält, erträgt, erleidet, erduldet.

Gott ist ein Gott, der sich nicht aufdrängt, wohl aber einlädt, der nicht einfängt, aber nachgeht. Ein Gott, der sich nicht mit Macht durchsetzt, sondern in Liebe begegnet. So geht Gott dem Menschen in seiner Verlorenheit nach. Das ist die Jesusgeschichte. Ihren lebendigsten Ausdruck findet sie in den bunten Tischgemeinschaften Jesu. Jeder und jede findet hier ihren Platz. Gemeinsam teilen und feiern ganz verschiedene, bisher durch physische, ethnische, religiöse und kulturelle Grenzen getrennte Menschen das Leben. Jede gehört dazu. Jede ist eingeladen. Alle können mitmachen. Das ist die Einladung Jesu. Diese Einladung kennt allerdings auch ihr Maß: Wer den Kairos der Einladung versäumt, wer der Einladung nicht folgt, verpasst sein Leben.

Barmherzigkeit also nicht aus Gründen der Relativierung und Gleichgültigkeit, sondern aus Glaubensgewissheit, aus Gottesgewissheit. Gerade weil der lebendige Gott in seiner Gnade und Barmherzigkeit in Jesus Christus den Menschen in seine Wahrheit ruft, kann sich keine Lehre, kein Kultus, kein Gesetz über den Menschen erheben und ihn von Gottes erbarmender Liebe ausschließen. Diese Liebe gehört nicht einer Gruppe von Menschen, sondern alle Menschen sind dieser Liebe gleich bedürftig. Ihr gegenüber sind wir alle als gottbedürftig qualifiziert. Ohne sie sind wir alle nichts.

Es sind die lukanischen Gleichnisse vom Verlorenen, in denen sich das jesuanische Toleranzverständnis theologisch verdichtet darstellt: das Gleichnis vom verlorenen Groschen, vom verlorenen Schaf und vom verlorenen Sohn in Lukas 15.

Eine verzweifelte Besitzerin stellt ihre ganze Stube auf den Kopf um eines verlorenen Groschen willen. Nicht das Geldstück hat sich verloren. Es ist die Besitzerin, die den Verlust erleidet. Und es ist ihr Glück und ihre Freude, als sie es wiederfindet. Genau so der Hirte, der auf der Suche nach dem Schaf ist, das er verloren hat. Es ist Sorge, die ihn bewegt, vielleicht auch die Trauer um den Verlust. Jedenfalls wendet er sich von dem Schaf, das ihm weggelaufen ist, nicht verärgert ab, sondern begibt sich auf die Suche. Als er das Schaf gefunden hat, lädt er „in seiner Freude" alle seine Freunde zu einem Fest. Ebenso der liebende Vater, der seinen Sohn verloren hat.

Den drei Gleichnissen gemeinsam ist, dass der, dem das Verlorene zugehörig ist, derjenige ist, der den Verlust eigentlich erleidet. Der Groschen, das Schaf, der Sohn wären tatsächlich verloren, wenn ihr Verlust niemanden kümmern würde. „So ist das Leben halt! Was weg ist, ist weg." Und weiter geht's.

Aber so erzählt Jesus das Leben gerade nicht. Der Verlust kümmert die Hausfrau, den Hirten, den Vater sehr wohl. Die Hausfrau kümmert der Groschen, denn es ist ihr Groschen. Er gehört zu ihr – genauso wie das Schaf zum Hirten und der Sohn zum Vater. Deswegen „kümmert" den Hirten sein Schaf, deswegen wartet der Vater sehnsüchtig auf seinen Sohn. Der Vater im Gleichnis empfindet den Verlust des Sohnes mehr noch als dieser. Er hat das Gefühl, dass ihm etwas fehlt, dass er nicht mehr ganz, nicht mehr heil ist. Es ist sein Verlust.

Nichts ist in dieser Perspektive für sich. Alles ist in Beziehung. Und wo es diese Zugehörigkeit verliert, erlebt es sich nicht nur selbst als verloren, wie der Sohn am Ende seines Weges, sondern wird auch von „anderswo" so wahrgenommen. Da ist jemand, zu dem ich gehöre. Da ist jemand, der nach mir schaut. Da ist eine, die nach mir ruft. Da ist wer, der auf mich wartet. Für jedes „Ich" gilt: Du gehörst einem Du. Du bist nicht allein. Du bist in Beziehung. So ist es mit Gott und seinem Menschen, der zu ihm gehört, den er liebt, ohne den er nicht sein möchte, den er deshalb vermisst. Du bist, weil du geliebt bist – und wir alle sind miteinander verbunden. Das, sagt Jesus, dürfen, ja müssen wir unbedingt erwarten.

Die Gleichnisse vom Verlorenen zeichnen das Bild des rettenden Gottes nicht in paternalistischer Überlegenheit. Ihre Wahrheit lautet: Was ist, ist geliebt, sonst wär' es nicht. Der tiefste Bezugspunkt dieser Liebe ist Gott. Im Alltäglichen stehen wir wechselseitig, einander rettend, immer wieder dafür ein ... wie der Hirte gegenüber dem Schaf oder der Vater gegenüber dem Sohn. In diesem Für-den-Anderen-da-Sein verbürgt sich das Ich-bin-geliebt, so wie sich schließlich Jesus im Tod am Kreuz für uns hingegeben hat. Die Not solch hingebungsbereiter Existenz für den Anderen liegt in der immer wieder einkehrenden existentiellen Verlorenheit, in der wir uns selbst und auch die anderen wissen und die wir nur in solcher Liebe bewältigen können, glaubend, und das heißt zutiefst vertrauend, also fest eingewurzelt darin, dass Gottes Liebe darin unterwegs ist, uns in ihre Wahrheit heimzuholen.

Dieses Evangelium ist auch für den Menschen des 21. Jahrhunderts die Botschaft des Heils. Denn der zeitgenössische Mensch ist von Grund auf von der Erfahrung geprägt, dass er nur ist, sofern er am sozialen Handeln teilnehmen darf, und insofern dazu gehört. Sofern er aber für sich ist, als Verlierer, ist er ein Verlorener. Zugehörigkeit ist hier eben Aufgabe und nicht Gabe.

Viele Menschen in unserer Gesellschaft verelenden nicht an einem Mangel an Essen und Trinken, sondern am Ausschluss von Anerkennung, Wertschätzung und Gemeinschaft. Ihnen fehlt nicht das Dach über dem Kopf, wohl aber ein Zuhause für ihre Seele: die Gewissheit, ich gehöre dazu. Ich bin Teil eines Ganzen. Man nimmt diese Menschen allerdings kaum wahr. Sie haben ja verloren. Sie sind kaputt. Sie spielen nicht mehr mit. Sie gehören eben schon nicht mehr dazu. Man müsste sie suchen gehen ... den Glauben mit ihnen teilen ... und darin Gott recht geben und darin seiner Ehre.

Teil 3
Glauben verstehen und leben

Was bedeutet es, christlich „zu glauben"? Das ist eine theologische Frage! Sie beschäftigt sich nicht nur mit den Inhalten des Glaubens, also mit dem, was wir als Christen glauben können. Über den Glauben theologisch nachzudenken, heißt auch, wahrzunehmen, was genau da geschieht und was wir eigentlich tun, wenn wir glauben. Das, so ist früh deutlich geworden, bedeutet, sich selbst als eine Person, die glaubt, in den Blick zu nehmen. Was lässt mich glauben? Was ist bezeichnend für den Glaubensakt? Was heißt christlich glauben? Und dabei kommt sofort die Beziehung zu dem, der mich glauben lässt, in den Blick. Über die Jahrhunderte hat hierzu ein nachdenkliches Gespräch stattgefunden, das die Entwicklung des menschlichen Selbstverständnisses wesentlich mitbestimmt hat und umgekehrt auch erheblich davon geprägt wurde. Über Augustinus, Martin Luther, Friedrich Schleiermacher, Karl Barth, Dietrich Bonhoeffer und Dorothee Sölle führt der Weg des Glaubensverständnisses von der ausgehenden Antike bis in unsere Zeit.

Kapitel 11
Ich glaube (Augustinus)

Mit Augustinus (354–430) erwacht am Ausgang der Antike ein neuzeitlich anmutendes Selbstbewusstsein, in dem der Glaube eine zentrale Rolle einnimmt. Augustinus wurde im nordafrikanischen Thagaste im heutigen Algerien geboren. Er lebte in der ausgehenden römischen Antike zu Zeiten der großen germanischen Völkerwanderung. Es ist eine Welt im Umbruch. Und Augustinus lebte ein Leben im Umbruch.

Seine Mutter war Christin und wünschte sich sehr, dass auch ihr Sohn zum christlichen Glauben finden würde. Über seine sehr persönliche Suche nach der Wahrheit des Glaubens und des Lebens berichtet er in seinen „Bekenntnissen" (Confessiones). Er erzählt von seinem Glauben. Und indem er von seinem Glauben erzählt, erzählt er von seinem Leben. Indem er von seinem Leben erzählt, erzählt er von seinem Glauben. Glauben als Lebensgeschichte. Meine Lebensgeschichte als eine Glaubensgeschichte. Die erste Autobiographie der Weltliteratur. Augustinus erzählt von den ihn berührenden Begegnungen und Begebenheiten, von dem, was ihn innerlich bewegt, von seinen Wegen und Irrwegen und der allmählichen Entwicklung seines Glaubens.

Augustinus setzt sich intensiv damit auseinander, was Glauben bedeutet. Er kennt die kritische Anfrage an die Religion, sich nicht auf nachprüfbare und gewusste Fakten zu beziehen, sondern auf nicht überprüfbare Glaubensaussagen. Solch eine Kritik war durchaus auch in der ausgehenden Antike gängig. Wahr und wirklich ist doch nur das, was wir sehen, was wir tasten und hören können. Nur das, was unsere äußeren Sinne wahrnehmen, kann auch wirklich sein. Glaube hingegen schien vielen bloße Einbildung zu sein.

Dagegen stellte Augustin die These auf, dass unser ganzes Leben auf Glauben gründet. Wir wissen doch nicht um die Neigungen der Anderen. Alle unsere Beziehungen leben vom Glauben. Ohne Glauben wäre ein Leben miteinander gar nicht möglich. Das soziale Geflecht unserer Beziehungen gründet auf Vertrauen und Glauben. Ich weiß nicht, ob der Andere mein Vertrauen bestätigen wird. Ich hoffe und glaube es. Aber ohne solchen Glauben würde die Gesellschaft zerbrechen. Ohne solchen Glauben würde die Liebe, die uns verbindet, sich auflösen. Wir wären einsam und allein.

Für unser Leben entscheidend ist, worauf wir unsere Liebe richten und unseren Glauben gründen. Denn *„jeder wird dem ähnlich, was er liebt. Liebst du die Erde? Dann sollst du Erde sein. Liebst du Gott? Dann, so sage ich, sollst du Gott sein."*[27] Liebe und Glauben bestimmen also über unseren Ort in der Welt, über die Grundbeziehung, in der unser Leben steht und aus der es sich versteht.

Augustin fragt nun, wie wir im Glauben unser inneres Leben verorten und die Wahrheit erkennen können. Dem will er näher auf die Spur kommen. Das kann er aber nur an sich selber tun. Denn nur zu seiner eigenen Innerlichkeit hat er

Zugang. So nimmt er sich selbst aufmerksam wahr und denkt darüber im Gebet vor Gott nach.

In den „Confessiones" finden biographisches Erzählen und Glaubenserzählung zusammen. Psychologische Überlegungen wechseln mit tiefsinnigen theologischen und philosophischen Gedanken. Im Gespräch vor Gott, vor sich selbst und seinem Gewissen und vor uns, seinen Lesern und Leserinnen, entsteht das lebendige Bild einer reflektierten Innerlichkeit, die wiederum aus Begegnungen und Beziehungen erwächst. Eine persönlich gehaltene Lebensbeichte über ein vom Glauben bewegtes Leben, in dem ein neues Selbstverständnis geboren wird.

Das „Ich", das uns in den Bekenntnissen Augustins begegnet, ist selbstbewusst und reflektiert. Aber es ist nicht allein und für sich. Es weiß sich vor Gott, seinen Schöpfer und Erlöser, gestellt. Im Gebet, im lebendigen Gegenüber zu Gott, fragt Augustin nach den Gründen des eigenen Handelns und gewinnt dabei sich selbst im Gespräch mit Gott.

Augustin folgt darin seiner Einsicht: *„Geh nicht nach außen; kehr in dich selbst zurück; im inneren Menschen wohnt die Wahrheit."*[28] Der Weg zu Gott führt ins Innere. Dort begegnet uns Gott als das Licht, das unserer Seele leuchtet. So lässt er uns im Glauben die Wahrheit erkennen, die das Leben trägt und durchwaltet. Diese Wahrheit ist eben keine äußere Wirklichkeit, sondern eine innere. Und sie gewinnt für uns Klarheit im Hören auf Gott und im Gespräch mit ihm.

Es ist, ganz ausdrücklich und von der ersten Seite an, ein Nachdenken in der Form des Gebetes. Augustin tritt im Gebet in den Raum der von Gottes Licht erleuchteten Seele und wird sich dort seiner selbst gegenwärtig. Im Glauben erkennt er sich selbst. So nimmt er im Glauben eine „Haltung der radikalen Reflexivität" ein: den „Standpunkt der ersten Person"[29], des Ich, das über sich selbst nachdenkt. Und indem er seines

Selbst gegenwärtig wird, erkennt er Gott. „Gott ist in der Privatheit der Selbstgegenwart zu finden."[30] So erheben sich die inneren Wahrnehmungen Augustins immer wieder aufs Neue anbetend zu Gott, *„denn zu dir hin hast du uns geschaffen, und unruhig ist unser Herz, bis es ruhet in dir."* (Bekenntnisse 31[31]). Augustin war „der erste, der den Standpunkt der ersten Person zur Grundlage unserer Suche nach der Wahrheit gemacht hat"[32]. Damit hat er die wesentliche Grundlage für den modernen Individualismus und Subjektivismus gelegt.

Die Aufmerksamkeit der Selbstprüfung liegt dabei nicht auf dem äußeren Tun, sondern auf den inneren Regungen des Herzens. Äußeres und inneres Leben hängen zwar untrennbar zusammen. Doch es ist die Seele, die das Handeln bestimmt. Das Primat liegt auf der Innerlichkeit. Anima forma corporis – die Seele formt den Körper. Die Seele selbst wiederum hat ihr eigentliches Zentrum in Gott. In ihm liegt ihr Ziel und ihre Erfüllung. Gott ist das Ziel ihrer Sehnsucht. Die Seele sucht nach ihrer Heimat in Gott: „Unruhig ist unser Herz, bis es ruht in dir".

Wahre Selbsterkenntnis bedeutet innere Prüfung im Angesicht Gottes. Wer sich selbst erkennen und verstehen will, muss sich vor Gott wagen und sich im Licht seiner Gegenwart anschauen (lassen). Diesen Weg der Selbsterkenntnis zu gehen, ist und war die erste Aufgabe des geistlichen Lebens. Es ist ein Weg des ungeschminkten Realismus. Ich schaue mich an und ich lasse mich anschauen, so wie ich bin. In meinen Gedanken, meinen innersten Absichten, in meinem äußeren Tun.

Kapitel 12
Gnade empfangen (M. Luther)

Martin Luther (1483–1546) war mit Augustinus und seinen Gedanken zum Glauben durchaus sehr vertraut. Bis 1521 war er schließlich Bruder im Orden der Augustiner. Augustins Gedanken haben ihn in seiner geistlichen Entwicklung ständig begleitet. Und es ist bestimmt auch kein Zufall, dass es gerade sein Beichtvater Johann von Staupitz war, der ihn auf dem Weg zu seinen reformatorischen Entscheidungen begleitete und wesentliche geistliche und theologische Impulse vermittelte. Staupitz war es, der den um Gottes Gerechtigkeit ringenden Martin immer wieder und aufs Neue an Gottes Gnade erinnerte: Die Beziehung zu seinem Beichtvater war es also, in der Luther um ein neues Verständnis Gottes und des Glaubens rang.

Und die Beichte war es auch, um die es beim „Thesenanschlag von Wittenberg" ging. Das ist nicht unwichtig. Auch nicht im Zusammenhang unseres Nachdenkens über den Glauben und wie dieser mit unserem Selbstverständnis, mit unserer Selbst- und Gottesbeziehung zusammenhängt, ja diese eigentlich ausdrückt.

Die Beichte ist ja eigentlich nichts anderes als die fromme Selbsterkenntnis im Angesicht Gottes: Der Mensch tritt vor Gott und schaut sich in der Gegenwart Gottes im Spiegel seiner Gebote und Verheißungen an. Er tut dies im Gegenüber zu einem anderen Menschen, der aber ihm gegenüber in aller persönlichen Zurückgenommenheit Gott vertreten soll. In diesem Gegenüber lässt sich der Mensch anschauen und ansprechen auf sich selbst in seiner Beziehung und seinen Umgang mit Gott, seinen Nächsten und sich selbst.

Martin Luther wollte die Beichte nicht aufheben. Aber er prangerte ihre völlige Veräußerlichung an. Er kritisierte, dass sie mit dem Ablass zu einem anmaßenden Geschäft verkommen war. Einem Geschäft mit der Angst der Menschen vor dem Tod, das jeglicher Geschäftsgrundlage entbehrt. Jedenfalls jeder „himmlischen". Heil oder Unheil liegen, so entdeckte Luther neu bei Paulus, nicht in der Hand von uns Menschen, auch nicht der Kirche. Sie sind allein in Jesus Christus zu finden – aus Gnade, nicht durch unsere eigene Kraft. Und sie werden gefunden allein im Glauben – und nicht durch unsere guten Werke. Schon gar nicht sind sie käuflich für Geld.

„Aus Gnade – nicht aus eigener Kraft", das war für Luther nicht einfach ein Satz der Rechtgläubigkeit. Diesen Satz hat er an seinem eigenen Leben erlebt, erlitten und erstritten. Um ihn hat er gerungen. Luther setzte sich dabei einer harten Selbstprüfung aus. Einer Selbstprüfung im Angesicht Gottes. Er rang um die Frage: Wie finde ich vor Gott zu meinem Recht? Wie kann ich Gottes Gnade gewinnen? Wie finde ich Heil?

Das äußere Handeln als solches, so Luther, mag als „bürgerliches" oder „politisches" ja in Ordnung sein. Aber Gott sieht auf das Herz. Er sieht auf das Innere des Menschen. Dieses aber ist selbst unter aller äußeren bürgerlichen Rechtschaffenheit nicht so, wie es Gott gefallen mag. Denn der Mensch – so hatte Luther an sich erkannt – sucht im Tiefsten seines Inneren immer nur nach sich selbst ... und nicht nach Gott und dem Guten. Er will vor allem eines, nämlich das Seine. Und sein Vertrauen richtet sich vor allem auf sich selbst und nicht auf Gott. Das aber ist die Sünde in ihrer eigentlichen Wirklichkeit. Die menschliche Natur *"setzt sich selbst an die Stelle von allem anderen, ja, sogar an die Stelle Gottes selbst und sucht allein das ihre und nicht das, was Gottes ist. Darum ist sie sich selbst der vornehmste und wichtigste Abgott."*[33]

Mit Augustinus sieht Luther in der Eigenliebe, den „Ursprung aller Sünde". *„Der Mensch ist so sehr in sich verkrümmt, dass er nicht nur die leiblichen, sondern auch die geistlichen Güter sich selbst zudreht und sich in allem sucht."*[34] Der Mensch in seiner Selbstliebe will sich alles zu eigen machen und sich alles unterwerfen. Er sucht in allem sich selbst, und darin nimmt er Gott seine Gottheit und dem Menschen seine Menschlichkeit. Er *„nimmt Gott, was sein ist, und den Menschen, was deren ist, und gibt weder Gott noch den Menschen etwas von dem, das sie hat, ist und mag."*[35] Darin liegt das Wesen dessen, was evangelische Theologie als „Sünde" bezeichnet. „Sünde" beschreibt einen Wesenszug des Menschen, der ihn in seinem Selbstverständnis beherrscht. Sie beschreibt, wer der „Mensch-ohne-Gott" ist, nämlich der Mensch, der ganz und gar von sich selbst und seinem Eigeninteresse bestimmt ist. Dass der „natürliche Mensch" diese kritische Beschreibung seiner selbst als grundlos und unverständlich zurückweist, ist für Luther nur zu verständlich. Sie trifft den „Menschen-ohne-Gott" zum einen im Mark. Zum anderen ist diese Kritik nur von Gott her möglich. Nur im Licht der Wahrheit Gottes erscheint der Mensch als Sünder und wird sich darin selbst offenbar: Wer er ist, wird ihm erst im Licht des Wortes Gottes sichtbar. Erst im Glauben und im Gegenüber zu Gott wird sich der Mensch seiner selbst wirklich bewusst.

Die geistliche Selbsterkenntnis ist von nüchternem Realismus gezeichnet. Der Mensch kommt nicht über sich selbst hinaus. Das Innerste des Menschen kreist verloren um sich selbst. Und dieses Um-sich-selbst-Kreisen nennt Martin Luther den Menschen in seiner Sünde. Der Mensch in seiner Sünde ist der in sich selbst verkrümmte Mensch, der „homo incurvatus in se". In diesem Abgesondertsein von Gott lebt der Mensch getrennt von seiner eigenen Bestimmung. Er lebt in Fremdheit gegenüber dem, was ihn trägt und für ihn bedeutsam ist.

Die Macht der Sünde zerstört das Leben. Sie nimmt beiden, Gott und Mensch, ihre Würde und nimmt ihnen ihre Ehre. Sie bringt Gott um seine Göttlichkeit und den Menschen um seine Menschlichkeit. Wer vom Glauben sprechen will, muss den Unglauben verstehen und die Wirklichkeit der Sünde, die darin herrscht. Erst von hier, von der Sünde her, wird deutlich, was Glauben bedeutet.

Es ist Gottes Wort als „das Gesetz", an dem der Mensch sich erkennt als „Mensch im Widerspruch" und das als „das Evangelium" den Menschen aus seiner Verlorenheit an sich selbst herausruft. Denn aus uns selbst heraus, so Luther, können wir nicht zu einer Verankerung in der Mitte unseres Lebens, zu Gott, finden. Wir können uns nur finden lassen von Gott – durch Jesus Christus. Und das geschieht, indem wir Gottes Wort hören. Glauben heißt dann, sich von Gott finden zu lassen. Wie aber findet Gott uns?

Gott hat in Jesus Christus das Leben des Menschen geteilt. Er hat des Menschen Leib und Leben angenommen. All das, was der Mensch ist, woran er leidet, was ihn ausmacht, bis in die Erfahrung hinein von Gott verlassen zu sein. In Jesus Christus ist der Mensch nun eingeladen, das Leben Gottes zu teilen. Das ist der „wundersame Tausch", von dem Martin Luther spricht. Nicht um als Mensch zum Gott zu werden, sondern um wahrhaft Mensch zu sein. So an Gottes Wirklichkeit teilzuhaben und dabei am Weg Christi heute teilzunehmen, das nennt Martin Luther „Christus glauben". In Jesus Christus finden Gott und sein Mensch zusammen. Hier wird der Mensch zu demjenigen, als der er berufen ist, und findet in die Gemeinschaft mit Gott.

Gott findet uns, indem er nach uns ruft – immer wieder: „Ich bin da. Wo bist du, Mensch?" Dieses Wort ereignet sich in der Verkündigung der Kirche als „äußeres Wort". Aber es bleibt dem Menschen nicht äußerlich, wenn es sich wirklich als Wort Gottes ereignet. Denn dann begegnet durch dieses Wort dem Menschen Jesus Christus, das lebendige Wort Gottes, selbst. Gottes Wort so zu hören, heißt dem lebendigen Christus zu begegnen und seinem Ruf zu folgen: „Wo du bist, da will auch ich sein." Es ist das Wort der Versöhnung mit Gott, das uns durch Jesus Christus sucht und findet. Wer von Christus gefunden wird, der findet in ihm, in Christus, seine neue Lebensmitte und personale Identität und wird ein neuer Mensch. Sie oder er verstehen sich dann nicht mehr von sich selbst, sondern von Christus her.

Wo ein Mensch das Evangelium von Jesus Christus wirklich als Gottes Wort an sich persönlich hört, da trifft es ihn im Innersten seiner selbst. Es berührt und bewegt ihn. Deswegen gibt es kein allgemeines Glauben, kein „man" glaubt. Es gibt nur ein „ich glaube". Glauben ist persönlich. In meinem Glauben bin ich unvertretbar. Wo Gottes Wort so persönlich als Wort des lebendigen Gottes gehört, erkannt und verstanden wird, da geschieht Glauben.

Der Glauben erwächst aus dem Hören auf Gottes Wort. Wo Gottes Wort nicht verkündigt wird, da kann auch kein Glauben wachsen. Gottes Wort und Glauben gehören zusammen: Ohne die Anrede durch das Wort kein Glauben, und ohne Glauben kein Wirken des Wortes in uns. Gottes Anrede durch sein Wort, die Verkündigung des Evangeliums und Glauben des Menschen gehören zusammen.

Gottes Wort ruft den Menschen aus seiner Verlorenheit an sich selbst heraus in die Gemeinschaft mit sich hinein. Diese Gemeinschaft findet der Glaube in Jesus Christus, an dessen heilvoller Gegenwart er oder sie im Glauben schon jetzt Anteil gewinnt.

Glauben also ist kein frommes Für-wahr-halten. In seiner Vorrede zum Römerbrief von 1522 schreibt Luther: *„Glaube ist nicht der menschliche Wahn und Traum, den etliche für Glauben halten ... Wenn sie das Evangelium hören, so fallen sie daher und machen ihn aus eigenen Kräften einen Gedanken im Herzen, der spricht: ich glaube; das halten sie dann für einen rechten Glauben."*[36]

Der gemachte Glaube versagt im Ernstfall des Lebens. Dagegen ist der Glaube, den Gott im Herzen erweckt, ein „mächtiger" Glaube. Er schenkt Kraft. Widerstandskraft. Und ist so mächtiger als alle Kreaturen, als die ganze Welt. Mächtig alles zu überwinden, was das Heil des Menschen bedroht. Denn Glauben ist die Weise, in der das Wort und damit Gott selbst im Menschen gegenwärtig ist. Im Glauben nimmt Gott teil an unserem Leben – und wir haben teil an Jesus Christus.

Kapitel 13
Von Gott bewegt (F. Schleiermacher)

Unbedingt gehört in diese Reihe der großen Glaubensdenker auch Friedrich Schleiermacher (1768–1834), den manche auch den Kirchenvater des 19. Jahrhunderts nennen. Berühmt wurden seine von idealistischer Begeisterung getragenen „Reden über die Religion. An die Gebildeten unter ihren Verächtern", die 1799 in erster Auflage erschienen sind.[37] Darin bemüht sich Schleiermacher engagiert, die Intellektuellen seiner Zeit vom Eigenwert der Religion zu überzeugen.

Religion ist für Schleiermacher etwas anderes als Philosophie, als Metaphysik oder Moral. Wirklich gelebte Religion ist auch verschieden von Theologie. Glauben erschöpft sich nicht in orthodoxen Richtigkeiten. Das Feld der Religion berührt einen eigenen und unbedingt wesentlichen Bereich des Menschlichen. Denn in der Religion bekommt es der Mensch mit dem innersten Funken des Lebens zu tun. Das geschieht nicht in Büchern und Vorträgen. Nicht im Buchstaben ist die wahre Religion zu suchen, sondern im Leben. Ihr Wesen liegt nicht in all den Worten und Begriffen, Bildern und Symbolen, in denen uns Religion alltäglich als eine Kulturschöpfung begegnet. Sie ist etwas Eigenes und Besonderes neben Philosophie, Kunst und Musik.

Das Geburtsmoment der Religion liege, so Schleiermacher, im Innersten des Menschen. Es sind jene besonderen „mystischen" Augenblicke, in denen sich die Seele des Menschen aufs Engste mit dem das Ganze des Lebens umfassenden Geist Gottes verbunden erlebt. Es ist ein Augenblick innigen Erlebens, gänzlicher Gegenwärtigkeit, in dem sich das menschliche Ich seiner selbst im Ganzen der Wirklichkeit bewusst wird. „*Diese himmlischen Funken müsst ihr aufsuchen, welche entstehen, wenn eine heilige Seele vom Universum berührt wird, Ihr müsst sie belauschen in dem unbegreiflichen Augenblick, in welchem sie sich bildeten, sonst ergeht es euch wie dem, der zu spät mit dem brennbaren Stoff das Feuer aufsucht, welches der Stein dem Stahl entlockt hat, und dann nur ein kaltes unbedeutendes Stäubchen groben Metalls findet, an dem er nichts mehr entzünden kann.*" (Im Weiteren: Über die Religion [1] 30) Ein schöpferischer Augenblick, den auszudrücken und zu gestalten in Worten, Bildern, Liedern manchmal ein ganzes Leben nicht hinreicht. Es ist der Funke, der Denken und Handeln entzündet. Die Quelle, aus der das berührte „Ich" schöpft. „ *So strebt er den schlafenden Keim der besseren Menschheit zu wecken, die Liebe zum Höchsten zu entzünden, das gemeine Leben in ein Höheres zu verwandeln, die Söhne der Erde auszusöhnen mit dem Himmel...*" (12).

Von diesem religiösen Ur-Erlebnis im Menschen her versucht Schleiermacher das Wesen des Glaubens im Allgemeinen und des christlichen Glaubens im Besonderen zu entfalten und plausibel zu machen. Er erhebt den Augenblick des mystischen Erlebens, das Geburtsmoment des Glaubens, zum Ausgangspunkt seines theologischen Denkens. In diesem Erlebnis liegt der Ort, an dem Gott in unserer Wirklichkeit vorkommt. Hier ist der heilige Augenblick, in dem wir Gott inne werden. Alle religiösen Vorstellungen, alle theologischen Begriffe folgen für ihn daraus. Sie sind Ausführungen des frommen, des von Gott berührten Selbstbewusstseins. Es sind für ihn nachgängige Aussagen, entwickelt aus diesem ersten Moment geistlicher Ergriffenheit durch ein Anderes, das wir Gott nennen.

Beschreiben wir diesen Moment gläubig als ein „Sein in Gott" oder ein „Sein Gottes in uns", so versuchen diese Worte ein inneres Empfinden, ein Erleben innerhalb unseres Gemütes auszudrücken. Sie beschreiben. Aber indem sie beschreiben, handeln sie ja schon über etwas. Sie machen das Erlebte zu einem Objekt ihres Nachdenkens. Und darin herrscht schon eine Distanz, die dem ursprünglichen Erlebnis fremd ist. Unsere Beschreibungen sind nicht das ursprüngliche Erlebnis selbst. Der Augenblick, in dem Gott-mit-uns ist, ist ein empfundener, ein gefühlter und nicht ein begriffener. Er lässt sich nicht beschreiben. Er muss selbst erlebt werden.

Schleiermachers Gedanken zur Religion wurden für das Verständnis von Glauben wichtig und wesentlich. Wenn wir heute über die Bedeutung von Religiosität, von religiösem Erleben und Spiritualität für den Glauben und seine Plausibilität nachdenken, dann kommen wir an diesem großen Philosophen und Philologen, Theologen und Pädagogen, an dem leidenschaftlichen Prediger Friedrich Schleiermacher nicht vorbei. Deshalb ist es gut, hier etwas aufmerksamer in die Gedankengänge Schleiermachers hineinzuhören. Sie scheinen mir wichtig zu sein, wo so vielen Menschen der Lebensbezug christlicher Glaubensverkündigung fraglich geworden ist und sie nach spiritueller Erfahrung suchen.

Der Mensch ist von Grund auf religiös, meint Schleiermacher, so wie er denken oder sprechen kann, so wie er vernunft-

oder sprachbegabt ist. Es ist ihm nur nicht immer bewusst. Er hat Religion, so wie er Sprache oder Vernunft hat. Er ist gewissermaßen auf Gott hin angelegt. Eine Anlage, die sich nach Erfüllung, nach der Begegnung mit Gott sehnt. Religiosität ist ein Vermögen, das jedem Menschen eigen ist. Dem einen mehr, der anderen weniger. Wir würden das heute vermutlich Spiritualität nennen.

Ersetzen wir Schleiermachers Begriff der „Religion" durch den der Spiritualität, dann könnten wir heute vielleicht mit ihm sagen: Spiritualität hat ihren eigentlichen und ursprünglichen Ort nicht in den Kirchen, Tempeln oder Moscheen. Spiritualität geschieht mitten im Leben eines Menschen. So wie sich jemand etwa verliebt. Denn im ursprünglichen Sinne ist Spiritualität (Religion) ein Geschehen. Es ist ein bestimmtes Erleben, das das Geburtsmoment der Religion im Menschen bildet. Ein Erleben, in dem der Mensch ganz und gar passiv und empfangend ist, aber auch ganz und gar in sich und bei sich selbst. Es ist dieser himmlische Augenblick, in dem mich ein Funke – von weit her und doch ganz nahe – berührt und entzündet.

Ein Substantiv wie „Religion" kann eigentlich gar nicht angemessen ausdrücken, was in diesem Augenblick geschieht. Und auch der Begriff der Spiritualität ist zu allgemein und verharrt zu sehr bei der eigenen religiösen Empfindsamkeit und Gestimmtheit. Denn es ist doch mehr, was hier geschieht. Es geschieht ein Ergriffen-Werden. „Ich" fühle mich berührt. Nicht durch etwas – auch wenn es mir zum Beispiel in einer sommerlichen Sternennacht durch das Firmament so nahekommen mag. Nein, es ist mehr. Es ist das Empfinden, vom umfassenden Grund des Lebens erfasst zu werden. Das Empfinden, im Leben zuhause zu sein. Ein Augenblick, in dem einem das „Alles-und-ich-selbst-darin" mit einem Mal spürbar klar und deutlich ins

Herz gemalt wird. Es ist mehr als Religion und auch mehr als Spiritualität. Das, was wir hier mit „Glauben" zu beschreiben suchen, trifft es eher. Doch will Schleiermacher den eigentümlich autoritativen und kirchlichen Charakter, der mit dem Wort „Glauben" einhergeht, offenkundig meiden. *„Glauben, was man gemeinhin so nennt, annehmen, was ein anderer getan hat, nachdenken und nachfühlen wollen, was ein anderer gedacht und gefühlt hat, ist ein harter und unwürdiger Dienst, und statt das höchste in der Religion zu sein, ..., muss er gerade abgelegt werden von jedem, der in ihr Heiligtum dringen will."* (S. 121)

In diesem Augenblick ist der Mensch ganz passiv, aber weit geöffnet für das, was ihm da widerfährt. Es ist ein Erleben, das aus einer Haltung „reiner Empfänglichkeit" geboren wird. Ganz offen, ausgerichtet auf das, was ihm begegnet, ganz im Hinhören und Hinschauen, erlebt sich die anschauende Person mit einem Mal dabei selbst ganz und gar in der Gegenwart des Angeschauten. „Reines Anschauen" ist das, was diesen Augenblick „reiner Empfänglichkeit" erfüllt. Zwar schaut der Mensch in diesem Augenblick auf etwas Bestimmtes. Er sieht „etwas". Er hört „Etwas". Doch es ist nicht dieses „etwas", das ihn anschaut und anspricht. Durch dieses „etwas" spricht ihn „in diesem Augenblick" das Ganze an. Ein Moment völliger Gegenwärtigkeit. Es ist das Erleben, vom Geheimnis des Universums angeschaut zu werden. Wer das erlebt, erlebt sich in der Gegenwart Gottes; der ist sich in diesem Augenblick seiner selbst gegenwärtig und wird sich zugleich seiner Verbundenheit mit dem Ganzen der Wirklichkeit inne: „Das Wesen der Frömmigkeit ist dieses, dass wir uns unserer selbst als schlechthin selbständig oder, was dasselbe ist, als in Beziehung mit Gott bewusst sind." (S. 23) Es ist das Geschehen eines Augenblicks, aus dem die Grundmelodie des eigenen Lebens ersteht. Ein mystischer Kuss, in dem Selbst- und Gottesbewusstsein zugleich geboren werden. Identität in Selbst- und Gottesbewusstsein.

Schleiermacher nennt dieses Gefühl das Gefühl „schlechthinniger Abhängigkeit". Es ist das gefühlte Bewusstsein, „in Beziehung mit Gott zu sein" (S. 23). In diesem „frommen Selbstbewusstsein" fallen Gefühl und Anschauung zusammen: Ich bin von Gott geliebt.

Der Glaube an Gott ist nichts anderes als die Gewissheit über das, was ich da erlebt habe. Es ist das schlechthinnige Abhängigkeitsgefühl als solches. Es ist eine innerliche Tatsache, die aus einer als reiner Abhängigkeit empfundenen Beziehung zu einem anderen, nämlich zu dem, was wir Gott nennen, erwächst. Dieser innerlichen Tatsache des Glaubens nahe zu kommen, bedeutet hinabzusteigen *„in das innerste Heiligtum des Lebens". ... „Dort allein findet Ihr das ursprüngliche Verhältnis des Gefühls und der Anschauung, woraus allein ihr Einssein und ihre Trennung zu verstehen ist. ... Aber an Euch selbst muss ich Euch verweisen, an das Auffassen eines lebendigen Moments. Ihr müsst es verstehen, Euch selbst gleichsam vor Eurem Bewusstsein zu belauschen, oder wenigstens jenen Zustand für Euch aus jenem wiederherzustellen. Was ist doch jeder Akt Eures Lebens in sich selbst? Das Moment, der Augenblick der ursprünglichen Anschauung des Ganzen, in dem sich der Einzelne als Seele des Universums fühlt – also unser Sein als ein Sein in Gott und als ein Leben in Gott unser Leben zu fühlen."* (Über die Religion [2] 55f)

Der Mensch braucht Glauben, um sich selbst im Ganzen der Wirklichkeit verstehen zu können. Der Lebensort solchen Glaubens liegt im Innersten des Menschen. Er stiftet die Einheit und Mitte seiner Person, das Selbstbewusstsein, und verbindet sie, die Person, zugleich mit dem Ganzen der Wirklichkeit.

Dieses Erleben ist dem Menschen zunächst als ein Gefühl

gegenwärtig, als eine Empfindung. Was sind das für Gefühle, von denen Schleiermacher hier spricht? Es kann ein tiefes Empfinden von Liebe sein oder tief empfundene Dankbarkeit, es kann Ehrfurcht oder Demut sein, Mitleid, Versöhnungs- oder Erlösungsbedürftigkeit .... (Über die Religion [1] 119 ff) *„Alle diese Gefühle sind Religion".* Sie stellen den Menschen in das Ganze des Universums und geben ihm damit Universalität.

Glauben im ursprünglichen und wesentlichen Sinne meint also nicht religiöse Begriffe und Vorstellungen. Glauben geht auch nicht auf in Dogmen und Lehrsätzen. Das sind bloß abstrakte Ausdrücke, Gedanken und ihre Folgerungen aus dem empfundenen Ursprungsgeschehen heraus, dessen Wirkung uns nur in einem Gefühl, in einer Empfindung gegeben ist. Diese Begrifflichkeit ist Moral und Metaphysik, aber nicht Religion. (Über die Religion [1] 116ff) Glauben ist kein System von Vorstellungen und Gedanken, von Moral und Metaphysik. Glauben ist das, was in all dem vorausgesetzt ist. Glauben ist unmittelbare, im Grund des eigenen Ich gelegte intuitive Gewissheit von Gott und von sich selbst, deren man sich „in jedem Augenblick unmittelbar bewusst werden" (S. 178) kann.

Wirkende Ursache dieses Empfindens und Glaubens ist Jesus Christus: In ihm wird die empfundene Sehnsucht nach einer solchen Verbindung von Gottes- und Selbstbewusstsein in einer bisher unbekannten Weise „erfüllt". Denn „Christus glauben" heißt, ganz in Gott zu sein und zugleich Christus ganz in sich zu erfahren. *„Christum glauben und Christum in sich lebend haben ist dasselbe."* (S. 267f)

Gott bedeutet also das Aussprechen eines existentiellen Abhängigkeits-Gefühls, das im Glauben erlebt wird. Der allein im Gefühl gegenwärtige Augenblick des Berührtseins ist das Moment, in dem Gott in unserem Bewusstsein erscheint. Wir haben also von Gott ursprünglich nicht eine gegenständliche Vorstellung, sondern Gott erscheint uns in einem Gefühl. Gott wird so zu einem Ausdruck unseres Empfindens. Dieses Empfinden ist einerseits ein subjektiv-innerliches, in dem der Mensch ganz bei sich ist und das ihm deshalb nur persönlich eigen ist. Andererseits empfängt er dieses Empfinden in einer Haltung reiner Anschauung: Es rührt von einer äußeren Berührung her, die sich einer Haltung des reinen Anschauens einstellt. Aber gleichwohl ist unser Denken und Reden von Gott eben *unser* Denken und Reden von Gott und nicht sein Wort, nicht Gottes Reden zu uns. Gott wird zu einem Empfinden des Menschen. Theologie wird Anthropologie. Glauben wird Spiritualität und Religiosität.

Durchaus berechtigt ist deshalb die kritische Anfrage: Ist das dann noch der Gott, dem der Glaube folgt? Oder entsteht so nicht vielmehr ein Götze nach menschlichem Empfinden? Ist der, der uns da verkündigt wird, der Gott Jesu Christi? Oder ist es der Gott des Idealismus, der den Menschen auf die illusionären Wege des Fortschrittsglaubens geführt hat – mit all den menschheitlichen und globalen Katastrophen, die daraus folgten und immer noch folgen. Diese Fragen führen uns zu dem Schweizer Theologen Karl Barth, der zu der bestimmenden evangelisch-theologischen Größe in der Zeit des Kirchenkampfes 1933 bis 1945 wurde.

Kapitel 14
Gottes Wort hören (K. Barth)

Der Schweizer Theologe Karl Barth (1886–1968) war als theologischer Denker und engagierter Christ ganz bestimmt nicht weniger leidenschaftlich als Friedrich Schleiermacher. Ja, er betrieb Theologie geradezu als Leidenschaft, streitbar und engagiert.[38] Doch seine theologische Leidenschaft war anders gestimmt. Sie war nicht vom Ethos humanistischer Zuversicht beherrscht, nicht vom Zutrauen in die Virtuosität des religiösen Genius – wie uns das eben beim jungen Schleiermacher und seinen „Reden über die Religion" begegnet ist.

Karl Barths Kommentar zum Römerbrief erschien 1919. Mit ihm betrat ein neuer Ton, ein neues Denken den Raum der Theologie und erregte Aufsehen. Die völlig umgearbeitete zweite Fassung des Römerbrief-Kommentars erschien 1922[39] und begründete die sogenannte „Wort-Gottes-Theologie". Schon mit seinen ersten Worten setzte sich Barth programmatisch vom bestimmenden Erbe der liberalen Theologie ab: *„Nicht die für eigenes Schaffen begeisterte Genialität, sondern ein an seinen Auftrag gebundener Sendbote ist es, der hier das Wort ergreift."* (S. 5) Gemeint ist damit zwar Paulus, doch Barth begreift sich als

Theologe in demselben Selbstverständnis. In diesem Selbstbewusstsein oder besser: Glauben betritt er die öffentliche Bühne.

Karl Barth entwickelte sein Glaubensverständnis als eine Theologie des Wortes Gottes. Gott gründet nicht im menschlichen Selbstbewusstsein. Der Schnittpunkt zwischen Gott und uns ist nicht ein Empfinden in unserem Gemüt. Und es ist auch nicht ein Gefühl, das uns Gottes-Gewissheit schenkt. Theologie kann keine Erfahrungswissenschaft sein, denn Gott ist kein Moment innerhalb unserer Wirklichkeit. Gottes Wirklichkeit ist vielmehr eine von Grund auf andere als unsere Wirklichkeit. Die „Schnittstelle" zwischen Gott und uns kann deshalb nicht in uns und in unserem Gefühl gesucht werden. Die eine Schnittstelle zwischen Gott und Mensch ist Jesus Christus als der Herr, der uns allein durch das lebendige Wort Gottes begegnet.[40]

Gottes Wort bedeutet eben zunächst nicht Begründung unseres Selbstverständnisses, sondern die totale Krise des menschlichen Selbstbewusstseins. Nicht seine Identität, sondern seine Infragestellung und seine Gründung in einem Außerhalb-seiner-selbst. Wen Gott ruft, die oder den ruft er aus ihrem Leben heraus und stellt sie in den Gehorsam eines neuen Lebens. *„Mag Paulus sein wer und was er will, der Inhalt seiner Sendung ist letzten Grundes nicht in ihm, sondern in unüberwindlicher Fremdheit, in unerreichbarer Ferne über ihm. Er kann sich seines Apostelberufes nicht als eines Momentes seiner eigenen Lebensentwicklung bewusst werden"*, schreibt Barth zu Beginn seines Römerbrief-Kommentars weiter und zitiert dabei den dänischen Existenz-Philosophen und -Theologen Sören Kierkegaard: *„Der Apostelberuf ist ein paradoxes Faktum, das im ersten und letzten Augenblick seines Lebens außerhalb seiner persönlichen Identität mit ihm selbst steht."* (S. 5) Paulus, so Barth, ist nicht von einem inneren, nach Entfaltung strebenden Gefühl beseelt, sondern Paulus ist „berufen und ausgesandt". Und so hat sich wohl auch Barth selbst im Verfassen seiner Gedanken zum Römerbrief verstanden: *„Die Heilsbotschaft Gottes hat Paulus auszurichten: zu Händen der Menschen die ganz und gar neue, die unerhört gute und frohe Wahrheit Gottes. Aber eben: Gottes! Also keine religiöse Botschaft, keine Nachrichten und Anweisungen über die Vergöttlichung des Menschen, sondern Botschaft von einem Gott, der ganz anders ist. Von dem der Mensch nie etwas wissen noch haben wird und von dem ihm eben darum das Heil kommt. Also ... das unter Furcht und Zittern immer neu zu vernehmende, weil immer neu gesprochene Wort des Ursprungs aller Dinge. Also nicht Erlebnisse, Erfahrungen und Empfindungen ..., sondern ... was kein Auge gesehen, kein Ohr gehört. Also aber auch eine Mitteilung ..., die Glauben an Gott, an Gott selbst, voraussetzt, indem sie ihn schafft."* (S. 6)

Glauben bedeutet also zuerst hören. Nicht auf sich und das eigene Empfinden. Sondern hören auf Gottes Wort, das uns etwas ganz Neues sagt. Etwas so wesentlich Neues, dass es sich der Mensch nicht selbst sagen kann. Ein Wort, das von außen in unsere Wirklichkeit, in unser Selbstverständnis eintritt und uns offenbart, dass wir Menschen ohne Gott sind. Menschen deren Leben des Grundes entbehrt, der allein sie tragen kann. Dass wir „Sünder" sind.

Die radikale Unterscheidung von Gottes Wirklichkeit und unserer Welt, eine Unterscheidung, die Gott anders als durch sein Wort in dieser Welt nicht vorkommen lässt, entzieht einer Gefühls- oder Erlebnistheologie von Grund auf die Basis. Der Gott, den sich der Mensch erglaubt, ist nicht der Gott Jesu Christi. Es ist ein Gott nach menschlichem Geschmack; es ist ein Götze, aber nicht der lebendige Gott. Der lebendige Gott hingegen begegnet uns durch sein lebendiges Wort, und das ist Jesus Christus als der Herr: *„Jesus Christus unser Herr, das ist* *die Heilsbotschaft, das ist der Sinn der Geschichte."* (S. 9) Es wäre allerdings ein Missverständnis, dieses Wort bloß als „Text" zu begreifen. Gott, der uns in seinem Wort begegnet, wird weder Buch noch Vortrag. Barth will nicht überkommenen Buchstabenglauben zu neuem Leben erwecken. Es geht ihm nicht um fundamentalistische Bibelgläubigkeit. Das Wort Gottes ist nicht ein etwas, *„keine Sache, sondern der lebendige, persönliche und freie Gott"* (S. 206). Es ist Tun und Wirken Gottes, ist die lebendige Anrede Gottes, ist der für uns handelnde Christus in und unter dem in der Verkündigung der Kirche geteilten Wort Gottes.

Das Wort Gottes ist der lebendige Christus! Von ihm her erfährt die Kirche ihre Identität. Deshalb muss sie sich immer wieder kritisch fragen: Ist Jesus Christus in unserer Mitte? Kommt unser Reden und Tun von ihm her? Führt es zu ihm hin? Ist es ihm gemäß? *„Wie soll es geschehen, dass die Verkündigung nicht nur Wahrheit, sondern Wahrheit als Wirklichkeit ist, d.h. als Werk Gottes, und damit erst eindeutig die Gnade als Gnade verkündigt?"* (S. 60)

In der Wahrnehmung dieser Fragen liegt die eigentliche Aufgabe der Theologie, die so dem Sendungs- und Verkündigungsauftrag der Kirche dient, damit von Gottes Wort wahrhaftig gesagt werden kann *„Es ist auf unseren Lippen und in unseren Herzen im Geheimnis des Geistes, der der Herr ist."* [41]

Es ist nicht unser Glaube, der Gottes Wort hervorbringt, sondern es ist genau umgekehrt. Es ist Gottes Wort, das unseren Glauben trägt. Glauben ist nicht unsere Möglichkeit, sondern es ist Gottes Gnade, die unseren Glauben ermöglicht. So steht der Glaube nicht vor dem Wort, sondern entsteht selbst aus dem Wirken des Wortes. Nicht Erleben trägt das Verstehen des Wortes, sondern das Wort trägt unser Leben und eröffnet uns ein neues Verstehen. Im Glauben geschieht Erkenntnis der Wahrheit: Wir werden uns selbst offenbar unter der Anrede Gottes.

Solches Glauben, das Gottes Wahrheit in und für mein Leben erkennen lässt, geschieht nicht äußerlich, sondern wird biblisch mit Worten wie Erwählung, Berufung, Offenbarung beschrieben (Kirchliche Dogmatik, I.1 153). Wer glaubt, wird neu. Glauben bedeutet, mich neu zu verorten. Oder vielleicht sollte man genauer sagen: „Ich" werde neu verortet. „Ich" bin's ja nicht, der sich verpflanzt. Es ist Gottes Wirken an mir. Aber doch nicht so, dass Gott mich umreißt. Es ist vielmehr eine Begegnung. Gott begegnet mir. Gott redet mich an. Gott ruft nach mir. *„Das Wort Gottes als an uns gerichtetes ist ... ein solches, das wir uns nicht selbst sagen und das wir uns auch unter keinen Umständen selbst sagen könnten. ... (Denn) die Begegnung mit dem Worte Gottes ist echte, unaufhebbare, d.h. nicht in Gemeinschaft aufzulösende Begegnung."* (Kirchliche Dogmatik, I.1 146) Und es ist ein Wort, das uns im Kern unserer Existenz und unserer Identität trifft. Es kommt uns ja nicht irgendwie daher, sondern mit einer besonderen Autorität. Es ist ja Gott, der da spricht. Er fordert unsere Anerkennung. Er ruft zu einem neuen Leben. Gottes Wort begegnet uns, so formuliert es Barth, als „Herrenwort" (KD I.1 148). Denn in ihm begegnet uns „Jesus Christus als der Herr", der uns in ein neues Leben ruft.

Dass sich in der Begegnung mit diesem Wort unsere Selbstbestimmung verändert, darin liegt das Wesen dieses Wortes als ein wirkendes Wort. Nicht ein Wort, das wir auslegen, sondern das uns auslegt. Und nur wo unsere Selbstbestimmung eine solche Neubestimmung von Gott her erfährt, kann von einer Begegnung und einer Erfahrung mit seinem Wort gesprochen werden. (KD I.1 210 ff)

Glauben nun bedeutet, Gottes Wort so zu hören und anzuerkennen, dass mein Leben dabei in einen neuen Horizont gestellt wird. Im Glauben tritt mein Leben in den Horizont des Reiches Gottes, das mit Jesus Christus kommt – ohne dass dabei eine Verschmelzung zwischen mir und Gottes Wort einsetzt. Gottes Wort bleibt mir immer und wesenhaft gegenüber: Es wird nie zu meinem Wort. Auch nicht im Glauben.

Mag Glauben auch keine dem Menschen an sich gegebene Möglichkeit sein, so ist es doch die einzige Weise, Gottes Wort zu vernehmen, es zu erkennen und sich und das eigene Leben in Wahrheit zu verstehen. Ja, genau das bedeutet „zu glauben". Glauben bedeutet, Gottes Wort zu hören. *„Nur im Glauben ist Gottes Wort zu ergreifen und zu haben."* (KD I.1 181) Das bedeutet aber, dass es Glauben ohne Gottes Wort nicht gibt. *„Es ist das Wort, es ist Christus, auf den sich der Glaube bezieht, weil er sich ihm zum Gegenstande gibt, der den Glauben zum Glauben, zur wirklichen Erfahrung macht. Denn nicht darin ist der Glaube Glaube, dass er eine Beziehung hat oder ist, sondern darin, dass ihm das Wort Gottes ... als Grund des wirklichen Glaubens gegeben ist."* (KD I.1 242) Glauben also gibt es nur als den Glauben in seiner Bestimmtheit durch das Wort Gottes. Glaube bedeutet schlicht: Christus als das lebendige Wort Gottes in das eigene Leben einzulassen. *„Es ist wohl wahr, dass der Mensch ihm die Tür auftun muss (Offb. 3,20), aber eben dass dies geschieht, ist ... das Werk des draußen stehenden Christus. So dass auch das andere vorbehaltlos wahr bleibt: der auferstandene Christus geht durch verschlossene Türen (Joh. 20,19f)."* (KD I.1 260f)

Glauben ist also eigentlich eine menschliche Unmöglichkeit und ein Geschöpf der Gnade Gottes. Glaube als menschliche Möglichkeit ist die Stimme der Versuchung, die uns dazu verleiten will, in der weltflüchtigen Gefühligkeit des eigenen mystischen Empfindens eine Erlösung zu suchen, die doch nicht bei uns und auch nicht durch uns zu finden ist, sondern allein in dem uns ganz und gar fremden und uns doch zugleich bejahenden lebendigen Wort Gottes, das sich uns in Jesus Christus offenbart. (KD I.1 186)

So überzeugend und kritisch wirksam Barths theologisches Denken ist, so sehr entzieht es dem Glauben jedoch zugleich jeden Anhalt in der erfahrbaren Wirklichkeit. „Das Wort" droht zu einer im Raum der Kirche – und dort meist predigend – inszenierten Wirklichkeit zu werden, zu einem Sprachspiel Eingeweihter, zu einem Text wie aus einer anderen Welt, das im eigenen Leben keine Anknüpfung findet – abgesehen davon, dass die Welt zum Bewährungsraum des Glaubens wird.

Lässt sich nicht beides zusammenführen: die Begegnung mit dem Wort des lebendigen Gottes, das uns in und durch Jesus Christus begegnet, und eine geistliche Haltung, die sich solcher Begegnung öffnet und ihr entgegen geht? Sicher lässt sich das Glauben nicht machen – und bestimmt lässt sich Gott, wo er denn zu uns kommen will, durch nichts und niemanden hindern. Und doch können wir uns der Begegnung mit Gott durchaus verschließen. Sicher trägt Erfahrung nicht den Glauben. Vielmehr hoffen wir, dass Gott uns trägt. Und doch will die Gegenwart Gottes auch erspürt und erlebt werden.

Kapitel 15
Gottes Wort tun (D. Bonhoeffer)

Für nicht wenige ist Dietrich Bonhoeffer (1906–1945) zu einem Zeugen des Glaubens im 20. Jahrhundert geworden. Jemand, an dessen aufrichtigem Leben etwas von der wahrmachenden Wahrheit des Glaubens selbst abzulesen ist ... und der durch den Weg, den er gegangen ist, und wie er dabei seinen Glauben theologisch durchbuchstabiert, ihn neu- und weitergedacht hat, neue Weisen und Zugänge des Glaubens eröffnete. Vielleicht lässt sich überhaupt nur noch so Theologie betreiben. Theologie, die nicht nur gedacht, sondern persönlich riskiert und gelebt wird. Vielleicht ist es in diesem Sinne auch bezeichnend, dass uns von Dietrich Bonhoeffer keine Dogmatik vorliegt. Was Glauben bedeutet, das entfaltete er in seinen Büchern „Nachfolge", „Ethik" oder „Widerstand und Ergebung". Glauben ist für Bonhoeffer ein Tun. Der Glaube will im Leben, da wo wir von Gott hingestellt sind, konkret werden. Damit geht er einerseits einen Schritt ins Leben hinein, andererseits radikalisiert er den Glauben und unterscheidet ihn vom billigen Glauben bürgerlicher Frömmigkeit. Wer glaubt, ist engagiert. Engagiert von und für Jesus Christus inmitten der gegebenen Wirklichkeit.

Bonhoeffers „Grundinteresse an der konkreten Wirklichkeit des Wortes Gottes"[42] erwachte Anfang der 30er Jahre in den USA unter dem Eindruck des Social Gospel. Das Wort Gottes konkret im Kontext der Zeit zu denken und zu leben, vor diese Aufgabe sah er sich mit seiner Rückkehr nach Deutschland gestellt – ja deswegen sah er sich in das gefährdete Deutschland der frühen 30er Jahre gerufen. Die Entwicklung seines theologischen Denkens in diesen Jahren spiegelt seine 1937 erschienene Schrift „Nachfolge"[43], die er selbst als „eine dauernde stillschweigende Auseinandersetzung" mit Karl Barth beschrieb.[44] Dabei geht es Bonhoeffer um eine neue Art geistlicher Theologie, die dem Glauben in der Welt von heute dienen will: glauben als nachfolgen. Glauben bedeutet mehr als ein „Gott sagt, du bist okay". Glauben meint nicht die billige Gnade, die einen so lässt, wie man ist. Glauben verändert.

Wer christlich glaubt, die oder der bleibt nicht mehr bei sich selbst. Die erleben sich als solche, die von Christus herausgerufen sind aus ihrem Leben und in eine neue Lebenssituation hinein. Wer glaubt, die oder der schaut auf Jesus Christus, denn „nur im Blick auf ihn können wir glauben" (Nachfolge 21).

Glauben bedeutet also buchstäblich nach-folgen. Am Anfang steht das Wort Jesu. Seine Berufung. Glauben folgt dem Ruf Jesu. Die Begegnung mit Jesus und das Hören seines Wortes wird im Glauben zu einer „Neuschöpfung der Existenz" (S. 17). Im Glauben lasse „ich" das Alte zurück und folge ihm, Jesus, nach. *„Er geht voran – halte dich fest an ihm."* (S. 41) Glauben ist keine Idee und kein Programm. Glauben ist eine personale Beziehung. Glauben ist ein Unterwegs-Sein. Glauben hat man nicht, glauben tut man. Glauben ist ein Tu-Wort. Es ist ein Tun in der ausschließlichen Bindung an Jesus Christus. Auf ihn allein schaut, auf ihn allein hört, wer glaubt. Also heißt Glauben, Gottes Willen zu folgen. (S. 22) Über Gewissheit und Vertrauen hinaus bedeutet deshalb Glauben auch wesenhaft Gehorsam: *„Glaube ist nur in der Tat des Gehorsams Glaube"* (S. 19).

Es waren ihm keine billigen Worte. Bonhoeffer zahlte sie mit harter Währung: mit seinem eigenen Leben. Während der Jahre im Predigerseminar, im Widerstand und schließlich in der Haft von Finkenwalde dürften sie ihm oft vor Augen gestanden haben. *„Im Glauben kann ich alles ertragen (– hoffe ich –),"* schreibt Bonhoeffer am 22. Dezember 1943 aus der Haft an seine Familie, *„auch eine Verurteilung, auch die anderen befürchteten Folgen (Ps. 18,30); aber eine ängstliche Vorsicht zermürbt. Macht euch bitte keine Sorgen um mich, wenn etwas Schlimmeres geschieht. Aber ein glaubensloses Hin- und Herschwanken, ein endloses Beraten ohne Handeln, ein Nichts-wagen-wollen, das ist eine wirkliche Gefahr. Ich muss die Gewissheit haben können, in Gottes Hand und nicht in Menschenhänden zu sein. Dann wird alles leicht, auch die härteste Entbehrung. Es handelt sich darum ..., dass alles im Glauben geschieht."*[45] (WuE 129)

In dieser Haltung macht Bonhoeffer sich in der Haft oft Gedanken, *„wo die Grenzen zwischen dem notwendigen Widerstand gegen das ‚Schicksal' und der ebenso notwendigen Ergebung liegen"* (WuE). Sie öffneten ihm seinen eigenen Weg in die Nachfolge an dem fremden Ort der Haft. Da, wo du bist, ist genau der Platz in der Welt, an den dich Gott gerufen hat. Nimm die gegebene Situation als Herausforderung Gottes an dich wahr.

Aber was ist dabei Schicksal, was ist Führung? Wo gilt es zu widerstehen, wo sich zu ergeben? *„Gott begegnet uns nicht nur als Du, sondern auch „vermummt" im ‚Es' und in meiner Frage geht es also im Grunde darum, wie wir mit diesem ‚Es' (‚Schicksal') das ‚Du' finden, oder, mit anderen Worten: wie aus dem ‚Schicksal' wirklich ‚Führung' wird. Die Grenzen zwischen Widerstand und Ergebung sind also prinzipiell nicht zu bestimmen; aber es muss* *beides da sein und beides mit Entschlossenheit ergriffen werden. Der Glaube fordert dieses bewegliche, lebendige Handeln."* (WuE 150f)

Das Leben in der Haft war ein Leben in der Hölle der Sinnlosigkeit, wie es Eberhard Bethge, der Freund, im Vorwort seiner Biographie über Dietrich Bonhoeffer festhält: *„Ob es jemals in der Geschichte Menschen gegeben hat, die in der Gegenwart so wenig Boden unter den Füßen hatten – denen alle im Bereich des Möglichen liegenden Alternativen der Gegenwart gleich unerträglich, lebenswidrig, sinnlos erschienen?"* (WuE 10, Vorwort des Herausgebers)

Wie lässt sich in der Hölle überleben? Was ließ er sein? Wie nahm er seine Lebenssituation wahr? Was hat Bonhoeffer in dieser Lage aufrecht gehalten? Was gab ihm Halt? Was hat ihn getröstet? Was machte ihm Hoffnung? Was hat er gelassen? Was hat er getan? Wie spricht sich darin sein Glauben aus? Wie hängen das Glauben und der christliche Glaube der Überlieferung bei Dietrich Bonhoeffer zusammen?

Was ließ er sein? Wie nahm er seine Lebenssituation wahr? – In seinen Briefen verbietet er sich klagende Gedanken. Die Frage, wie er mit den ihm auferlegten schweren Zeiten gut umgehen kann, beschäftigt ihn schon in den ersten Wochen sehr: *„An diesem Wie liegt ja alles, es ist wichtiger als alles äußere Ergehen."* (WuE 36) Er nimmt dankbar wahr, was geht; was ihm an Freiheiten und Möglichkeiten eingeräumt ist. *„Es kommt darauf an, sich an das zu halten, was man noch hat."* (WuE 37) Groll, Unruhe, Gedanken an das, was man nicht kann, muss man „in sich niederhalten" (WuE 37). Doch sie tauchen immer wieder auf, genauso wie innere Anfechtung und Verzagtheit.

Ein großes Thema: Wie gehe ich mit dem „Erlebnis der leeren Zeit" um? (WuE 38) Er füllt die Zeit. Er schafft sich geistige Arbeit. „Erinnert" und „vergegenwärtigt" sich die geistlichen Quellen seines Lebens. Bibellese, Psalter, Lieder, Gebet, Kontemplation sind wichtig. (WuE 39) Er vergegenwärtigt sich den Strom der Überlieferung. Darin sucht er nach einer „inneren Aussöhnung" mit dem „Geschickten". (WuE 35)

Was tut er? – Er entwickelt und folgt einem fest strukturierten Tagesplan, der Pflege, Bewegung, Lernen und Arbeiten umfasst (WuE 35). Vor allem aber sorgt er sich um die Menschen, mit denen er verbunden ist. Er nimmt fröhlich Anteil am Leben der anderen. Wichtig sind ihm alle Zeichen äußeren Kontaktes, ganz besonders die Briefe. Das Verlangen nach Freude ist groß. (WuE 49) Bonhoeffer nutzt die Kraft der aktiven Imagination: Er ruft sich solche Momente wach, nimmt innerlich Anteil an freudigen Situationen anderer. In seinen Briefen schreibt er sich in eine Gemeinschaft hinein und vergegenwärtigt sich ihre Wirklichkeit, deren er in der Gefangenschaft benommen ist. Es ist überhaupt die Macht der Worte, die ihm eine Wirklichkeit wachruft, derer er im Gefängnis eigentlich beraubt ist.

Wie denkt er? – Bonhoeffer flieht in all dem nicht vor der Wirklichkeit. Er sieht sich herausgefordert, realistisch zu glauben. Die Haft wird ihm alle romantischen Gefühle ausgetrieben haben. Unsere Welt, stellt er fest, ist nicht mehr religiös. Die fromme Innerlichkeit, von der Schleiermacher als Grunderlebnis des Glaubens ausgeht, ist zu einem weithin unbekannten Terrain geworden. So formuliert er in der Isolation der Haft in größter gedanklicher Radikalität die Frage, die Kirche und Theologie nach 1960 umtreiben sollte: Wie lässt sich in einer säkularen Welt von Gott sprechen und Gott glauben? Bonhoeffers Anfrage sei deshalb hier in aller Ausführlichkeit zitiert:

„Was mich unablässig bewegt, ist die Frage, was das Christentum oder auch wer Christus heute für uns eigentlich ist. Die Zeit, in der man alles den Menschen durch Worte – seien es theologische oder fromme Worte – sagen könnte, ist vorüber; ebenso die Zeit der Inner-

lichkeit und des Gewissens, und das heißt eben die Zeit der Religion überhaupt. Wir gehen einer völlig religionslosen Zeit entgegen; die Menschen können einfach, so wie sie nun einmal sind, nicht mehr religiös sein. Auch die, die sich ehrlich als ‚religiös' bezeichnen, praktizieren das in keiner Weise; sie meinen also mit religiös vermutlich etwas ganz anderes. Unsere gesamte 1900jährige christliche Verkündigung und Theologie baut auf dem ‚religiösen Apriori' der Menschen auf. ... Unserem ganzen bisherigen ‚Christentum' wird das Fundament entzogen und es sind nur noch einige ‚letzte Ritter' oder ein paar intellektuell Unredliche, bei denen wir religiös landen können. Sollten das etwa die wenigen Auserwählten sein? ... Wie sprechen wir von Gott – ohne Religion, d.h. eben ohne die zeitbedingten Voraussetzungen der Metaphysik, der Innerlichkeit etc. etc.? Wie sprechen wir ‚weltlich' von ‚Gott'? Wie sind wir Herausgerufene (εκκλησια) ohne uns religiös als Bevorzugte zu verstehen, sondern vielmehr als ganz zur Welt Gehörige? Christus ist dann nicht mehr Gegenstand der Religion, sondern etwas ganz anderes, wirklich Herr der Welt. Aber was heißt das?" (WuE 178ff)

Bonhoeffer fragt nach der Kraft des Glaubens mitten im Leben: *„Christus fasst den Menschen mitten im Leben"* – und nicht nach einem Glauben als erlösender Jenseits-Hoffnung (WuE 227). Er fordert, Gott mitten in der Welt zu glauben und nicht an ihren Rändern (WuE 233) *„Ich möchte von Gott nicht an den Grenzen, sondern in der Mitte, nicht in den Schwächen, sondern in der Kraft, nicht also bei Tod und Schuld, sondern im Leben und im Guten des Menschen sprechen."* (WuE 182) Er wehrt sich gegen eine Verbannung des Glaubens in den verborgen-heimlichen Raum persönlicher Innerlichkeit. *„Die Bibel kennt unsere Unterscheidung von Äußerem und Innerem nicht. Es geht ihr immer ... um den ganzen Menschen."* (WuE 236) So erliegt er weder einem Subjektivismus frommer Innerlichkeit noch der Verzweiflung eines zynischen Realismus. Die von Descartes herrührende

Unterscheidung von Innen und Außen entfällt bei ihm. Stattdessen öffnet sich ihm zwischen Subjektivismus und Objektivismus ein dritter Raum der sozialen Wirklichkeit des Glaubens, die den Menschen in seiner Ganzheit im Blick hat und die sozial und kommunikativ bestimmt ist: die intersubjektive Dimension der Wirklichkeit.

Es gilt ihm, den Menschen in seiner Mündigkeit anzusprechen: den aufgeklärten und säkularen Zeitgenossen, der die Welt in seine eigenen Hände genommen hat und verantwortet. *„Die Frage heißt: Christus und die mündig gewordene Welt."* (WuE 218) Gegen Barths Offenbarungs- oder das liberale Entleerungsprogramm kirchlicher Verkündigung vertritt Bonhoeffer die Auffassung *„dass die vollen Inhalte einschließlich der ‚mythologischen' Begriffe bestehen bleiben müssen – das Neue Testament ist nicht eine mythologische Einkleidung einer allgemeinen Wahrheit, sondern diese Mythologie (Auferstehung etc.) ist die Sache selbst! – aber dass diese Begriffe nun in einer Weise interpretiert werden müssen, die nicht die Religion als Bedingung des Glaubens ... voraussetzt. ... Die Mündigkeit der Welt ist nun kein Anlass mehr zu Polemik und Apologetik, sondern sie wird nun wirklich besser verstanden, als sie sich selbst versteht, nämlich vom Evangelium, von Christus her."* (WuE 220f)

Was trägt ihn? – Bonhoeffers Antwort fällt anders, weniger Gottes gewiss aus als die Martin Luthers. Auch von Karl Barth grenzt er sich mehrfach deutlich ab. Glauben als Teilhaben an Gottes Leben versteht er nicht glorifizierend, sondern im realistischen Sinne einer Theologie, die ihren Platz unter dem Kreuz Jesu sucht, einer theologia crucis: *„Christen stehen bei Gott in seinem Leiden."* (WuE 244) Das Bild eines Gottes, der seine Macht gegen eine mündig gewordene Welt autoritär behaupten muss, erscheint Bonhoeffer unbiblisch. In der Bibel begegnet uns Gott, so sagt er, vielmehr als einer, *„der durch seine Ohnmacht in* *der Welt Macht und Raum gewinnt. Hier wird wohl die ‚weltliche Interpretation' einzusetzen haben."* (WuE 242)

Am 9. April 1945 wurde Dietrich Bonhoeffer im Alter von 39 Jahren im KZ Flossenbrück hingerichtet. Manche Gedanken aus den Briefen in der Haft konkretisieren sich in der „Ethik", die Eberhard Bethge, der Freund und theologische Weggefährte, 1949 aus dem Nachlass geordnet herausgab. Bonhoeffer erlebt *„eine Welt, die sich dem Nichts in die Arme wirft"* (Ethik 43), *„es ist als Abfall von allem Bestehenden die höchste Entfaltung aller widergöttlichen Kräfte. Es ist das Nichts als Gott; niemand kennt sein Ziel und sein Maß; es herrscht absolut. Es ist ein schöpferisches Nichts, das allem Bestehenden seinen widergöttlichen Atem einbläst, es zu scheinbar neuem Leben erweckt und ihm zugleich sein eigentliches Wesen aussaugt, bis es alsbald als tote Hülle zerfällt und weggeworfen wird. Leben, Geschichte, Volk, Sprache, Glaube – die Reihe lässt sich ins Endlose fortsetzen, denn das Nichts verschont nichts – fallen dem Nichts zum Opfer."* (Ethik 44) Das ist die geschichtliche Situation, in die sich Bonhoeffer gestellt sieht. Der Mensch-ohne-Gott erscheint hier nicht als theologisches Konstrukt, nicht im existentiellen Ringen mit sich selbst, sondern als geschichtliche Tragödie vor den Augen des Zeitgenossen. Der Theologe Bonhoeffer analysiert die Wirklichkeit als eine vom Nichts beherrschte Welt-ohne-Gott.

In dieser Welt gilt es zu glauben. Jedoch meint Bonhoeffer Glauben dabei nicht als ein dogmatisches Glauben. Auch meint er kein moralisches Glauben. Es geht ihm überhaupt nicht um die Umsetzung eines Christus-Programmes. Auch beim Glauben setzt Bonhoeffer vielmehr bei der Wirklichkeit an. Bei der Wirklichkeit Jesu Christi. Er begreift Christus weder als eine Idee noch als ein Programm. Christus ist eine Wirk-Gestalt. Und diese Wirk-Gestalt will unsere Wirklichkeit gestalten. *„Es geht um das Gestaltwerden der Gestalt Christi unter uns."*

(Ethik 47) Es geht um Gestaltung. Um Wirklichkeitsgestaltung. Aber nicht Gestaltung durch uns. Sondern von Christus her: *"Gestaltung gibt es vielmehr allein als Hineingezogenwerden in die Gestalt Jesu Christi, als Gleichgestaltung mit der einzigen Gestalt des Menschgewordenen, Gekreuzigten und Auferstandenen. Das geschieht nicht durch Anstrengungen, ‚Jesus ähnlich zu werden', wie wir es auszudeuten pflegen, sondern dadurch, dass die Gestalt Jesu Christi von sich aus so auf uns einwirkt, dass sie unsere Gestalt ihrer eigenen nach prägt (Gal. 4,19). Christus bleibt der einzige Gestalter. Nicht christliche Menschen gestalten mit ihren Ideen die Welt, sondern Christus gestaltet die Menschen zur Gleichgestalt mit ihm."* (Ethik 24)

Das Besondere dieser Ethik ist, dass ihr kein Sollen zugrunde liegt, sondern ein Sein. Kein Müssen, sondern ein Können und Dürfen. Das neue Sein, das in dem gekreuzigten und auferweckten Christus Gestalt gewonnen hat, wirkt mächtig auf jene, die sich ihm im Glauben öffnen. Glauben bedeutet dann, sich von Christus ihm gleichgestalten zu lassen. Kirche sein bedeutet, eine Sozialgestalt Christi in dieser Welt zu sein. Glauben geschieht nicht im ausgesparten Wirklichkeitsraum religiösen Lebens, sondern mitten in der Welt. Glauben und säkulares Denken bewegen sich nicht im Widerspruch. Sondern als säkulare Menschen sind wir zum Glauben gerufen. Ethik ist nicht frommes Werk, sondern Ausfluss von Gottes Gnadenwirken: Eben weil wir von Christus aus Gnade angenommen und seiner Wirklichkeit teilhaftig sind, sind wir eingeladen, uns von ihm als Christen gestalten zu lassen und so an Gottes Projekt Leben teilzunehmen.

Der Ort, wo dieser neue Mensch, wo die Gestalt Christi zu finden ist, ist am Kreuz. *"Nur der in Christus angenommene Mensch ist der wirkliche Mensch, nur der vom Kreuz betroffene Mensch ist der gerichtete Mensch, nur der der Auferstehung teil-*

haftige Mensch ist der erneuerte Mensch." (Ethik 47) Das alles ist keine Vorstellung, sondern Wirklichkeit; wirkliches und wirkkräftiges Sein. Von hierher bestimmt sich die Wirklichkeit. Hierin gründet sich Menschsein auch in einer Zeit, in der es vom Nichts zerfressen wird und sein hässliches Gesicht zeigt. Genau dieser Mensch ist ja gemeint: Es ist der von Gott gerichtete, der von Gott angenommene und erneuerte Mensch. Nicht der ideale und vollkommene, sondern der wirkliche Mensch ist der von Gott geliebte. Dass das aber wirklich so ist, ist nicht anders denn als Gnade zu verstehen. Gnade gegenüber dem Menschen in seiner Schuld.

Glauben gibt es nicht als Programm. Glauben ist eine Haltung. Haltung der Nachfolge im Blick auf Jesus Christus. Glauben ist ein Tun. Ein Tun aus Gnade. Ein konkretes Gestaltwerden. Mit dem Satz der „Rechtfertigung allein aus Gnade" ist der Weg des Glaubens nicht zu Ende gegangen. Er ist das Tor, die Schwelle, der Anfang eines Lebens mit Christus.

Kapitel 16
Gott geschieht durch uns (D. Sölle)

Noch einen Schritt weiter in die Erfahrungswelt des Glaubens, hinein in einen Glauben, der praktisch werden will, ging Dorothee Sölle (1929–2003), die streitbare politische „Theo-poetin". Glauben geschieht nicht in der Theologie. Es ist mehr als ein Für-wahr-halten religiöser Aussagen. Glauben geschieht mitten im Leben, wo Menschen aus dem gegenwärtigen Tod und gegen die Kräfte und Mächte von Gewalt und Ungerechtigkeit aufstehen.

Geprägt von einer Kindheit in Nazi-Deutschland, einer Jugend im Nachkriegsdeutschland wendet sie sich einem existentiellen Christentum zu und einem Glauben, der der Wahrheit auf den Grund und dem Leben an die Wurzel gehen will. Dies führt sie in eine Theologie, die biographisch werden will. Wer von Gott spricht, der redet immer auch von sich selbst; wer Gott glaubt, der soll Gott leben in einer Welt, die dem Tod entgegen taumelt. Gott glauben ist für sie ein interaktives Tu-Wort. *„Das Ende des Theismus oder den Tod des theistischen Gottes sehe ich ... als Chance an, endlich konkret, auf die Lebenspraxis bezogen von Gott zu reden. Das bedeutet, Gott* *zu erzeugen in einer vom Tod beherrschten und auf den Tod hin orientierten Welt."* (Gott denken 219)

Dorothee Sölle schätzt das Wort – im Alltag als klare Prosa, wo es um das Leben selbst geht, gerne auch als Poesie. Sie bringt es immer wieder aufs Wort, aber sie bleibt nicht beim Wort. Theologisch leidenschaftlich geht sie aufs Ganze, aber immer am Konkreten, und zwar so, dass sie sich darin auch persönlich wagt. Sie stellt sich selbst kritisch der Wahrheit und erlaubt sich die Freiheit, das Erkannte zu leben. Es ist ein Leben in streitbarer Kontroverse, in Wind und Gegenwind[46] von Gebet und Aktion.

Sölle wendet sich zunehmend entschiedener vom liberalen Bürgertum ihrer sozialen und kulturellen Herkunft ab. Bekannt geworden ist sie in den sechziger Jahren mit dem politischen Nachtgebet in der Kölner Antoniterkirche. Als Theologin verlässt sie den Raum vertrauter Sprachspiele, spricht paradox von einem „atheistisch an Gott glauben", bricht Mitte der 60-er Jahre in eine Politische Theologie auf, bringt den politischen Diskurs ins Gebet, die Debatte in den Gottesdienst, entblößt den patriarchalen Autoritarismus der Kirchen, bereitet einer Feministischen Theologie den Weg und engagiert sich in der Friedensbewegung gegen den Nato-Doppelbeschluss und früh für den Konziliaren Prozess für Frieden, Gerechtigkeit und Bewahrung der Schöpfung. Von der etablierten Kirche wird sie darin wahrgenommen als „die Politische", die „Atheistische", die „Agitative". Eine, die sich irgendwie in Kirche und Theologie verlaufen hat und da nun alles durcheinanderbringt. Nie wird sie in ein kirchliches Amt oder auf einen akademischen Lehrstuhl berufen. Nicht wahrgenommen wird Sölle als eine Gott Glaubende, aber eben nicht theistisch, eine Beterin, die die politische Wirklichkeit in den Raum Gottes bringen will, als eine Liturgin, die „den blutigen Ernst" im „Freiraum des heiligen Spiels" konfrontiert, eine fromme und zunehmend frömmer werdende Frau auf der Sprachspur der Bibel, eine Liebhaberin Gottes, aber eben in einer gottfremden Welt, die den sprachsicheren Raum überschreitet und nach Er-gründung in Gott sucht.

Als existentielle Theologin sucht Dorothee Sölle nach einem Glauben „aus Erfahrung auf Erfahrung" (Hinreise[47] 42), aus religiöser Erfahrung auf gesellschaftliche Praxis hin. Authentischer Glauben will selbst schmecken und kosten, aber auch probieren und versuchen, wovon er spricht. Die Menschen haben Durst. Sie wollen Wasser trinken und nicht H_2O erklärt bekommen. Doch erlebter und gelebter Glaube kostet das Wagnis von Nähe, verlangt, sich persönlich zu öffnen, und macht, wo diese gewisse Blöße gewagt wird, verletzlich. Das stört die bürgerlich-liberale Bildungswelt.

„*Wir haben Angst vor Religion: Angst vor der schwer kontrollierbaren Gemeinsamkeit, die sie mit sich bringt, und Angst vor den Emotionen, die zu artikulieren sie hilft. Zugelassen sind die zurückgehaltenen oder die total privatisierten Emotionen; erlaubt die Dynamik einer Gruppe, die außer sich keine Inhalte kennt. Aber die geäußerten religiösen Emotionen, die sogleich ‚diese' Welt kritisieren, sind gefährlich und ähnlich tabuisiert wie die Sexualität zu Zeiten unserer Großeltern. Beten, miteinander wünschen, die Ängste miteinander teilen und die Hoffnungen – das sind unbürgerliche und verbindliche Verhaltensweisen, gegen die wir viel haben. Ein Gebet, ein Song, zwecklose Gebärden wie das Anzünden einer Kerze, das Weitergeben von Brot, niederknien, sich umarmen, das sind Dinge, die sehr leicht, schon durch ein spöttisches Lächeln, zerstörbar sind und bei denen der Intellektuellere, der Reflektierte sein leichtes Spielchen hat. Religion, auch nur in geringem Maße praktiziert, zieht einem das Hemd aus.*" (Hinreise 31)

Ein Glauben aus Er-fahr-ung auf Er-fahr-ung lebt davon, sich aus dem ge-wohnt Bewohnten heraus zu wagen, wagt sich über die Schwelle und begibt sich auf die Reise. Niemand kommt darum herum, den Weg selbst zu gehen. Grund-er-fahr-ung lässt sich aber auch nicht beliebig inszenieren. *„Die Erfahrung des Glaubens ist ebenso wenig ersetzbar wie die Erfahrung der physischen Liebe. Dass die Gnade tatsächlich ‚genügt' zum Leben und dass ‚nichts' uns scheiden kann von der Liebe, das sind Erfahrungen, die wir nacherzählen, aber nicht im Plan, im Konstrukt vorwegnehmen können."* (Hinreise 44) In der Abwehr von Emotionen sieht sie die zentrale innere Schwierigkeit des bürgerlichen Protestantismus. *„Seine Abwehr den Emotionen gegenüber macht den ungeheuer fetischisierten Glauben zu einer nicht-existentiellen Kategorie. Die Abwehr der Erfahrung, die Angst. Sich ihr auszusetzen, stellt eine Art von geistigem Selbstmord dar, der am Ende des Jahrhunderts in das reale Absterben der Glieder mündet."* (Mystik und Widerstand[48] 36) So plädiert sie dafür, *„den Horizont der Erfahrung zur wesentlichen kritischen Frage an religiöse, theologische, kirchliche Texte (zu) machen."* (Hinreise 47) Glauben lebt aus der eigenen Erfahrung, nicht von „Second hand Goods" (Hinreise 47).

Sölle betont, dass zum Glauben, der aus einer identitätsgründenden Erfahrung entspringt, der Ausdruck, die Mit-teilung im Gespräch gehört. Glauben gewinnt sich selbst in der Kommunikation. Er sucht den Ausdruck, um sich seines Eindrucks gewiss zu werden. Er sucht die Verständigung, weil er nach Verbindung sucht. Wir brauchen das Gespräch, das gemeinsame Gespräch, indem wir uns einladen, unsere Grund-Erfahrungen dessen, was das Leben trägt und ausmacht, auszudrücken und uns darüber zu verständigen. Doch wie kann das gelingen?

Damit bin ich nun ganz dicht bei der Frage angelangt, die dieses Buch bewegt. Mit Dorothee Sölle formuliert: *„Wie können wir uns über etwas, das nicht die uns umgebende Realität darstellt, verständigen? Kann man einem Wesen ohne Geruchssinn* *den Duft einer Rose erklären? Einer nicht Verliebten den Zustand des Verliebtseins vermitteln; einem Nüchternen die Gott-Trunkenheit? ... Dennoch kann sich niemand in der Unsagbarkeit häuslich einrichten. ... Die Seele kann nicht darauf verzichten zu sprechen. Nichts reizt die Sprechenden so sehr zu reden, wie die Unsagbarkeit ... An der Grenze wächst Sprache."* (Mystik und Widerstand 82f) Sölle nimmt frühzeitig wahr, was in den folgenden Jahrzehnten die gesellschaftliche Situation von Religion und Glauben bei uns zunehmend bestimmen sollte: die religiöse Emanzipation des Individuums und ein subjektiver Expressionismus, der die Frage nach der gesellschaftlichen Verständigung gerade in den Grundfragen des Lebens aufwirft.

Die Hin-reise des Glaubens zur Erfahrung Gottes ist für Sölle eine Reise nach innen, ein Sich-Fallen-lassen (in Anknüpfung an Meister Eckart) in ein Grunderleben „des Zusammenhangs mit allen Lebewesen" im Innersten meiner Selbst, in Gelassenheit. Als Verbundenheit von allem, was lebt, findet sich Gott in meinem Selbst. *„Gott ist, in den Worten der Reise gesprochen, die äußerste für den Menschen erreichbare Entäußerung, die wir auf dem Weg vom Ego zum Selbst erreichen können. Das Ziel aller Religionen ist, bis zu diesem äußersten Punkt zu gelangen und die tiefste Vergewisserung zu erfahren und doch zurückzukehren und die Erfahrung, dass wir ein Teil des Ganzen sind, mitteilbar zu machen."* (Hinreise 90) Das ist die Grunderfahrung der Gnade, dass ich mich als Teil eines Ganzen erfahre. Ich und das Ganze gehören zusammen. Wer bin ich? Ich bin in Gott, und Gott ist in mir. *„Gott kennt mich besser, als ich mich selbst kenne. Er kennt mich anders, als meine Umwelt mich kennt, länger und tiefer als alle, die etwas von mir wissen. Das bedeutet, dass meine Identität mehr ist, ja sein kann als das, was jetzt schon von mir bekannt ist."* (Hinreise 159) Es ist das Glück des Ganz-Seins, dessen, was der Glaube „Heil" nennt, was ich in der Verbundenheit mit Gott als

Grund meiner Selbst erlebe. So wird in der Glaubenserfahrung die Abgeschlossenheit des „Selbst" durchbrochen. Ich bin kein „In-mir" mehr. Ich bin nicht eingepfercht in der Enge meines Selbst, bin kein Um-sich-selbst-kreisendes Ich, nicht der homo-incurvatus-in-se, als den Martin Luther den Menschen in der Verschlossenheit der Sünde, den abgesonderten Menschen beschreibt, sondern ich bin gerufen, bin in Beziehung, lebe in Resonanz, wie Hartmut Rosa[49] das später formuliert. Und das bedeutet die Möglichkeit des Wandels, des Wachstums von Freiheit, des Zugewinns lebendiger Möglichkeiten. *„Wir sind alle fähig, anders zu sein, wir können uns selber verlassen."* (Hinreise 41)

Doch zur Hin-reise gehört auch die Rück-reise. Ohne Rückreise in die Arbeit und Praxis des Alltags verliert sich das Glauben in die Innerlichkeit frommer Selbstbeschaulichkeit der eigenen Identität. Dann wird Religion zu einer Droge des Rückzugs, zu einem Instrument der Beschwichtigung. Glaube, der die Rückreise antritt, will die erfahrene Wahrheit mit-teilen und in der Welt sichtbar werden lassen. Glauben sucht danach, sich auszudrücken und die Welt schöpferisch mitzugestalten. Die erfahrene Liebe mündet in Arbeit, und in beidem erfüllt sich das, wozu wir als Menschen von Gott berufen sind: zu lieben und zu arbeiten. Beten und Handeln gehören zusammen wie Hin- und Rückreise. *„Die falsche Arbeitsteilung, die Betende und Kämpfende spezialisiert und polarisiert, ist dann zu Ende, und wir werden den doppelten Gebrauch unserer Hände lernen."* (Hinreise 90) Zwischen Innerlichkeit und Engagement bewegt sich die Reise des Glaubens. Beide gehören zusammen, nicht wie Theorie und Praxis, sondern wie Quelle und Fluss. *„Alles Innere will sich veräußern. Der Praxisbezug gehört mitten in das mystische ‚gang zu dir selbst zu'"* (Mystík und Widerstand 75) Meister Eckarts. Christlich Glauben geschieht für Sölle in der

„*Einheit von Spiritualität und Solidarität*" (Hinreise 86), und die Grundfrage, die sie durch ihr Leben hindurch bewegte und zu beantworten suchte, war, wie sich beide miteinander verbunden leben lassen: Kampf und Zärtlichkeit, ora et labora, lieben und arbeiten, Mystik und Widerstand.

Diese erfahrungsbezogene Frömmigkeit gründet in einem besonderen nicht-autoritären Gottesverständnis, das Gott als einen Gott-in-Beziehung versteht. Gott und Glauben, ich und die Welt gehören beziehungshaft zuhauf, sie lassen sich in einer Wirklichkeit, die ein Geflecht von Beziehungen ist, nicht voneinander trennen. Alles gehört zusammen, und wo wir diese tiefe Verbundenheit erleben dürfen, da geschieht Gott. Die Beziehungshaftigkeit Gottes offenbart sich in seiner Liebe. Und „*Gottes Liebe offenbart sich durch Interaktion, und durch Interaktion wird ... die Welt zum Leib Gottes. Jedes lebende Wesen steht in Berührung zu anderen lebenden Wesen, von denen es beeinflusst wird und die es seinerseits beeinflussen. In gleicher Weise wirken wir auf Gott ein. Gott macht durch uns Erfahrungen. Unser Tun hat Auswirkungen auf Gott. ... Gott residiert nicht in einer Überwelt jenseits der Geschichte, sondern lebt und wirkt ganz im Gegenteil genau wie wir in und durch Geschichte*" (lieben und arbeiten[50] 48), formuliert Dorothee Sölle in Anschluss an die angelsächsische Prozess-Theologie. Im Anfang war die Beziehung! Gott ist kein Objekt. „*Gott wird nicht gefunden wie ein kostbarer Stein oder wie die blaue Blume, sondern Gott ereignet sich. Gott geschieht. God happens. An diesem Dienstagnachmittag passierte Gott mit mir – das ist ein sinnvoller Satz, ein Versuch, die Erfahrung, die Begegnung, die uns in Beziehung setzt, zu benennen. ... was in der Gottesbegegnung geschieht, ist nicht, dass das Suchen durch Finden beendet wird, sondern durch Gefundenwerden. Gott stand schon immer hinter mir, auch als ich in die andere Richtung raste.*" (Gott glauben 243)

Glauben bedeutet, teil-haben und teil-geben an dem Sinn-Horizont des Lebens, der sich in dem Satz ausspricht „Gott ist Liebe". Die Sehnsucht des Glaubens ist, dass Gott-alles-in-allem sei: dass alles mit allem in Liebe verbunden ist, *„dass nicht nur mein Leben erfüllt (sein soll), ohne Verstümmelung meiner Möglichkeiten, sondern alles Leben und das Leben aller. Jesus drückt diesen Wunsch in den immer wiederkehrenden Bildern vom Festmahl, vom großen Abendmahl aus, es sind Symbole der Gemeinsamkeit in der Freude. Zufall, Vereinzelung, Kälte, Finsternis, Tod sind die Gegenspieler dieses Wunsches, ganz zu sein und das Ganze zu erfahren."* (Hinreise 179)

Wo wir Leben als erfüllt erfahren, da dürfen wir Dankbarkeit und Freude empfinden. Ja, vielleicht erfüllt sich das Leben gerade darin, dass wir diese Dankbarkeit ausdrücken können. Ihre Autobiographie schließt Dorothee Sölle so mit dem Wunsch an ihre Enkel *„Vergesst das Beste nicht! Ich meine damit, dass ihr Gott manchmal lobt, nicht immer – das tun nur Schwätzer und Höflinge Gottes –, aber doch manchmal, wenn ihr sehr glücklich seid, so dass das Glück ganz von selbst in die Dankbarkeit fließt und ihr ‚Halleluja' oder das große Om der indischen Religion singt."* (Gegenwind 312)

Kapitel 17
Glauben wagen

Bis 1918 gab es in Gefolge Schleiermachers in der evangelischen Theologie ein reges Interesse an der Ausbildung des religiösen Bewusstseins und Empfindens bis hin zur Auflösung des Glaubens in die subjektive Gefühligkeit des bürgerlichen Subjekts und seine willfährige ideologische Ummantelung der wilhelminischen Gesellschaft. Gegen die Ideologisierung des Glaubens im Zuge seiner Subjektivierung stellte Karl Barths Wort-Gottes-Theologie die Souveränität Gottes, der sich einzig in Jesus Christus, dem einen Wort Gottes, dem Menschen offenbart und seine Wahrheit angesagt hat.

Glauben ist danach deutlich zu unterscheiden von aller als heidnisch qualifizierten Religion und natürlichen Theologie. Die Wort-Gottes-Theologie Karl Barths war „ein Gnadengeschenk Gottes" im Kirchenkampf mit den deutschen Christen zu Zeiten des Nationalsozialismus. „Christus als das eine Wort Gottes" diente als kritischer Kompass gegen die ideologische Vereinnahmung des Evangeliums. Aber sie wehrte sich auch umfassend gegen jeglichen Anschluss der Wirklichkeit Gottes an die menschliche Erfahrung und gewann so etwas über dem Leben Schwebendes. Dabei hat auch diese Theologie ihren Grund in einer religiösen Erfahrung, nämlich in der erlebten Abgründigkeit der menschlichen Wirklichkeit, wie sie in den traumatisierenden Geschehnissen des 1. Weltkrieges erlebt wurde; gewissermaßen eine negative Offenbarung der Abgründigkeit menschlichen Daseins.

Das herausfordernde theologische Erbe dieser Zeit sehe ich in den uns vermachten Skizzen und Fragen Dietrich Bonhoeffers nach einer „nicht-religiösen Interpretation biblischer Begriffe", die er selbst nur fragmentarisch in all ihren Dimensionen erahnte. Sie verweist uns – auf Jesu Spuren – in die inkarnatorische Bewegung Gottes mitten in unserer Welt, die ihre Tiefe in der in Kreuz und Auferweckung Jesu offenbaren Christuswirklichkeit findet. *„Das Jenseitige ist nicht das unendlich Ferne, sondern das Nächste."* (WuE 255).

Wer mit Jesus glaubt, wer an seinem Weg des „Daseins-für-andere" teilnimmt, der wird auf die Wirklichkeit Gottes, auf das Werden des Reiches Gottes inmitten dieser Welt verwiesen, ohne dass Gottes Transzendenz schon in dieser Welt aufgeht. Für die Verkündigung Jesu ist doch bezeichnend, dass sie mitten im alltäglichen und gewöhnlichen Leben geschieht. Sei es in seinen Gleichnissen, sei es in seinen Wunder- und Zeichenhandlungen: Mitten in unserer Geschichte sind wir in Gottes Geschichte verwickelt. Er nimmt an unserer Geschichte teil und wir sind eingeladen, an seiner Geschichte teilzunehmen. Jesus Christus öffnet Menschen für Gottes lebendige Wirklichkeit inmitten ihres Lebens die Augen. Er macht gewärtig für die Gegenwart Gottes heute und erschließt sich so als das auch heute lebendige Wort Gottes.

Grundlegend von existentieller Glaubenserfahrung geprägt ist auch die reformatorische Entwicklung Martin Luthers. Ohne sein existentielles Ringen um die gnädige Wirklichkeit

Gottes ist Martin Luther nicht zu verstehen. Vom Gewitter bei Stotternheim bis zu seinem Ringen mit Gott und Teufel. Martin Luthers theologische Entwicklung ist von einem religiösen Erleben bewegt, das seine theologischen Reflexionen begleiten. Dass er dabei keine geschlossene Glaubenslehre hinterließ, ist kein Zufall. Es ging ihm nicht darum, den Glauben auf den Begriff zu bringen, sondern Christus in dieser Welt glauben zu können.

Dabei entwickelt er eine theologische Begrifflichkeit dialektischer Gegensatzpaare: Gesetz und Evangelium, gerecht und Sünder, ... Zwischen den Begriffspaaren spannt sich das Geheimnis der Wirklichkeit Gottes aus. Beide zugleich wahr, öffnen sie wie die zwei Pfeiler einer Tür den Weg in den Raum der Gottesbegegnung. Es gilt, dass Gott der Abwesende und der Anwesende zugleich ist; der Gnädige und der Richtende; uns in Gesetz und Evangelium, in Auftrag und Verheißung begegnet; und auch der Mensch zugleich gerecht und Sünder ist. Der lebendige Gott ist eben nicht auf den einen Begriff zu bringen.

Die Theologie ersetzt bei Luther nie die persönliche Frömmigkeit, weil ihre Worte nicht die Gotteswirklichkeit abbilden, sondern Menschen den Weg zur Gottesbegegnung öffnen, ihnen das innere Tor zur Gotteswahrnehmung auftun, sie in die Gottesbegegnung rufen, eben Verkündigung sind. Solche Verkündigung gelingt, wo Worte gefunden werden, die Menschen zu Schlüsselworten werden. Ich könnte auch sagen: zu Christusworten. Denn das ist doch wohl gemeint, wenn wir Christus als das Wort Gottes bezeichnen.

Die Theologie führt nur an die Schwelle – und dass die Verkündigung des Evangeliums an diese Schwelle führt, darin liegt auch ihr eigentlicher Auftrag. Aber es gibt auch ein jenseits der Schwelle: den Raum der Gottesbegegnung, in dem sich der Mensch nackt und bloß aller Begriffe erfährt. Zurück aus diesem Moment, in dem uns die Augen aufgehen, gilt es die Welt mutig und kritisch mit neuem Blick anzuschauen und zu gestalten. Aus dem geistlichen Erfahrungsraum trete ich in den Handlungsraum. Dazwischen dient die Theologie dazu, das Erlebte in Worte zu bringen, das eigene Gottes- und Selbstbewusstsein neu zu formulieren und die erlebte Praxis auf das Evangelium zu reflektieren. Eine lebendige Theologie, eine Theologie, die sich selbst ernst nimmt, ist deshalb ein Theologisieren auf der Schwelle „von Erfahrung auf Erfahrung hin".

Mit Sölle meine ich, dass es um einen Glauben „aus Erfahrung auf Erfahrung" hin geht, einen Glauben, der praktisch werden will. Nichts vermag dabei das eigene religiöse Wagnis zu ersetzen, den existentiellen Schritt über die Schwelle, an dem ich mich der Tiefe des Seins überlasse, mich in meiner Geschöpflichkeit ansprechen lasse, von dem, der unbedingt ist.

Der deutsch-amerikanische Theologe Paul Tillich (1886– 1965) bestimmt Glauben in diesem Sinne als ein „Ergriffensein von dem, was uns unbedingt angeht."[51] Glauben ist das, was den ganzen Menschen aus der Mitte seiner Person bewegt.[52] Das unbedingte Anliegen verleiht allen seinen Bestrebungen Tiefe, Richtung und Einheit und begründet damit den Menschen als Person. Menschliches Leben ohne den Grundakt des Glaubens, also unabhängig davon wie der Glaube inhaltlich gefüllt ist, scheint Tillich deshalb nicht möglich.[53] Doch gehört zum Glauben, gleichwohl er seinem Wesen nach Selbstgewissheit ist, auch immer die Möglichkeit des Irrtums, der Verkürzung und damit des Scheiterns dazu. Doch kann auch das getragen werden, weil auch das Scheitern uns nicht von dem trennen kann von dem, was uns unbedingt angeht. Nirgends findet solcher Glauben tieferen Ausdruck als im Kreuz Christi.[54] Glauben braucht deshalb den Mut, das Leben auf ihn hin zu wagen.[55] Wo ich es wage, mit Jesus zu glauben, „mein

Kreuz" auf mich zu nehmen und ihm nachzufolgen; mich an die Schwelle von Ungerechtigkeit und Tod zu wagen als Zeuge des Lebens.

Denn Glauben – und nichts anderes ist christliche Spiritualität – beginnt nicht damit, dass wir Gott denken, sondern dass wir uns im Gebet von Gott anschauen, lieben und herausfordern lassen, seinen Weg in Jesus Christus heute mit zu gehen und es mutig wagen, uns in unserem persönlichen und gesellschaftlichen Alltag auf die erfahrene und geglaubte Gottesgegenwart einzulassen und neue Schritte im Horizont von Liebe, Gerechtigkeit, Frieden, neue Schritte im Reich Gottes zu gehen. Es macht für mich den Kern christlichen Glaubens aus, dass Gottes Anrede in und durch sein Wort, die ich als persönliche Berufung erfahre, in Innerlichkeit und kommunikativem Engagement erlebt und gelebt werden will: Gott lieben von ganzem Herzen, von ganzer Seele, mit all seiner Kraft und seinem ganzen Gemüt und seinen Nächsten lieben wie sich selbst, (Dtn. 6,5; Lev. 19,18; Lk. 10,27) das heißt christlich glauben und ist das Wesen christlicher Spiritualität. Oder, mit Roger Schutz, dem Gründer der Communauté von Taizé formuliert: Kampf und Kontemplation im heute Gottes bedeutet Glauben in der Nachfolge Jesu.

Teil 4
Glauben teilen

Es ist die Aufgabe von Theologie und Kirche, neue Wege zum Glaubensgespräch zu öffnen. Zu einem Glaubensgespräch, das offensteht für sehr unterschiedliche Erfahrungen und Traditionen. Zu einem Gespräch, in dem Glauben, Gotteswahrnehmungen und Wertorientierungen thematisiert werden können in einer Art und Weise, die Menschen nicht nur zu Hörenden und Belehrten macht, sondern als teilnehmende Beteiligte ernst nimmt, sie zu eigenem Reden und Handeln ermächtigt und uns so miteinander die Chance gibt zur kreativen Artikulation und einer engagierten Gestaltung dessen, was Glauben heißt. Anders wird die allgemeine Sprachlosigkeit in Glaubensfragen nicht zu überwinden sein, die die Rede von Gott jenseits unserer Kirchenmauern verstummen lässt und den christlichen Glauben so „privatisiert" und im gesellschaftlichen und kulturellen Raum des öffentlichen Lebens irrelevant werden lässt. Glauben lebt, indem wir ihn teilen. Glauben wächst, indem wir einander an unserem Glauben teilgeben und einander erzählen, was uns im Leben trägt, was uns bewegt und was uns Orientierung schenkt. In solchen Gesprächen vergewissern wir uns unseres Glaubens als der tragenden Bezugsform unserer Identität. Indem ich „meinen Glauben" in Begegnung und Gespräch teilen kann, erfahre ich seine Stimmigkeit (oder Unstimmigkeit), erfahre Vergewisserung und Kritik: Meine geglaubte Identität gewinnt sich im Raum geteilter Gemeinschaft. Kirche hat genau so viel Zukunft, wie es ihr gelingt, Menschen zu gewinnen, ihren Glauben zu teilen.

Kapitel 18
Miteinander glauben

Mein Glauben bestimmt wesentlich mein Selbstverständnis. Was mich trägt, bewegt oder orientiert, bestimmt meine Identität. Dieser Fährte gehe ich nun weiter nach und frage, was Glauben und Identität miteinander zu tun haben.

1 Glauben und Identität

Der kanadische Sozialphilosoph Charles Taylor kann unserem Nachdenken über die Frage, was Identität ausmacht und sie stärken kann, dabei einige wertvolle Hinweise geben. Seine Überlegungen in „Quellen des Selbst. Die Entstehung der neuzeitlichen Identität"[56] von 1993 führen uns zugleich in die Mitte dessen, was Glauben ist und wie Glauben unser Leben und unser Verhalten bewegt.

Charles Taylor steigt bei der Frage nach dem, was Identität ausmacht, ethisch ein. Dabei versteht er unter Ethik mehr als die Frage danach, was man tun soll. Ethik ist mehr als Moral. Die Grundfrage der Ethik ist für ihn die Frage nach dem, was ein Leben zu einem guten Leben macht. Was macht für mich ein gutes Leben aus? Was macht, dass ich sagen kann, mein Leben ist gut? Wodurch wird das Leben für mich lebenswert? (Quellen 17) Und wenn jemand das Gefühl hat, sein Leben entsprechend seiner Vorstellung von einem guten Leben gestalten zu können, dann wird er sich in seinem Leben zuhause fühlen. Taylor stellt fest, dass wir unsere Vorstellungen davon, was unser Leben zu einem guten Leben macht, nicht jeweils neu formulieren müssen, wenn wir uns entscheiden. Das würde unser Leben ja auch sehr kompliziert machen. Meistens entscheiden wir aus dem Bauch heraus. Wir sagen (oder denken uns): „Das Kleid passt zu mir!" „In dieser Wohnung fühle ich mich wohl." „Das gefällt mir." Oder „Das ärgert mich." – Was wir wollen und was wir nicht wollen, das ergibt sich für uns meistens ganz intuitiv. Darin aber drückt sich viel von dem aus, wer wir sind und was „unsere Identität" ausmacht. Wir brauchen dafür alltäglich weder eine Ethik noch eine Theologie. Wir verhalten uns einfach so, intuitiv, „aus dem Bauch heraus".

Meistens sind solche Urteile mit starken Gefühlen verbunden: Darauf habe ich Lust oder davor habe ich Angst; das zieht mich an und jenes stößt mich ab. In diesen Gefühlen liegen unausgesprochene Bewertungen. Sie sind nicht ausformuliert und oft auch gar nicht bewusst. Sie sind gefühlsmäßig. Taylor spricht von „starken gefühlsmäßigen Wertungen" wie Lust, Ärger, Angst etc. Das ist natürlich nicht dauernd so. Das würde uns emotional wohl auch ziemlich überfordern.

Aber wenn es an den Kern unserer Persönlichkeit geht, wenn es um Achtung und Würde oder Integrität geht, dann kann es schon mal hoch hergehen. Wenn es uns persönlich betrifft, dann kann uns das begeistern, oder es kommt zu Streit und Auseinandersetzungen, wenn wir verschiedener Meinung sind. Nicht nur persönlich, sondern auch gesellschaftlich. Das erleben wir gerade in Deutschland im politischen Konflikt zwischen Anhängern der AfD und anderen politischen Lagern. Und dabei kommen „starke gefühlsmäßige Wertungen ins Spiel" – vornehm ausgedrückt. Dann geht's ans Eingemachte – und dann mag es irgendwann doch gut und hilfreich sein, sich die eigenen Wertungen bewusst zu machen und darüber nachzudenken.

Auch wenn meine Gefühle aus dem Bauch kommen und „auf einmal da sind", kommen sie ja nicht aus dem Nichts. Sie haben einen Grund, der tief in mich eingezeichnet ist: mein inneres Bild von dem, was Leben für mich bedeutet. Charles Taylor spricht von einem in mir verborgenen „Hintergrundbild", das darüber bestimmt, wie ich die Welt, wie ich mich selbst und das Leben sehe. Dieses innere Bild ist einfach da. So wie es ist, so ist es. Es ist selbstverständlich da und richtig. Da denke ich normalerweise gar nicht viel drüber nach. Mein Hintergrundbild bleibt meist „unausgesprochen" und als Unausgesprochenes auch unbewusst. Es lebt im verborgenen Raum meiner „Innerlichkeit" und es bestimmt meine innere Lebenskultur.

In dieses Hintergrundbild finden sich meine Werte von einem guten Leben wie hineingemalt. Aus diesem Bild steigen da und dort meine „starken gefühlsmäßigen Bewertungen" auf, besonders dann, wenn es für mich buchstäblich um das geht, was das Leben für mich gut macht. Diesen ganzen Zusammenhang nennt Taylor spirituell. Und wo es spirituell zugeht, da ist Glauben – zumindest – im Spiel.

„Wir alle begreifen unser Leben und/oder den Raum, in dem wir unser Leben führen, als etwas, das eine bestimmte moralisch-spirituelle Form aufweist. Irgendwo – in irgendeiner Tätigkeit oder in irgendeinem Zustand – liegt eine gewisse Fülle oder ein gewisser Reichtum. Soll heißen: an diesem Ort (in dieser Tätigkeit oder in

diesem Zustand) ist das Leben voller, reicher, tiefer, lohnender, bewundernswerter und in höherem Maße das, was es sein sollte. ... Oft fühlt man sich dabei tief bewegt, ja beseelt."[57]

Glauben äußert sich also meistens nur indirekt. Er geht mit unserem Reden und Tun einher. Glauben spricht sich meist „von innen her" nur implizit aus. Doch das alles ist nicht nur ein innerer, bloß subjektiver Vorgang. Denn ganz viel von meinem inneren Hintergrundbild teilen andere Menschen. Und wenn das nicht so ist, dann wird es schwierig und konflikthaft. Besonders schwierig wird es allerdings, wenn ich der Einzige bin, der so denkt und fühlt. Vermutlich werden mich die anderen dann für verrückt halten. Dann werde ich – hoffentlich – anfangen über mich und mein inneres Bild von der Welt und vom Leben nachzudenken – jedenfalls, wenn ich nicht wirklich verrückt bin.

Mein inneres Hintergrundbild hat eine soziale Seite. Es ist nicht nur in mir, in meinem Inneren. Ich erlebe seine „Stimmigkeit" in der Begegnung mit anderen. Seine Plausibilität und Mächtigkeit gewinnt es dadurch, dass es von anderen geteilt wird, also aus seiner soziokulturellen Wirklichkeit. Ich bin ja nicht allein mit meiner Weise, das Leben anzuschauen. Viele Menschen, mit denen ich zusammengehöre, teilen „mein Weltbild". Ja, wir gehören zusammen, indem wir diese Art und Weise, das Leben anzuschauen, durch Sprache teilen. So wie „ich" das Leben anschaue, so schaut „man" oder so schauen zumindest „wir" das Leben an. Meine innere Lebenskultur entspricht der äußeren Lebenskultur, die ich erlebe. Und wenn das nicht so ist, dann fühle ich mich unwohl, dann verunsichert mich das, und dann kann ich auch mal heftig reagieren.

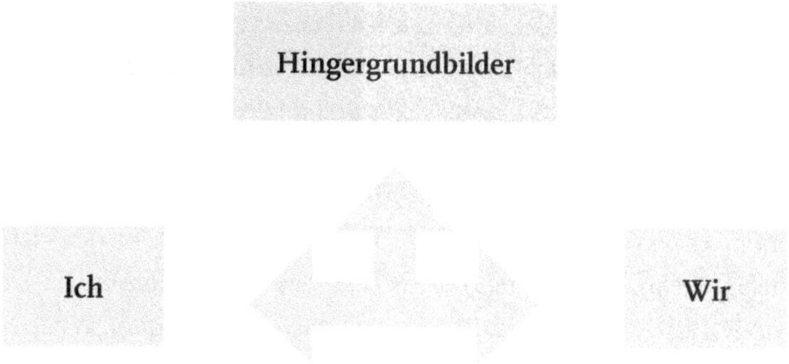

Hingergrundbilder

Ich ⬅ ⬆ ➡ Wir

Abbildung 1

Dieser soziokulturelle Hintergrund, in dem wir uns verstehen, wandelt sich. Die Art und Weise, wie „man" sich heute in Europa versteht, ist alles andere als selbst-verständlich. Vor 500 Jahren zum Beispiel war es in Europa praktisch unmöglich, nicht an Gott zu glauben. Heute fällt es vielen nicht nur leicht, sondern es kommt ihnen geradezu unumgänglich vor, nicht an Gott zu glauben. Was ist da passiert? Wie hat sich unsere neuzeitliche Identität herausgebildet? „Welches ist das Bild unserer spirituellen Natur und unserer spirituellen Bedrängnis, durch das unsere Reaktionen verständlich werden?" fragt Taylor dabei weiter und stellt fest: *„Die neuzeitliche Entwicklung ist nicht bloß eine Geschichte des Verlustes, der Subtraktion. Der ausschlaggebende Unterschied (zwischen 1500 und heute) ist ein Wandel in der Auffassung dessen, was in meiner Terminologie „Fülle" heißt: ein Wandel von einer Situation, in der unsere höchsten spirituellen und moralischen Bestrebungen unvermeidlich auf Gott verweisen und, wie man sagen könnte, ohne Gott keinen Sinn haben, hin zu einer Situation, in der es möglich ist, diese Bestrebungen mit einer Unmenge verschiedener Quellen in Verbindung zu bringen, und in der sie oft auf Quellen bezogen werden, die die Existenz Gottes bestreiten."* (Säkulares Zeitalter 52f)

Taylor versucht so „*auszubuchstabieren, was bei all dem (unseren alltäglichen Reaktionen, intuitiven Wertungen etc.) vorausgesetzt wird hinsichtlich unserer selbst und unserer Lage in der Welt.*" (Quellen 17)

Identität bedeutet, eine bestimmte Perspektive einzunehmen, also einen Standpunkt zu haben. Der Raum, in dem ich diese Perspektive einnehme, ist ein besonderer Raum. Es ist ein Raum von Fragen, und zwar von wichtigen Fragen, so wichtig, dass sie nicht abgewiesen werden können (Quellen 209): Nach dem Sinn, nach dem Guten. Identität zu haben, heißt, in diesem Raum von Fragen eine eigene Perspektive einzunehmen. Das ist gar nicht so einfach und verlangt nach Mühe und Anstrengung, denn der Ort, an dem ich ja schon stehe und von dem her ich die Welt anschaue, ist mir selbst verborgen. Bemühen um Identität ist das engagierte Positionieren an dem Ort, von dem aus ich die Wirklichkeit anschaue und an dem ich angesprochen werden möchte. Es ist der Ort meines Glaubens: „Hier stehe ich, ich kann nicht anders". Es ist der Platz, an dem ich stehe und die Richtung, von der her ich auf die Wirklichkeit schaue. Es ist „meine Perspektive", die darüber bestimmt, was ich sehe und wie ich es wahrnehme.

Diese Perspektive nun wiederum selbst anzuschauen und zu reflektieren, das ist alles andere als eine einfache Aufgabe, denn sie bildet unseren eigentlichen „blinden Fleck". „Der blinde Fleck ist der Quellort unserer Aufmerksamkeit in uns bzw. um uns. Es ist der Ort, von dem aus wir handeln, wenn wir handeln."[60] Wir können nicht in unsere eigenen Augen sehen. Es braucht eine andere Perspektive dafür. Eine Perspektive auf uns. Und die können wir nicht allein gewinnen. Wir brauchen dafür einander und das Gespräch über unseren Glauben. Wir brauchen es, auf das, was uns bewegt, angesprochen zu werden, weil uns das die Chance gibt, im Dialog mit anderen uns an den Quellort unseres Denkens und Handelns sprachlich heranzutasten. Wir brauchen dieses Gespräch, weil es uns herausfordert, die uns motivierenden Hintergrundbilder so auszudrücken, dass wir darin für andere verständlich werden. Und dabei beginnen wir, uns selbst besser zu verstehen. Denn so sehr uns auch unsere inneren Glaubensüberzeugungen bestimmen, so sehr wird uns im Suchen nach den Bildern und Worten doch auch deutlich, dass die formulierten Vorstellungen etwas Ungewisses an sich haben. In der immer wieder neuen Aufgabe, die inneren Quellen unserer selbst auszudrücken, liegt eine kreative Herausforderung. Aber nur indem wir uns dieser kreativen Aufgabe stellen, unseren Glauben zu artikulieren, heben wir ihn aus seiner inneren Verborgenheit und wird er für uns selbst sichtbar. Aus dem empfundenen Glauben wird so ein bewusster. Es ist einfach so: Um seiner Lebendigkeit willen bedarf mein Glaube der Möglichkeit sich auszudrücken – und das geschieht vor allem im Dialog. Nur so wird er zu „meinem" Glauben – und das geht nicht ohne den Anderen, mit dem ich im Glaubensgespräch stehe.

2 Im Anfang ist Beziehung

Kennen Sie Loriots berühmte Nudel-Geschichte: „Du hast da was." – „Nicht jetzt!" Es ist eine Nudel, die da am Mund baumelt, während „er" „ihr" eine Erklärung machen will. Doch „er" will sich von „ihr" jetzt nicht unterbrechen lassen. Hätte „er" mal lieber! Doch: Niemand von uns kann sich selber sehen. Jedenfalls nicht das eigene Gesicht. Und das, obwohl wir doch von allen anderen genau daran, an unserem Gesicht, wahrgenommen und erkannt werden. Wer wir selbst sind, die Perspektive, aus der wir auf die Welt schauen und die Wirklichkeit sehen, unser Ge-sicht ist zugleich unser blinder Fleck. Wir stehen auf unserem „point of view", ja, wir sind es in gewissem Maße ja selbst. Es ist unser „Ich", das da schaut und sich in seinem Schauen ja nicht selbst betrachten kann.

Natürlich können wir uns im Spiegel betrachten. Aber das wäre doch im Alltag etwas umständlich und auch störend, wenn wir ständig mit einem Spiegel in der Hand rumlaufen und uns selbst betrachten würden. Also müssen wir damit leben, dass wir gerade nicht sehen können, wie wir „so drauf sind" und auf andere wirken. Das müssen wir sozusagen am Gesicht und den Reaktionen der anderen ablesen. Weil wir uns alltäglich halt nur an den anderen sehen können – und uns daran wahrnehmen. Nett ist, wenn die uns an dem, was sie an uns wahrnehmen, auch mal direkt teilhaben lassen – und uns nicht bloß stumm irritiert anschauen, weil da etwa eine Nudel in meinem Gesicht klebt. Wir brauchen ein solches direktes Feedback, wir brauchen die Resonanz auf uns, um uns selbst zu verstehen. Denn: Ich erlebe mich an anderen. An ihren Reaktionen nehme ich mich selbst wahr.

Darin steckt eine tiefere Wahrheit, die auch für das Verständnis dessen, was Glauben ist, wichtig und bedeutsam ist: Wir Menschen verstehen uns nicht „von selbst". Wir verstehen uns im Gegenüber zu anderen Menschen. So können uns die anderen zur Hölle werden (Jean Paul Sartre). Die anderen sind es aber auch, durch die wir unsere Menschlichkeit gewinnen. Die erste dieser bedeutsamen Personen in unserem Leben, das war unsere eigene Mutter. Als wir noch in ihrem Bauch waren, da war sie für uns sogar „unsere ganze Welt". Da gab es noch gar kein „Ich".

Am Anfang gehört das Kind ja noch ganz zu ihr. Am Anfang sind Mutter und Kind eins. Ein Körper. Ein Leib. Am Anfang gibt es noch gar keinen Unterschied, keine Abgren-

zung zwischen Mutter und Kind, zwischen „dir" und „mir".
„Psychologisch gesehen trinkt das Kind von einer Brust, die zu seinem Selbst gehört ..." beschrieb der englische Kinderarzt und Psychoanalytiker Donald Winnicott diese erlebnismäßige Ungeschiedenheit von Mutter und Kind.[61] Das Kind erlebt sich am Anfang seines Lebens nicht als ein „Einzelwesen" im Gegenüber zur Mutter. Vielmehr erlebt es sich und seine Mutter als ein Ganzes. Am Anfang steht die Erfahrung von Ganzheit – und nicht die Erfahrung „Ich bin ich ... und da ist ja noch jemand." Ganz im Gegenteil: Am Anfang der Entwicklung unseres kleinen Bewusstseins steht die Erfahrung der Mutter, in deren Wirklichkeit ich selbst ganz aufgehe.

Am Anfang also ist nicht „ich". Erst mit der Geburt werden die beiden, Mutter und Kind, spürbar „zwei" – ohne dass das Kind sich aber schon so erlebt. Dass wir uns als eine andere Person wahrnehmen und dann irgendwann auch als eine eigene mit einem sich seiner selbst bewusst werdenden „Ich", also mit „Identität", das ist ein ganz allmählicher Prozess. Und der geschieht zunächst wesentlich im Gegenüber zur Mutter: Sie lacht. Sie ruft. Sie spiegelt das Wesen des Kindes im eigenen Gesicht und Verhalten. An ihren Reaktionen erlebt sich das Kind. Allgemeiner formuliert: Im Angesicht des ihm bedeutsamen Anderen (DU), in der frühen Kindheit also vor allem die Mutter, nimmt das ICH sich selbst wahr. Das DU steht vor dem Erwachen des ICH.

Am Anfang dieses Erwachens steht die Entdeckung der Unterschiedlichkeit. Ich bin nicht meine Mutter. Ich entdecke, dass du nicht ICH bist. Und ich bin nicht du. Wir sind zwei verschiedene Menschen. Ich bin ein anderer Mensch als du. Ich bin ein eigener Mensch. Ich kann selbst etwas tun. Ich kann selbst etwas bewirken. Ich kann selbst über mich und über die Welt bestimmen. Wir nennen dieses Erwachen dann wohl die

Trotzphase oder später die Pubertät. Meistens ist das dann mit Ärger und Konflikten verbunden. Für alle Beteiligten sind diese Zeiten jedenfalls alles andere als einfach. Aber anders geht „Identitätsbildung" nun mal nicht. Sie ist eben nichts, was nur einfach innerlich in uns drin abläuft. Vielmehr entwickelt sich Identität sozial – im Gegenüber und mit anderen Menschen. Und sie hat damit zu tun, dass wir uns zum „Ganzen" und zu den Menschen um uns her, ganz besonders zu den für uns bedeutsamen Menschen, zu verhalten lernen.

Eigentümlich erzählt davon die Herkunft „meines" Namens. Werde ich gefragt: „Wer bist Du?", dann antworte ich mit meinem Namen. Doch diesen Namen, mit dem ich mich wie mit sonst nichts identisch weiß, habe ich mir nicht mal selbst gewählt. Mein Name wurde mir gegeben. Immer wieder wurde ich mit diesem Namen gerufen. Und irgendwann habe ich geschlossen: „Christoph? Das bin wohl ich! Ich bin Christoph." Dieser Schluss fiel mir nicht allzu schwer, weil ich gewohnt bin, mich selbst so wahrzunehmen, wie ich von außen angeschaut und angesprochen werde. Nicht von jedermann, wohl aber von den für mich bedeutsamen DUs.

Die Beziehung, die Erfahrung des Angeschaut- und Angesprochen-Seins im Gegenüber zum bedeutsamen DU, steht vor meinem Nachdenken über mich selbst. Es geschieht einfach, dass mich meine Mutter anschaut und ich mich in ihrem Gesicht gespiegelt erlebe, dass sie mich anlacht und anspricht – und ich mich darin „selbst" erlebe, ohne dass mir das unmittelbar bewusst wird. Es geschieht einfach, und ich erlebe mich darin.

In dieser besonderen Begabung, sich selbst vom Anderen her in „geteilter Intentionalität" zu verstehen, sieht der Anthropologe und Verhaltensforscher Michael Tomasello das, was den Menschen vom Tier unterscheidet.[62] Auf ihrem Entwicklungsweg zu einer kognitiven und moralischen Identität begeben sich

Kleinkinder in kooperative Tätigkeiten, die von der besonderen menschlichen Fähigkeit getragen sind, die Perspektive des Anderen einzunehmen, sich selbst vom Anderen her zu verstehen und dabei ein gemeinsames Wir zu entwickeln.

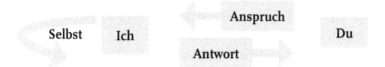

Abbildung 2

Am Anfang also ist Beziehung, Mit-Sein. Erst im Mit-Sein werde ich zum ICH. Nun ist Mit-Sein ein sehr abstraktes Wort. Wie füllt sich dieses Mit-Sein? Es gibt in allen Sprachen der Welt dafür eine Klasse von Verben. Sie beschreiben kein Tun in uns, sondern „ein Geschehen zwischen uns". Es sind kommunikative Begriffe: „lieben" oder „vertrauen". Ich nenne sie interaktive Begriffe.

3 Ich glaube dir

Zu diesen „interaktiven Verben" gehört auch das Wort „glauben". Glauben ist auch ein Beziehungswort. Etwas, das in einem „zwischen" geschieht. Zwischen uns. Oder: zwischen Gott und mir. Glauben jedenfalls geschieht nicht bloß innerlich in mir. Zum Glauben braucht es immer einen Anderen. Selbst wenn ich mir selbst dieser Andere bin, an den ich glaube. Und in diesem „Glauben" im Gegenüber zu einem anderen gewinne ich mich selbst.

Ich habe das eindrücklich erlebt auf einer 5-tägigen Zen-Schweige-Session. Von morgens bis abends wurde stumm im Kreis gesessen, der Blick auf die Kerze in der Mitte gerichtet. Ein Weg in die Stille, ins Schweigen. Erst schweigt der Mund, der Raum, der Körper, der Blick. Nach und nach fällt auch das Innenleben in Schweigen. Gedanken an gestern, Gedanken an morgen, das Gefühl für das, was jetzt ist, das eigene Wollen, das eigene Wissen – alles verliert sich im Schweigen. Bis ich einfach nur noch da bin, weil ich eben da bin.

Eine eigentümliche Frage holte mich nach und nach ein: „Wer bin ich?" Und zwar: nur ich. Ich ohne Prädikat. Wer oder was ist mein „nacktes Ich"? Wer bin ich ohne alles Tun, ohne alles Begehren, ohne alle Welt, selbst ohne mich, der ich über mich nachdenke? Wer bin ich an und für sich? Wer ist ICH für sich? Ein ICH ohne Gedanken, Gefühle, Bilder. Ich ohne Objekt und Prädikat. Das bloße ICH.

Wer der Frage nachgeht, begibt sich in einen Prozess der Häutungen. Der zieht sich sozusagen nach und nach aus. Gleich einer Zwiebel, die Schale um Schale abstreift. Bis wohin? Was bleibt, wenn Haut um Haut abgestreift wurde? Wer ist das ICH, das denkt, das fühlt, das die Welt begreift? Wer ist das ICH ohne DU und ohne WELT? Gibt es dieses „ICH für sich" überhaupt? Kann ich meinem Ich ohne Du überhaupt begegnen? Denn wenn ich so mit mir unterwegs bin, dann werde ich mir ja gewöhnlich selbst zu diesem Du, das sich nachdenklich über sich beugt und dabei seiner selbst ansichtig wird.

Wer so nachdenkt, folgt seinem ICH in eine sehr stille und einsame Welt. Auf einer ersten Spur folgte ich mir selbst in mich hinein. „Ich habe mich doch in mir", dachte ich. Dann merkte ich, dass ich eigentlich auch dieses Ich, das sich da forschend auf den Weg nach sich selbst begibt, lassen müsste, um selbst – und allein für mich – als „nacktes Ich" auf der Spur bleiben zu können. Doch wenn kein Gedanke mehr dem nackten ICH folgt, das ja allein angetroffen werden soll, von wem soll es dann wahrgenommen werden. Von mir? Aber wie?

Ich kann das nur, indem mein nacktes Ich einfach da ist im Gegenüber zu Gott. Ich begebe mich glaubend ganz in seine Gegenwart. In der Stille des Gebetes lasse ich mich von Gott anschauen. Gott sieht mich. Er hört mich. Er nimmt mich liebevoll wahr. Und ich schaue einzig nach dem, der nach mir schaut. In diesem liebevollen Gegenüber bin ich, so wie ich bin, und empfange mich so glaubend aus Gottes liebevollem Anblick. So schenkt mir Gott mein Ansehen. Meine Würde. So empfange ich mich glaubend in und aus Gott. Aus der Grundbeziehung, aus der ich lebe. In der Gegenwart dieses großen DU bin ICH und empfange in seinem Ansehen meine Würde und wahre Identität.

Ich fasse die Überlegungen nochmal so zusammen: ICH kann nur von einem DU angetroffen werden. Es gib kein ICH ohne DU. Erst im Moment der persönlichen Begegnung spürt das ICH sich selbst und erscheint dem Anderen und so auch sich selbst. An dessen Wahr-nehmung und Antwort nimmt sich das ICH selbst wahr. „Weil DU bist, bin ich." ICH wird in Beziehung.

Wo ein Mensch sich selbst in und aus der Beziehung zu einem Du gewinnt, sprechen wir von „lieben". Die Grunderfahrung des Glaubens ist die Liebe. Solches Lieben verlangt nach einem „lassen". Ich „über-lasse" mich dem Anderen, getragen von dem elementaren Vertrauen, dass der Andere mir gut ist. Das Kleinstkind hat nichts anderes als dieses Vertrauen, mit dem es versucht, die Welt und sich selbst zu gewinnen – und es findet dabei hoffentlich die Liebe seiner Mutter, auf die es angelegt ist, sodass es leben und seine Identität entwickeln kann.

Durch Vertrauen, Lieben und Glauben werden wir „wir selbst". Vertrauen, Glauben und Lieben sind die Grundworte, die das In-Beziehung-Sein des Menschen tragen. Es sind Beziehungsworte, Grundworte lebendiger Beziehung, interaktive Worte. Sie prägen die Ausbildung einer gesunden Identität in unserer Kindheit, aber genauso auch später, wenn wir groß und erwachsen geworden sind, ja selbst wenn wir alt und sterbensalt sind. Denn die suchende Frage nach uns selbst hört nie auf. Auch dann, wenn der Mensch erwachsen und reif ist, hat er sich noch nicht. Er denkt sich nach und bleibt sich dabei immer selbst hinterher. Das Wort verrät es schon: nach-denken. Denkend ist der Mensch sich selbst immer hinterher. Erst bin ich, dann denke ich „über mich" nach.

Das gilt besonders für „identitätsstiftende" Erlebnisse, für Glaubens-erlebnisse. Für diese besonderen Augenblicke, in denen ich mir meiner selbst gewiss werde. Das sind ja nicht Momente, in denen ich mich erdenke. Ich er-denke mich nicht! Ich bin. Und ich bin nicht einsam für mich allein, sondern ich bin in Beziehung. Solche Erfahrungen, die mich unmittelbar betreffen und bewegen, kennen nur eine Zeitform: das Jetzt, den Augenblick.

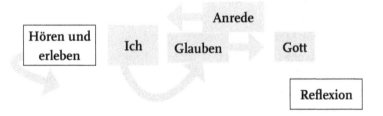

Abbildung 3

Das Jetzt, der Augenblick, in dem das ICH sich in seiner Identität erfährt, aber bleibt ein dem Denken unzugängliches Terrain. Das Denken kommt ... aber es kommt immer hinterher und als ein Zweites. Was im Augenblick selbst geschieht, kann vom Denken nicht beobachtet werden. Dieser Augenblick „gehört" nicht dem Denken, sondern dem Glauben. Ihm, dem Glauben, gehört das Licht des offenbarenden Augenblicks, in dem sich das Ich an dem ihm bedeutsamen Du erlebt. Das Denken bleibt dabei außen vor. Das Denken kann den Glauben bis dahin begleiten, es kann ihn danach wieder abholen und ins Gespräch nehmen, um das Erlebte in Begriffe zu fassen, um ICH und DU und WELT wieder neu zuzuordnen und abzugrenzen. Aber das Glaubensereignis kann in der unmittelbaren Begegnung nicht zugleich wahrgenommen und reflektiert werden. Das ICH bedarf solcher Glaubensmomente der existentiellen Selbstvergewisserung immer wieder. Es bleibt, auch als erwachsenes und reifes ICH, darauf angewiesen, sich am DU zu erkennen.

4 Ich glaube Gott

Ganz alltäglich leben wir von Feedbacks und Rückmeldungen, von Wahrnehmung und Wertschätzung. Abschätzige Blicke, spöttisch verzogene Mundwinkel, abfällig genuschelte Worte nehmen wir aufmerksam wahr – genauso wie anerkennende Blicke, lobende Worte, beziehungsstiftende Gesten. Es ist uns wichtig, wie die anderen uns anschauen, insbesondere die für uns bedeutsamen anderen. Wie sie uns anschauen, bestimmt unser Ansehen und stiftet unser Selbstverständnis. Dieser Grundakt ist das Glauben. Glauben ist das Sich-Empfangen im Angeschaut-Sein und Angesprochen-Werden durch den Anderen. Ich glaube, von wem ich mich im Grunde meiner

Existenz und im Kern meines Wesens in Wahrheit angeschaut weiß. Glauben heißt, sich in die Gegenwart seines Augen-blickes zu stellen. Von dem, dem ich glaube, empfange ich mein An-sehen und meine Ehre. Oder umgekehrt: In die Hände dessen, dem ich glaube, lege ich meine Ehre. Glauben stiftet Würde.

Dieses große, alle anderen DU's übersteigende „DU" ist der Gott des Glaubens. In Gott werden alle irdischen Personen und Instanzen, auch die eigenen Eltern, auch die großen gesellschaftlichen Instanzen, kritisch überschritten und mein ICH damit in Bezug zu einem DU gestellt, das mir gut und meine Freiheit will: das mir in Gnade begegnet. Vor dem ich sein darf, wie ich bin. Jede Begegnung ist grundsätzlich für diese Erfahrung offen. In jeder Berührung durch einen Anderen kann mir die Zuwendung Gottes aufstrahlen. *„Wenn ich einem anderen wirklich begegne, geht mir sein Geheimnis und mein eigenes auf. Indem ich ihn in seinem Herzen berühre, berühre ich auch ein Geheimnis, das uns beide übersteigt, das Geheimnis Gottes. Es entsteht eine Dichte und Gegenwart, die Zeit steht still, ein Fenster tut sich auf, ein Geheimnis wird spürbar, Gottes Licht und Gottes Liebe leuchten auf."*[63] Gott ist das große „DU", an dem sich mein ICH empfängt und in Freiheit verstehen und gründen kann. An dem ich zur Person werde. Es gibt deshalb kein absolutes Glauben für sich. Glauben ist immer ein „in Gott Glauben" (credere in).

Glauben führt zur Gottesfrage. Martin Luther nennt in seinem Großen Katechismus das, worauf sich ein Glaubensakt richtet, seinen Gott: *„Ein Gott heißet das, wozu man sich versehen soll alles Guten und Zuflucht haben in allen Nöten. Also, dass einen Gott haben nichts Anderes ist, denn ihm von Herzen trauen und glauben, wie ich oft gesagt habe, dass allein das Trauen und Glauben des Herzens machet beide Gott und Abgott. Ist der Glaube und*

Vertrauen recht, so ist auch dein Gott recht, und wiederum, wo das Vertrauen falsch und unrecht ist, da ist auch der rechte Gott nicht. Denn die zwei gehören zuhauf, Glauben und Gott. Worauf du nun (sage ich) Dein Herz hängest und verlässest, das ist eigentlich Dein Gott." (Luther, Großer Katechismus)

„Sein Herz geben" – „*cor dare*" in dieser Wendung dürfte die Wurzel für *credere*, das lateinische Wort für „*glauben*" liegen. Woran ich mein Herz hänge und mich glaubend verlasse, das ist, so Luther, mein Gott. Glauben und Gott gehören zusammen.

Aufgabe einer kritischen Theologie ist es, dafür Sorge zu tragen, dass das göttliche DU deutlich unterschieden bleibt von anderen irdischen, bedeutsamen Instanzen und deren Ansprüche nicht repräsentativ in sich versammelt und mit der Autorität des Absoluten ausstattet.

Bei Taufen wird dem Täufling häufig ein Vers aus dem Jesaja-Buch mit auf den Weg gegeben, der genau das ausdrückt und vermittelt: *„Fürchte dich nicht! Ich habe dich bei deinem Namen gerufen: Du bist mein."* (Jesaja 43,1) Und es ist ja auch genau die Taufe, in der sich mir Gott als das große DU verspricht. Es ist eine Beziehung der Liebe. Aus dieser Beziehung gewinnt der Mensch seine Würde.

Weil diese Beziehung so persönlich ist und wir uns keine so persönliche Beziehung zu einem nicht-menschlichen Wesen denken können, stellen wir uns Gott in personalen Bildern wie einen Menschen vor. Gott erscheint uns persönlich. Gott schaut uns persönlich an. Gott spricht uns persönlich an. Und daraus schließen wir auf Gott als einer Person mit menschlichen Zügen. So ist Gott uns in Jesus Christus ja auch nahe gekommen.

Dass die Gotteswirklichkeit uns persönlich begegnet und wir deshalb von ihr nicht anders als in menschlichen Bildern und Metaphern erzählen können, bedeutet nicht, dass die Gotteswirklichkeit selbst wie ein Mensch ist. Die Gotteswirklichkeit ist für uns nur nicht anders vorstellbar. Sobald wir uns die Gotteswirklichkeit aber personhaft vorstellen, malen wir uns ihre Gestalt in menschlichen Zügen aus. Wir geben ihr ein Gesicht mit Mund, Augen und Ohren. Denn wie sollen wir uns jemand vorstellen, der uns persönlich und liebevoll zugewandt ist, wenn nicht als ein Wesen mit menschlichen Zügen. Gott erscheint uns wie ein Mensch. Aber Gott ist kein Mensch. Gott ist Gott. Doch nur in menschlicher Weise kann Gott uns so nahekommen, dass wir uns in der Mitte unserer Person, in unserem ICH, persönlich angeschaut und berührt erleben. „Die Sprache des Glaubens ist die Sprache des Symbols. ... Symbole, die unser unbedingtes Ergriffensein im Bilde göttlichen Handelns ausdrücken. Die Symbole des Glaubens (wiederum) erscheinen nicht vereinzelt. Sie fügen sich vielmehr zu Göttergeschichten"(Paul Tillich)[64]. Symbol und Mythos sind die Sprache des Glaubens, in denen die Wirklichkeit transparent wird für die Gegenwart des göttlichen Mysteriums.

Gott, der uns persönlich nahekommt als Mitte christlichen Offenbarungsglaubens, erzählen Christen in der Menschwerdung Gottes in Jesus Christus. Hier ereignet sich inmitten der Geschichte, was wir ansonsten nur als geistliche Wirklichkeit erfahren. Jesus Christus ist der Lebensgrund des Glaubens. Er ist, wie es im Hebräerbrief heißt, „der Anfänger und der Vollender des Glaubens" (Hebr. 12,2). In ihm kehrt sich das innerste Geheimnis des Lebens nach außen und erscheint inmitten unserer Geschichte. In ihm ist Gott Mensch geworden. In ihm sucht der lebendige Gott die Begegnung mit uns. In ihm hat sich Gott als der offenbart, der mit uns ist. In ihm schaut uns Gott an. Durch ihn spricht uns Gott an. Er, Jesus

Christus, ist das lebendige „Wort Gottes", das uns auch heute begegnet und anspricht. Darin liegt das Geheimnis des Glaubens.

Halten wir noch einmal fest: Ich-für-sich gibt es nicht. In der Begegnung mit einem DU erschließt sich dem ICH, wer es ist. *„Das Ich wird am Du."* (Martin Buber)[65] Aus dieser Beziehung gewinnt der Mensch seine personale Würde. Für den Prozess des Glaubens ist das DU konstitutiv: Glauben ist eine Beziehungswirklichkeit. Glauben für sich, ohne ein DU, gibt es nicht. Es ist das DU, von dem sich das ICH selbst empfängt. In der glaubenden Begegnung mit Gott wird das ICH des Menschen zum DU und erfährt darin seine eigentliche Berufung.

Von Gott kann deshalb nicht anders als in personhaft-menschlichen Bildern gesprochen werden. Doch wir sollten uns bewusst sein, dass diese Bilder mehr falsch als richtig sind, und der Weisung der Zehn Gebote folgen: „Mach dir kein Bild von Gott." Wir dürfen uns aber an dem einen Bild orientieren, das Gott von sich selbst gegeben hat: Jesus Christus. Er ist sowohl Vorbild wie Inbegriff des Glaubens.

„Glauben" ist also eine besonders intensive und erfüllte Weise des Erkennens. Es gibt keinen anderen Zugang zum Geheimnis des Lebens, zu Gott und zu mir selbst, als zu glauben. Glauben ist der Weg, Gott nahe zu kommen, und Glauben ist die Weise, in der ich mir meiner selbst gewiss werde. Glauben lebt aus einer Vernunft, die nicht nur Verstand ist, sondern ebenso Geist und Seele, Gemüt und Gefühl. Und Glauben ist keine bloß subjektive und innere Befindlichkeit, sondern eine intersubjektive Wirklichkeit im Raum der Begegnung mit anderen Menschen – und durch sie mit Gott.

5 Glaube erzählt

Es ist mein Glaube, der mir Antwort auf die Frage gibt, wer ich bin. Diese „Antwort" lebt in mir: Ich fühle sie, sie schenkt mir intuitiv Orientierung. Mein Glauben stellt mein Leben zugleich in einen Horizont, der mein Leben übersteigt. Mein Glauben stellt mein Leben in „das Ganze" der Wirklichkeit. Solches Glauben, das meinem Leben Grund und Hoffnung schenkt, ist zugleich immer ein *Glauben* in Beziehung auf jemanden. Es gibt kein Glauben an sich. Glauben blickt über sich hinaus – auf ein anderes und oft auch auf einen anderen. Mit dem Glauben erschließt sich mir mein Leben in einer Wirklichkeit, die über mich hinaus geht – und von der ich mich als angesprochen erfahre. Und dabei geht's immer persönlich zu und intersubjektiv.

Mit einem „Glauben an sich" würde es sich verhalten wie mit einer Liebe, die sich als Gefühl nur selbst meint. Eine Liebe, die in sich selbst verliebt ist, ist aber keine Liebe, sondern Narzissmus. Liebe meint immer einen anderen. Genauso ist es mit dem Glauben. Ein Glaube, der sich selbst glaubt, ist Selbstvergötterung. Glauben ist immer bezogen. Bezogen auf andere und auf einen Horizont, der meinem Leben jenseitig ist und es übersteigt. Glauben stellt mein Leben in Beziehung zu dem, was mein Leben zugleich übersteigt, was ihm „transzendent" ist.

Was ich „meinen Glauben" nenne, das ist aus solchen Begegnungen heraus erwachsen. Glaube lebt aus Begegnungen, die mich im Innersten berühren und bestimmen. Mein Glaube hat eine Geschichte. Mein Glaube ist geschichtlich. Er erzählt sich deshalb auch in Geschichten. Und er stellt mich zugleich in eine Geschichte. Denn die Worte, Bilder und Formen, in denen ich glaube und bete, habe ich mir kaum selbst ausgedacht.

Ich habe sie gelernt. Von meiner Mutter. Von meiner Großmutter. In der Kirche. In der Schule. Sie wurden mir durch sie überliefert. Wer von seinem Glauben erzählt, spricht aus seiner Geschichte heraus. Und er stellt sich in eine Glaubensgeschichte, die weit zurückreicht. Und es tut mir gut und trägt mich in meinem Glauben, dass ich damit nicht allein bin, sondern dass ich mich in einer solch großen und weiten Glaubensgeschichte mit ihren Helden und Dramen verorten kann und darf.

Unser Glaube wandelt sich im Verlauf unserer Biografie. Unser Gottesbild. Unsere Glaubensgestalt. Unsere Glaubenssprache. Es ist ein Wandlungs- und Reifungsprozess, häufig ausgelöst durch Veränderungen in der eigenen Lebensgeschichte und die Begegnung mit anderen, für unser Leben bedeutsamen Menschen. Mit jedem Wandel meinen wir, nun hätten wir den Horizont unseres Denkens erreicht. Bis unser Leben seine nächste Wende nimmt. Manchmal erleben wir das als befreiend, manchmal als sehr verlustreich und schmerzhaft. Danach scheint ein neues Selbst- und Lebensverständnis geboren. Vorher habe ich falsch und unangemessen verstanden: wie ein naives Kind, wie ein überschwänglicher Jugendlicher, wie ein unreifer Erwachsener. In jeder Phase aber wächst uns etwas im Verständnis von Gott und unserem eigenen Leben und Glauben zu, das bleibt. Das, was wir als Kinder oder Jugendliche erlebt haben, ist nicht einfach vorbei und wird überholt durch das, was wir als erwachsene Menschen erfahren und denken. Es enthält genauso viel Wahrheit wie das, was uns heute im Blick auf die Grundfragen unseres Glaubens richtig und wahr erscheint. Ich jedenfalls lebe in meinem Glauben auch von den Eindrücken, die ich als Kind erfahren habe, genauso wie von den Aufbrüchen meiner Jugend und den – teils schmerzhaften – Reifungen im älter werden. Sicher: viele Bilder des Glaubens sind mir zerbrochen. Das war schmerzhaft. Denn mit den Bildern gehen für eine Weile auch Sinn und Orientierung verloren. Das ist schwer auszuhalten. Im Rückblick aber erscheinen mir die Zeiten des Wandels wie Prozesse des Entpuppens. Gott entpuppt sich – anders als gedacht.

Mein Glaube ist nicht fertig. Wie sich der Schmetterling aus der Raupe entpuppt – und sich so entfaltet und befreit, so muss sich auch der Glaube immer wieder aus zu eng gewordenen Gestalten und Bildern befreien. Dabei hilft, sich bewusst zu machen, dass unsere Bilder von Gott nicht Gott selbst sind, sondern eben unsere Bilder, Begriffe und Vorstellungen. Doch ohne sie können wir uns Gott eben auch nicht vorstellen. Ohne sie können wir unseren Glauben nicht ausdrücken und aus unserem Glauben heraus nicht unser Leben gestalten.

Wenn ich mich in diesen Umbrüchen „von Gott getragen" in den „Zweifel an Gott" begebe, erwächst mir der Mut und die Geduld zum Aufbruch an neue Ufer des Glaubens. Mit Gott gegen Gott. Und dabei entpuppt sich Gott als nochmal größer und weiter als meine bisherigen Bilder von „ihm" oder „ihr". Gott ist anders. Gott ist ganz anders als meine Bilder und Vorstellungen von ihm. Mein Glaube kommt ohne solche Bilder und Vorstellungen nicht aus – aber er verödet, wenn er sie nicht immer wieder als bloße Bilder und Götzen entlarvt.

6 Glauben im Strom der Überlieferung

Mein Glaube ist keine angeborene Vernunftwahrheit. Mein Glaube ist überhaupt nicht bloß rational. Glauben ist intuitiv und voller Gefühl. Glauben lebt in Bildern und Geschichten. Glaube singt Lieder. Glauben weint und klagt und streitet. Glauben will nicht allein sein, Glauben sucht nach Gemeinschaft. Und Glauben will zur Welt kommen. Ich habe ihn auch nicht aus mir selbst geboren. Mein Glaube hat eine Geschichte. Und er steht in einer Geschichte. Notwendigerweise. Glauben wächst und gedeiht in Beziehungen und Begegnungen. Glauben ist ein Beziehungswort. Ursächlich und zuallererst in und aus der Begegnung mit Gott in und durch Jesus Christus: aus dem Wirken seines Geistes, im Gebet, im Hören auf sein Wort. Zugleich – denn wo sonst soll das Wort laut und der Geist mich berühren – in der Begegnung und in der Beziehung zu anderen Menschen. Glauben geschieht zwischen uns. Glauben ist wesentlich eine intersubjektive Wirklichkeit.

Als eine intersubjektive Wirklichkeit braucht der Glaube eine Sprache: Symbole, Bilder, Worte, Rituale, Erzählungen, Lieder. *„Ohne Symbole, in denen das Heilige als gegenwärtig erfahren wird, schwindet die Erfahrung des Heiligen überhaupt."*[66] (Paul Tillich) Diese Worte und Bilder, diese Lieder und Lebens- und Ausdrucksformen, in denen mein Glaube sich ausdrückt, habe ich mir nicht selbst ausgedacht. Die allermeisten waren schon da, bevor ich da war. Sie haben eine lange Geschichte. Manche sind Jahrhunderte alt, einige sogar Jahrtausende. Von Generation zu Generation wurden sie überliefert. Menschen haben sich mit ihnen getröstet, haben mit ihnen geklagt, wurden unter ihnen geboren, sind mit ihnen gestorben. Als glaubender Mensch bin ich in diesen Überlieferungsstrom der Geschichte mit hineingenommen. Es sind mir Quellen des Glaubens. Ich habe an dieser Erzählgeschichte des Glaubens teil, gestalte sie ein wenig mit und gebe anderen Menschen daran teil. Indem ich glaube, werde ich Teil dieser Geschichte. Einer Geschichte, die größer ist als ich selbst. Einer Geschichte, die mich mit ihrer Ausdruckskraft trägt. Und als Teil der Geschichte werde ich selbst zu einem Träger, einer Trägerin dieser Geschichte.

Diesen Überlieferungsstrom des Glaubens nennen wir „den Glauben", wie er in der Geschichte Israels und der Kirche geworden ist. Auch dieser Glaube ist sich nicht immer gleichgeblieben. Er hat sich durch die Jahrhunderte hindurch gewandelt. Andere Menschen haben mich in diesen Glauben eingeführt. Ohne sie, ohne diese Glaubenszeugen, würde ich heute nicht glauben. Ohne solche Glaubenszeugen wäre mir Gott ein Fremder geblieben – und ich wäre ein anderer Mensch geworden. Sie haben mich in den Überlieferungsstrom des Glaubens mit hineingenommen und mir so erlaubt, selbst daran teilzunehmen.

Der Glaube kommt so aus der Geschichte auf uns zu und nimmt uns in seine Geschichte mit hinein. Das geschieht, indem der Glaube „kommuniziert" wird. In dem Wort „kommuniziert" steckt das Wort „communio". Das bedeutet Gemeinschaft. Der Glaube wird in Gemeinschaft weitergegeben.

Diese Gesprächs-, Erzähl- und Zeugnisgemeinschaft des Glaubens ist die Kirche. Ohne die Gemeinschaft der Kirche wäre mein Glaube ein sprachloses Phantom. Ihre Verkündigung, ihre Gottesdienste, ihre Lieder und Gebete, die Gemeinschaft, die ich in ihr finde, sie schenkt meinem Glauben die Worte und Bilder, die Lieder und Gebete, aus denen er schöpft. Durch die Gemeinschaft der Kirche bin ich in den Glauben an Jesus Christus eingeführt worden. Durch ihre Verkündigung wurde ich auf den lebendigen Gott gewiesen. Ihr Auftrag besteht darin, für den Überlieferungsstrom des Glaubens einzustehen. Das ist ihre Mission. Denn das Evangelium ist für die Menschen da.[67]

Christlicher Glaube ist deshalb von seinem Wesen her gemeinschaftlich. Er lebt aus seiner Überlieferung. Und christlich glauben bedeutet, an diesem Überlieferungsgeschehen selbst teilzuhaben, teilzunehmen und teilzugeben. Das bedeutet, dass dieses Überlieferungsgeschehen nicht bloß ein äußeres Geschehen ist. Es nimmt die Menschen, die daran teilnehmen, persönlich ganz in Anspruch.

Glauben geschieht also in drei Dimensionen: einer subjektiv-existentiellen, einer intersubjektiven und einer überlieferungsgetragenen. Im Wechselspiel dieser drei Dimensionen ereignet sich Gegenwart Gottes („Gott glauben"), die wiederum Glauben stiftet und den Glauben Heil finden lässt als einen Grund, der uns trägt; eine Hoffnung, die uns Zukunft schenkt; eine Kraft, die Leben weckt und uns aufstehen lässt; eine Liebe, die uns verbindet; eine Barmherzigkeit, die Vergebung stiftet; Orientierung, die uns den Weg weist.

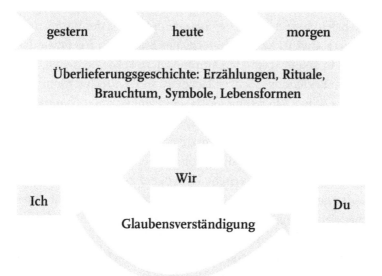

Abbildung 4

Glauben ist weder eine rein innere Überzeugung. Dann würde ihm als bloß subjektiver Wirklichkeit sein Wahrheitsgrund fehlen. Glauben ist aber auch nicht bloß autoritative Anrede und Zusage. So ermangelt er seiner Überzeugungskraft. Und als bloß intersubjektive Wirklichkeit steht der Glaube unter Ideologieverdacht. Erst in der Verschränkung der drei Wirklichkeitsebenen und in der Gründung in der Gegenwart des lebendigen Gottes gewinnt Glauben Glaubwürdigkeit, Wirklichkeit und Gestaltungskraft. Glauben ist persönlich. Glauben ist beziehungsgetragen und geschwisterlich. Christlich Glauben lebt in der Gemeinschaft und durch die Überlieferung der kirchlichen Gemeinschaft: Glauben hat eine subjektive, eine objektive und eine intersubjektive Seite.

In dieser Mehrdimensionalität begegnet uns die heilsame Gegenwart des lebendigen Gottes quasi von allen Seiten. Gott ist nicht ein in sich geschlossenes absolutes Ganzes, kein patriarchaler Herrschergott, der aus einem Jenseits der Wirklichkeit regiert. Gott ist kein unverletzlicher Superman irgendwo dort oben in einem abstrakten Himmel, dem Leben enthoben. Gott lebt in Beziehung. „Gott ist Liebe." (1. Joh. 4,16) Gott nimmt am Leben seiner Schöpfung teil, ja, er begibt sich als „Gotteskind" leidenschaftlich in das Leben und Leiden seiner Schöpfung hinein. Er ruft uns als „das Wort, das Mensch wurde", in die Gemeinschaft mit sich, in den „Leib Christi". Er lebt als „der Geist" in uns, als der schöpferische Hauch, der zu Leben erweckt und aufstehen lässt. Ein Gott, der uns von allen Seiten berührt: der zugleich in uns ist, wie uns gegenüber; mitten unter uns und uns zugleich als Abba gegenüber. Ein Gott, der an unserem Leben teilnimmt, der uns an seiner Wirklichkeit teilgibt und der uns einlädt, an seinem Leben teilzuhaben. Ein Gott, der nicht fertig ist, absolut und in sich verschlossen, sondern offen und lebendig, weil er als Gott-mit-uns mit seiner Schöpfung lebt und leidet, liebt und ... wird. Gott geschieht im Ganzen der Schöpfung, im Kosmos hin zu dem Augenblick, in dem Gott alles in allem sein wird, in dem Gott in seiner Schöpfung und die Schöpfung in Gott ihre Erfüllung gefunden haben wird.

„Gott glauben" bedeutet, die Wirklichkeit in dieser tiefen Verbundenheit, wo alles mit allem in geheimnisvoller Beziehung steht, wahrzunehmen und diese Abhängigkeit zu bejahen – jedoch nicht in einem statischen Zustand der Unterwerfung, sondern in einem lebendigen Prozess schöpferischer Freiheit. „Für Prozesstheologen ist Gott zugleich ewig und im Werden, ein lebendiger Prozess der Interaktion. ... Gott im Prozess wahrzunehmen, bedeutet zugleich, auch unsere eigene Teilhabe an diesem Prozess wahrzunehmen: Unsere Teilhabe als soziale Individuen, das heißt als Individuen, die aneinander und an Gott teilhaben."[68]

Wenn Glauben einen Prozess wechselseitiger Teilhabe und Teilnahme im gemeinschaftlichen Austausch bedeutet, dann verlangt dies nach Formen interaktiver Kommunikation. Solche Formen interaktiver Kommunikation sind kirchlich jedoch eher ungebräuchlich. In der Kirche wird eher frontal kommuniziert. Kirche kommuniziert sich eher frontal, von oben her, autoritativ und hierarchisch. Der symbolische Ort der Verkündigung ist die Kanzel. „Wenn einer spricht und alles schweigt, so nennt man dieses Unterricht" – und so fühlen sich Kirche und Gottesdienst auch heute noch meistens an: Sie unterrichten im Glauben. Vorne steht jemand und spricht – und alles schweigt oder antwortet im Chor. Sichtbarsten Ausdruck findet das in unseren Kirchenbänken, die ja nicht nur ein pragmatisches Sitzmobiliar darstellen, sondern zum Kirchenraum dazu zu gehören scheinen wie Bibel und Altar. Wie soll sich in solchen Formen frontaler Kommunikation Sprach- und Gesprächsfähigkeit im Glauben ausbilden und eingeübt werden? Was für eine Theologie, was für ein Gottes- und Menschenbild steckt unausgesprochen, aber deutlich spürbar hinter einer solchen kommunikativen Praxis?

Glauben und Evangelium lassen sich jedoch immer schwerer frontal teilen! Formen frontaler Verkündigung müssen durch Formen von Face-to-Face-Kommunikation abgelöst werden – und dazu müssen in unseren Kirchen auch die äußeren Voraussetzungen geschaffen werden. Auf Kirchenbänken lässt sich schlecht miteinander sprechen!

Wo wir üben, unseren Glauben miteinander zu teilen, geht Glauben nicht mehr in gelernten Glaubenssätzen auf. „Gott glauben" ist eine Beziehung, in der ich mich interaktiv auf die Welt als offene Wirklichkeit[69] einlasse: ein Glaube, der sich von Gottes liebevoller Gegenwart berühren lässt in einer offenen Haltung persönlicher Empfänglichkeit, getragen vom Strom der Glaubensüberlieferung, an dem ich teilhaben darf, und bewegt von Beziehungen, in denen wir unseren Glauben teilen können – in einer Welt, in der wir eingeladen sind, als Gottes Kinder an seinem „Projekt Leben" teilzunehmen.

Kapitel 19
Den Glauben teilen wie das Brot

Wie können wir unseren Glauben heute lebendig teilen? Im Nachdenken über das, was Glauben bedeutet, haben wir dazu schon einige grundlegende Entdeckungen gemacht. So hat Glauben eine innerlich-subjektive, eine relational-intersubjektive und eine äußerlich-objektive Dimension. Glauben ist weder rein subjektiv noch ein rein intersubjektiv-relationales Phänomen. Und Glauben geht auch nicht in Dogmen und Normen auf. Die drei Dimensionen tragen sich vielmehr wechselseitig und sollten sich stimmig zueinander verhalten. Doch weil subjektives Erleben, intersubjektives Geschehen und gestalteter Ausdruck lebendige Prozesse sind, abhängig davon, wie, wann und wo sie geschehen, ist Glauben als kommunikatives Geschehen in Erleben, Interaktion und Ausdruck ein dynamischer Prozess, der immer wieder neu auszubalancieren ist. Darin liegt die eigentliche gestalterische Aufgabe, heute Glauben lebendig zu kommunizieren.

Hier und im Folgenden bin ich in meinem Denken geprägt und verpflichtet dem Ansatz von Ruth Cohn und der Themenzentrierten Interaktion, der im sog. 4-Faktoren-Modell von

Ich, Wir, Sache und Globe dargestellt wird. Wirklichkeit als Kommunikation wird immer von der gleichzeitigen Wirksamkeit dieser vier Faktoren in wechselseitig-reziproker Interdependenz aller Teilnehmenden gestaltet. Diese in dynamischer Balance zu halten – und das heißt ja auch, sie zu ihrem Recht kommen zu lassen –, bedeutet, Wirklichkeit gerecht kommunikativ zu gestalten. Der TZI liegen entsprechende Axiome und Postulate zugrunde, die diese dynamische Balance ethisch fördern und ausrichten in Ehrfurcht vor der Entfaltung alles Lebendigen – in seiner inneren Verbundenheit, in Autonomie und Interdependenz. Glauben ist, wie ich meine aufgezeigt zu haben, eine kommunikative Wirklichkeit, die Identität und Gemeinschaft stiftet. TZI scheint mir als Haltung und Methode angemessen für eine lebendige Kommunikation des Glaubens heute.[70]

1 Wie finden wir ins Gespräch?

Glauben ist eine intersubjektive Wirklichkeit. Als intersubjektive Wirklichkeit empfängt sich der Glauben nicht nur in Beziehung. Er kann sich auch nur in Beziehung artikulieren. Er braucht ein Gegenüber, um sich selbst zu verstehen.

Glauben als ein „Glauben mit" ist gemeinschaftsbezogen und braucht den Anderen, um sich auszudrücken. Mein Glauben verlangt danach, sich auszudrücken. Denn nur indem ich ihn ausdrücke, wird mir mein Glaube zu eigen. Unartikuliert ist er zwar fraglos da und in mir wirksam (er „trägt mich", er „bewegt mich", er „tröstet mich"), aber nur artikuliert wird er sichtbar und griffig für mich wie für andere.

Den eigenen Glauben auszudrücken, ist eine immer wieder neue Aufgabe, die sich mir von dem Anderen her und unter den besonderen Ansprüchen unserer aktuellen Gesprächssituation stellt. Der Andere als derjenige, dem ich mich in meinem Glauben artikuliere, eröffnet den Gesprächsraum wesentlich mit und bestimmt damit erheblich, wie tief und wie weit der eigene Glauben ausgedrückt werden kann.

Als Pfarrer finde ich mich immer mal wieder in recht unvermittelten Gesprächssituationen vor. Glaubensgespräche als Smalltalk. „Sagen Sie, Herr Pfarrer, was soll das eigentlich heißen ‚Gott ist Liebe'? Was glauben Sie?" Was ich mich dann sagen höre, empfinde ich im Nachhinein oft als leere Worte. Richtig, vielleicht, aber nicht wahr. „Gott kommt in deinem Leben als liebevolle Zuwendung vor. Er ist mit dir. Du bist nicht allein. Du bist geliebt." Richtig klingt das. Aber ist das auch überzeugend? Zu Antworten, die auch für den Anderen hilfreich und überzeugend sind, finde ich nur, wenn wir miteinander in ein Gespräch kommen. Und wenn wir in diesem Gespräch zu einer persönlichen Nähe finden, in dem einer dem Anderen in seinem Glauben zu einem interessierten Begleiter wird.

Glaubenssätze sind keine bewusste Ration, die wir ständig verfügbar mit uns herum tragen, so wie den Satz „1+1=2". Wir „haben" unseren Glauben nicht. Er ist vielmehr immer wieder aktuell zu be-greifen. Glaubenssätze müssen wir im Gespräch immer wieder neu formulieren. Immer wieder neu müssen wir ihnen einen stimmigen Ausdruck verleihen. So, dass sie für mich stimmen. Aber auch so, dass sie sich im Horizont des Anderen erschließen.

Wer von seinem Glauben spricht, der spricht immer von sich. Und er tut das im Gespräch. Dafür muss ich aber auch Kontakt finden zu dem Anderen, zu meinem Gesprächspartner. Was bewegt dich, mich das zu fragen? Wonach suchst du? Was willst Du? Immer wieder fragt Jesus Menschen, die nach ihm rufen: „Was willst du?" Mit der Frage „Was suchst Du?"

beginnt das öffentliche Auftreten Jesu im Johannes-Evangelium. Jesus kann nur da heilsam handeln, wo Menschen sich ihres Interesses bewusst werden und es offenlegen.

Wo das gelingt, kann sich ein Gespräch eröffnen, das wir beide als bereichernd erleben, weil es uns in Berührung bringt mit dem, was den Glauben trägt. Bildet sich in einem Glaubensgespräch so ein guter Verständigungsraum aus, dann kann ich genauer und spürsamer mit „meinem Glauben" in Kontakt finden und ihn in Worten, Gesten, Handlungen ausdrücken.

Sprachfähigkeit im Glauben verlangt also zuerst Gesprächsfähigkeit und lebt von einer Gesprächskultur, die nicht allein individuell hervorgebracht werden kann, sondern die kontextuell unterschiedlich gegeben ist. Den eigenen Glauben auszudrücken, ist zunächst also ein Beziehungs-Geschehen, das nach Gesprächsfähigkeit verlangt.

Das Gespräch wird umso tiefer und ausdrucksstärker, wie es von einem beidseitigen Einfühlungsvermögen, von Empathie getragen ist. Zuhören, erspüren, was sich in den Worten des Anderen an Gefühlen und Erleben ausdrückt. Der Innenwelt des Anderen zwischen uns Raum schenken. Nicht nur passiv zuhören. Aktiv zuhören! Einen intensiven Zwischenraum zwischen uns wachsen lassen.

Ich stelle mich selbst als Resonanzkörper für den Anderen zur Verfügung. Ich nehme aufmerksam wahr, was das Gesagte in mir auslöst. An Gefühlen, an inneren Bildern, an Assoziationen. Versuche es selbst wieder in Worte zu fassen. Nicht um von mir zu erzählen, sondern um Resonanz auszudrücken und in Nähe zueinander zu finden. Um wiederzugeben, was das Gesagte, der Glaubensausdruck des Anderen, in mir an Bildern, Empfindungen und Assoziationen auslöst.

Bin ich wirklich nah und aufmerksam in meinem Zuhören beim Anderen, dann wird manches davon spiegeln, was sich hinter den gehörten Worten verbirgt und im Gesagten mitgeschwungen ist.

Dabei habe ich immer wieder eine erstaunliche Erfahrung gesammelt. Sie lebt von der Unterscheidung leerer und gefüllter Worte, von hohlen Phrasen und tiefen Gedanken. Beides kennen wir aus Glaubensgesprächen. Manchmal kann dieselbe Formulierung aus dem Mund des einen leer und hohl erscheinen, aus dem Mund des anderen tiefsinnig und reich klingen. Woher kommt das? Wie kann das sein? Manchmal sind es bloße Worte, die Eindruck machen wollen. Das andere Mal sind es Bedeutungsträger, die einem tiefen Erleben Ausdruck verschaffen wollen. Was jeweils in dem Wort mitschwingt, ist auf der bloßen Informationsebene nicht hinreichend zu erfassen. Aber wir erspüren es. Wir nehmen es intuitiv wahr.

Glaubensgespräche leben von dieser intuitiven Spürsamkeit für die Wahrheit, die sich in Worten Ausdruck sucht – oder eben nicht. Wo wir unseren Glauben im Erzählen ausdrücken, sind unsere Worte mehr als akustische Signale. Sie sind wie kleine Schiffchen, die in sich mehr tragen, als sie äußerlich scheinen. Und es gibt ein inneres Zuhören, das wahrnimmt, was mit den Worten zu uns kommt und sich ausdrücken will. So heißt es auch über Jesus: „Und sie waren betroffen von seiner Lehre, denn er lehrte sie mit Vollmacht und nicht wie die Schriftgelehrten." (Markus 1,22; Matthäus 7,29).

Das Vermögen, sich innerlich auszudrücken, wird gestärkt durch das innere und äußere Hören des Zuhörers. Er wird „mir" dadurch zu einem inneren Gesprächspartner, der mich lockt und begleitet, mich in meine innere Glaubenswelt vorzutasten und davon zu erzählen. Er wird mir zu dem Du, das mein Ich braucht, um sich selbst auf die Spur zu kommen. So wird „mir" der Gesprächspartner zum Mystagogen.

Gesprächsfähigkeit aber verlangt dann auch nach einer Sprache. Diese Sprache ist uns weder rein innerlich noch rein äußerlich. Die Sprache des Glaubens ist eine intersubjektive Wirklichkeit. Sie ist uns überliefert. Sie begegnet mir als gelebte Tradition, die mich einlädt, an ihr teilzunehmen. Der Raum dieser Tradition ist die Kirche. In der Kirche, im Gottesdienst, wird die Sprache gepflegt, die aus der Tradition des Glaubens auf uns zukommt und die mich einlädt, in ihr meine Glaubens-Identität zu finden und auszudrücken. Es ist eine Sprache der Er-innerung, die mich verbindet mit Ursprung und Vollendung der Geschichte, mit menschheitlichen Erfahrungen, mit den früheren Menschen und Geschlechtern genauso wie mit den zukünftigen. Es ist ihr Atem, der mir in den alten Erzählungen entgegenweht – die ich nun, dem Geheimnis des Lebens aufs Neue auf der Spur, weitererzähle.

Es ist eine besondere Sprache. Eine Sprache, die vom Geheimnis des Lebens erzählt, ohne dass dieses Geheimnis aufhört, ein Geheimnis zu bleiben. Eine Sprache voller Bilder und Symbole. Voller Geschichte und Geschichten. Erzählt nicht nur mit Worten, sondern mit Leib und Seele. Eine Sprache, die den ganzen Menschen fordert. Die nach Kultus und Kultur verlangt, um sie darin miteinander zu erzählen. Die aber auch mitten im Alltag Erzählräume findet – auf den Spuren Jesu.

Die Erzählungen vom Ursprung des Lebens, von der Schöpfung und vom Paradies, vom Guten und vom Bösen, von Kain und Abel, von Fluch und Segen, von Heimat und dem Aufbruch des Menschen in die Geschichte, von Abraham, Isaak und Jakob, von Knechtschaft und Freiheit, vom Exodus aus Ägypten, von Gott, der sich aus Liebe zum Menschen vergisst und selber Mensch wird, von Gottes Wirklichkeit inmitten des Alltags, Jesu Gleichnisse, von Gott in Leiden und Tod, vom Kreuz Jesu, von Hoffnung über den Tod hinaus, vom letzten Wort der Gerechtigkeit und des Friedens, von Ostern. Erzählungen, die wir als Kinder lernen und üben. Damit sie uns zur Sprache werden, uns in ihnen zu verstehen. Ein Sprach-, Sprech- und Deutungsprozess, der nie aufhört. In dem wir nicht zu Ende lernen. Für den aber die Kindheit wesentlich den Anfang setzt.

2 Den Glauben teilen wie das Brot[71]

So geht es im Glauben immer wieder ums Teilen: um das Anteil Nehmen und Anteil Geben, um das Teil-nehmen und Teil-geben, und dabei um die gemeinsame, um die liebevolle und gerechte Teil-habe am Leben. Es geht um das Ganze, an dem alle teilhaben sollen und zu dem Jesus als der Gesandte des kommenden Reiches Gottes eingeladen hat: Dann findet zusammen, was zusammengehört, Gott und sein Mensch. Es ist wie die Einladung zu einer Hochzeitsfeier, zu einem Fest der Verbundenheit, an dem alle um einen Tisch versammelt sind. Ein Bild, das Jesus in seinen Erzählungen immer wieder aufgreift, um Gottes Einladung zu einem gemeinsamen Leben auszusprechen – oft gegenüber Menschen, die außen vor standen und nicht dazu gehörten: der Zöllner Zachäus oder – im Gleichnis von den beiden Söhnen – der jüngere, „der verlorene" Sohn. Diese „offenen Gastmähler" (Jörg Zink)[72] begleiten Jesu Weg.

Das gemeinsame Essen und Trinken ist für Jesus das Bild für die Gemeinschaft von Gott und Mensch, für die er gelebt und zu der er eingeladen hat. In der Tradition des Passah stiftete er dann auch eine gemeinsame Mahlfeier zur Erinnerung an sich: „Dies tut zu meinem Gedächtnis ...". Im Brechen des Brotes und im Teilen des Kelches findet die Christus-Gemeinschaft zusammen und feiert ihren Glauben. Christus lebt in ihrer Mitte, indem er sich ihnen leibhaft in Brot und Wein teilgibt: „Das bin ich." Sie empfangen den Leib Christi und sie werden zugleich im Leib Christi miteinander verbunden. Hier geschieht Gott. Hier wird Glaube geteilt und gefeiert.

Ist es Zufall, dass Jesus, der zum Glauben eingeladen hat, eine Mahlgemeinschaft zu seinem Gedächtnis gestiftet hat? Oder ist die Mahlgemeinschaft, zu der Christus einlädt, der Grundvollzug des Christus-Glaubens? Eines Glaubens, der lebt, indem er sich teilt.

Keine andere Geschichte wird uns in den Evangelien so oft erzählt wie die von der wunderbaren Speisung – nämlich sechsmal in unterschiedlichen Varianten. Wer nach dem „Wie" des Wunders fragt, wird ohne Antwort bleiben. Darum geht's nicht. Das Augenmerk der Evangelisten liegt ganz auf der Person dessen, der von sich sagt: „Ich bin das Brot des Lebens" und auf dem Teilen.

Ganz elementar geht es um die Frage: Wovon lebt der Mensch? Und ganz schlicht lautet die Antwort: Das Leben des Menschen ist Gott selbst. Gott gibt sich dem Menschen. „Er" gibt dem Menschen sein Leben, seine Liebe. Er gibt sich dem Menschen wie Brot. Dieses Brot ist Jesus. Und es teilt sich dem Menschen im Geist, und also auf geistige Weise, mit.

Ebenso elementar das Bild: Brot. Wer Brot hat, kann leben. Wer kein Brot hat, der stirbt. Brot haben oder nicht haben ist eine Frage des Überlebens. Brot lässt mich leben – so war es den Alten kostbar und heilig. Um das täglich' Brot kreist so die Sorge des Menschen.

Der Mensch arbeitet um sein Brot. Brot der Arbeit ist das Brot, das ich mir verdient habe. Es gibt auch das Brot der Liebe, das andere mit mir teilen. So ist Brot elementare Metapher für das, was den Menschen leben lässt, was er täglich in sich aufnehmen muss, um weiterleben zu können, wie für die Arbeit und die Liebe, die ihm Brot verschaffen.

Jesus vergleicht sich mit Brot: „Ich bin wie Brot." Brot, das euch Leben ermöglicht. Leben nicht nur für einen Tag. Ewiges Leben. Leben, das sich aus Gott nährt. Alles, was ich, Jesus, bin, habe ich von Gott empfangen. Ich bin das Brot, das Gott euch gibt. Ich bin Gottes Lebensgabe. Das Brot, in dem er sein Leben mit euch teilt. Ich bin das Brot der Liebe Gottes. Ich selbst bin es, bin das Brot des Lebens.

Jesus gibt nicht nur dieses Leben. Er selbst ist es. So verkündet es das österliche Evangelium. Er selbst ist der Weg, die Kraft des Lebens. Er selbst ist die Gabe, die Gestalt des Glaubens. In ihm ist zu finden, was der Glaube sucht. In ihm selbst ist das Leben zu finden. Er ist nicht Prophet oder Lehrer. Er bringt keine neue Theorie, keine neue Religion, die von seinem Leben abstrahiert auch wahr wäre. Er ist das Glauben in Person.

Die Wahrheit des Evangeliums, die Wahrheit des Lebens, von dem er kündete, ist untrennbar mit seiner Person verbunden. Darin liegt, bis heute, eine der großen Provokationen des Evangeliums: Gott, die Weltvernunft, der Grund des Seins, der Geist des Lebens, ist in einem konkreten und individuellen Menschen fassbar. Gott wohnt nicht in einem System, sondern im Leib eines Menschen. Gott lebt nicht abstrakt und für sich, sondern Gott wird und lebt sein Leben in seiner Schöpfung.

Jesus vergleicht sich also mit Brot und sagt, ihn anzunehmen bedeute so etwas wie ihn zu essen. Er gibt sich uns teil und wir nehmen an seiner Heilswirklichkeit teil. Brot und Essen sind wie Offenbarung und Glauben. Jesus als das Brot des Lebens ist Metapher für Glauben und Glaubenszugang. Jesus ist Lebensgabe. Und diese Lebensgabe ist immer und für alle Zeit nur als Selbstvergegenwärtigung Jesu gegeben. Sie ist und bleibt Geschenk, unverfügbar, unserer Lebensbemächtigung, unserer Arbeit und Anstrengung benommen. Die Gabe des ewigen Lebens in Jesus ist Brot der Liebe, das wir nur empfangen und aufnehmen können.

Es ist wie ein Wunder. Das Wenige, fünf Brote und zwei Fische aus der Hand eines Jungen, sättigt 5000 Menschen. Es können auch mehr oder weniger gewesen sein. Die Zahl steht symbolisch für eine unüberschaubar große Menge von Menschen. Alle werden satt, und es bleiben sogar noch 12 Körbe mit Brotkrumen übrig – genug für das ganze Volk Gottes, für das die Zwölferzahl steht.

Ein jeder, eine jede ist eingeladen, an diesem Brot teil-zu-haben. Jede soll satt werden. Die Menschen nehmen und sie geben, sie teilen das Wenige, das ihnen gegeben ist, und es reicht für alle. Niemand scheint es für sich zu behalten. Einer gibt es der anderen weiter. Wundersam vermehrt es sich unter ihren Händen. So ist es mit dem Evangelium. So verhält es sich mit dem Glauben. Es scheint wenig – aus der Hand einfacher Menschen. Und es findet zu den Menschen, indem sie es miteinander teilen. Es ist wie eine Bewegung vom einen zum anderen, in der ein jeder empfängt und eine jede weitergibt – vom einen zum anderen. Eine Glaubensbewegung des miteinander Teilens, damit sie alle satt werden. Die Erzählung gibt uns ein Gleichnis, wie sich der Glaube ausbreitet, indem wir ihn miteinander teilen.

Das ist keine Lehre. Es ist erlebte Geschichte. Es verhält sich mit dem Glauben wie mit der Liebe oder dem Hoffen: Er verkümmert, wenn wir ihn für uns behalten und im „stillen Kämmerlein" verkosten. Er entfaltet sich, er steckt an, er wächst und „wird mehr", indem die, die ihn aus der Hand anderer Menschen empfangen haben, an ihre Nächsten weitergeben – das sind die Menschen, denen sie gerade begegnen, weitergeben und mit ihnen teilen. Niemand muss Angst haben, dass ihm der Glaube im Teilen genommen wird. Die Erfahrung ist immer wieder: Wo wir unseren Glauben zeigen, wo wir zeigen, was uns bewegt, was uns hoffen lässt, was uns tröstet, was uns trägt und den Weg weist, da finden sich offene Ohren und Herzen. Wir selbst leben ja auch in unserem Glauben davon, dass uns andere von ihrem Glauben erzählen und ihn uns bezeugen.

Das Brot miteinander zu teilen und aus einem Kelch zu trinken, das tun Christen, wo immer sie sich seit Jesu Zeiten versammeln. Schon Paulus fand diese Mahlfeier in der Erinnerung an Jesu Tod und Auferstehung als selbstverständliche, „vom Herrn empfangene" Praxis der Gemeinde vor. (vgl. 1. Korinther 11, 23)

In Brot und Kelch (nicht Wein!) verheißt Christus seine Gegenwart. So haben es die Jüngerinnen und Jünger an Ostern erlebt: Sie erkennen den Auferweckten, wie er mit ihnen das Brot bricht und den Fisch, das Christussymbol, teilt – und erfahren sodann ihre Berufung und Sendung: „Und es geschah, als er mit ihnen zu Tisch saß, nahm er das Brot, dankte, brach's und gab's ihnen. Da wurden ihnen die Augen geöffnet, und sie erkannten ihn." (Lukas 24,31) Indem wir das Brot miteinander teilen und aus dem einen Kelch trinken, werden wir selbst – einer dem anderen – zu Zeugen seiner Gegenwart. Daran erinnern uns in jeder Abendmahlsfeier die Einsetzungsworte, die als Herrenworte in liturgisch gefestigter Form überliefert wurden.

Versammelt zu einer Gemeinschaft, die miteinander betet, sich der Jesus-Geschichte erinnert, „Brot und Kelch" miteinander teilt und nun selbst als „Leib Christi" lebt, indem sie untereinander und mit anderen teilen, was ihnen gegeben ist, das ist die „Ur-gestalt" der Kirche. Daran erinnert Lukas in der Apostelgeschichte, wenn er das Leben der Jerusalemer Urgemeinde so beschreibt: „Sie bleiben aber beständig in der Lehre der

Apostel und in der Gemeinschaft und im Brotbrechen und im Gebet." (Apg. 2,42). Kirche als Glaubensgemeinschaft, als Gemeinde, geschieht, indem wir teilen, was uns gegeben ist.

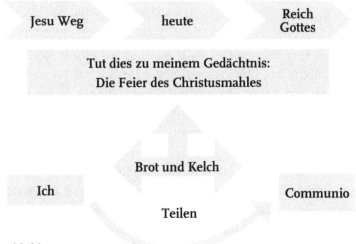

Abbildung 5

Das, was wir als Christen im gottesdienstlichen Christusmahl gemeinschaftlich miteinander feiern, soll uns in unserem Alltag dazu ermutigen, es auch zu leben: unseren Glauben zu teilen, Zeugen des Evangeliums im Alltag der Welt zu sein. Das ist nicht nur Aufgabe derer, die dafür als Pfarrerinnen, Prädikanten oder Diakoninnen berufen sind und dafür bezahlt werden. Es ist die Berufung und Sendung eines jeden Christen und einer jeden Christin. Darin liegt das Priestertum aller Gläubigen. Auch dazu will uns das Christusmahl ermutigen und auffordern.

3 Soziokulturelle Rahmenbedingungen heute?

Den Glauben teilen wie das Brot. Das klingt gut, ist aber alles andere als einfach. Es braucht Offenheit und Ehrlichkeit und auch einiges an Mut. Denn christlich Glauben hat innerhalb unserer Kultur seine Selbstverständlichkeit verloren. Es versteht sich alles andere als von selbst, an das Evangelium von Jesus Christus zu glauben. Wahrscheinlich war das allerdings auch nie anders. Warum soll das stimmen, was ich da höre? Warum nicht das, was andere denken und glauben! Vielleicht sind die Dinge, die man sich da in der Kirche erzählt, alles bloß Geschichten. Vielleicht ist da auch gar kein Gott. Wo und wie kann ich denn in meinem Leben etwas von der Wirklichkeit Gottes erfahren? Die Frage hat sich in früheren Zeiten gewiss auch gestellt. Und glauben, wirklich und von Herzen glauben, war selbst zu biblischen Zeiten alles andere als selbstverständlich. Für unsere Zeit aber gilt das in besonderer Weise. Die große geistliche Frage des 21. Jahrhunderts lautet: Wie kann ich im Raum meiner Erfahrung der Gegenwart Gottes gewärtig werden? Menschen wollen Gott wahrnehmen und spüren! Statt von Glauben sprechen wir dabei lieber von Spiritualität. Und damit meinen wir so etwas wie eine Spürsamkeit, eine Empfindsamkeit für „das Ganze".

Eine Folge der Individualisierung der Lebensstile ist, dass ein breites Angebot an religiösen Wegen und Lebensmodellen entstanden ist. Die persönliche Spiritualität boomt, während die institutionalisierte Religion an Akzeptanz verliert. Immer schwieriger wird es für die oder den Einzelnen dabei, ihren Glauben im gesellschaftlichen Alltag zu verankern. So droht insbesondere der christliche Glaube im öffentlichen Raum zu verstummen. Was bedeutet das für die Kommunikation des christlichen Glaubens heute? Die Tendenz zum Rückzug in die eigene „Blase" wird jedenfalls immer größer.

Nun wird das baldige Absterben und Ende aller Religion schon seit der Aufklärung, seit über 200 Jahren, prognostiziert. Naturwissenschaftlich-positivistisches Denken scheint für Gott keinen Platz mehr zu lassen. Der umfassende Prozess der Säkularisierung scheint unaufhaltsam. Daneben erleben wir seit 50 Jahren aber auch eine Wiederkehr des Religiösen in unserer Gesellschaft.

Globalisierung, Diversifizierung, Pluralisierung: Die neue Religiosität nährt sich allerdings nicht mehr vor allem aus kirchlicher Tradition und Frömmigkeit. Die Spiritualisierung des Glaubens lässt die Menschen aus vielen und sehr unterschiedlichen Quellen schöpfen. Es ist das ganze Füllhorn menschheitlicher Religion und Religiosität, aus dem Menschen Trost, Ermutigung, Lebensenergie, Heilung oder Lebenserfüllung zu schöpfen suchen.

In Großstädten wie Berlin, Hamburg oder Köln zählt man heute hunderte religiöser Gemeinschaften und Anbieter: Neben den christlichen Kirchen in der Vielfalt ihrer Konfessionen finden sich Synagogen und Moscheen, hinduistische Tempel und buddhistische Meditationszentren, Freimaurer und Rosenkreutzer, Schamanen und Geistheiler. Die religiöse Welt ist eine plurale geworden. In einer Gesellschaft, in der die konfessionelle Durchmischung im Zuge der Bevölkerungsbewegungen nach 1945 noch eine echte Herausforderung darstellte.

Der Prozess der religiösen Globalisierung geschieht in unserer unmittelbaren Nachbarschaft und generiert eine religiöse Pluralität, in der die Kirchen ihre einstige Vormachtstellung eingebüßt haben. Unterschiedliche Religionen beggnen sich in unmittelbarer Nachbarschaft. In unserer Multioptionsgesellschaft ist auch der Glaube zur Option[73] geworden.

Traditionsabbruch: Gleichzeitig hat in den vergangenen Jahrzehnten ein rigider christlicher Traditionsabbruch stattgefunden. Ich möchte das an meiner persönlichen Geschichte mit der Konfirmandenarbeit illustrieren:

Eine Gruppe von Vikarinnen und Vikaren hat in den Wochen nach Ostern einen Unterrichtsraum für eine Unterrichtsstunde vorbereitet. In der Mitte des abgedunkelten Raumes brennt eine Kerze. Die Unterrichtsgruppe, acht- und neunjährige Schülerinnen und Schüler einer Grundschule, betritt den Raum. Spontan assoziiert ein Junge laut: „Ah, Dunkelheit, Nacht, Kerze, Licht in der Nacht, Ostern, Auferstehung, Licht des Lebens ... kommt jetzt noch die Emmaus-Geschichte?" Eigentlich war damit die Unterrichtsstunde nach nur 10 Sekunden gelaufen. Das war 1986. Sieben Jahre später begegnete mir unter meinen Konfirmanden erstmals ein Junge, der mit den Namen von Adam und Eva nichts anzufangen wusste. Damals war ich sprachlos über so viel vermeintliche Unbildung. Es dauerte weitere sieben Jahre, dass ich eine Kleingruppe von Konfirmandinnen begleitete, fast durchweg Schülerinnen eines angesehenen Gymnasiums, denen durchweg die Geschichte von Adam und Eva unbekannt war. Nur fünf Jahre später, 2005, begegneten mir im bürgerlichen Milieu meiner Gemeinde die beiden ersten Konfirmandinnen, die nicht wussten, was „Bibel" ist und ob das zum Islam oder zum Christentum gehört. Das mag verdeutlichen, was für einen rasanten Traditionsabbruch wir erleben.

Dieser Traditionsabbruch beschleunigt sich von Generation zu Generation, wie die 5. Kirchenmitgliedschaftsuntersuchung (KMU V) 2013[74] und die Jugendstudie „Was mein Leben bestimmt? Ich!"[75] von 2018 des Sozialwissenschaftlichen Instituts der EKD belegen. Die Weitergabe des christlichen Glaubens durch Tradition und Sozialisation geschieht wesentlich in

Kindheit und Jugend. Deswegen ist es interessant, hier einmal einen ausführlicheren Blick auf den Glauben junger Menschen und ihr Verhältnis zur Kirche zu werfen. Das Ergebnis fällt für die evangelische Kirche ernüchternd aus. Trotz aller bemühter Modernität und intensivierter Kommunikation gerade zu ihren jüngeren Mitgliedern kann die Kirche den Trend zu einer steigenden Distanz unter den jungen Menschen nicht stoppen (KMU V 61). Im Gegenteil: Gerade die nachwachsenden Generationen stehen der Institution Kirche deutlich gleichgültiger gegenüber. Kirche interessiert sie einfach nicht. Nur noch 22 % der 14–21-Jährigen in West-Deutschland fühlen sich der Kirche verbunden, 52 % empfinden sich als dezidiert nicht verbunden. Diese Zahl korreliert zur subjektiv empfundenen persönlichen Religiosität: Nur 42 % der Jugendlichen hält sich für religiös gegenüber 66% im Schnitt der Befragten. 74 % erklären, dass sie nie beten. Kirche ist für sie irrelevant – möglicherweise auch, weil für sie religiöse Themen nicht oder weniger relevant sind. Nur 24 % erklären, dass sie an Gott glauben, wohingegen 33 % erklären, mit dem Glauben an Gott nichts anfangen zu können. (Jugendstudie 2018)

Hinzu kommt: Die folgende Generation der Jüngeren fällt – aufgrund des demographischen Wandels – zahlenmäßig viel kleiner aus. Und unter dieser geringer werdenden Zahl junger Menschen hat nur noch eine Minderheit eine stabile Bindung an ihre Kirche. Die Wahrscheinlichkeit ist hoch, dass diese Jugendlichen mit ihrem ersten Steuerbescheid aus der Kirche austreten werden und damit der Strom der Überlieferung mit ihnen abbricht. (Kirche im Umbruch. Projektion 2060)

So konstatiert die 5. Kirchenmitgliedschaftsuntersuchung für die Altersgruppe der unter 30-Jährigen eine „Stabilität des Abbruchs": 21 % austrittssicher. Nur noch 25% pflegen eine religiöse Praxis (Gebet, Gottesdienst) (KMU V 65). Allerdings fühlen sich auch 22 % der 14–21-Jährigen und 34 % der 22–29-Jährigen in Westdeutschland der Kirche verbunden (KMU V 61). Wir erleben also einen kontinuierlichen Einbruch der Tradition und religiösen Sozialisation. *„Für Jugendliche stellt sich vor dem Hintergrund einer gewachsenen Anzahl an Optionen der Lebensgestaltung die Entscheidungsfrage, was für ihren Lebensalltag wichtig ist. Einige entscheiden sich für Religion, andere eben nicht."* (KMU V, 70) Die Kirche also wird zunehmend älter und kleiner. Dieser Mega-Trend ist unumkehrbar. Er wird getragen durch

- die stetig wachsende Zahl an Wahlmöglichkeiten, die eine plurale offene Gesellschaft dem Einzelnen bietet – auch im Bereich der Religion (Stichwort: Multioptionsgesellschaft);
- den damit verbundenen Niedergang der kulturprägenden Mächtigkeit des kirchlichen Überlieferungsstromes (Traditionsverlust)
- und dem daraus folgenden Bedeutungsverlust der Kirchen und der christlichen Überlieferung (Relevanzverlust)

Deinstitutionalisierung. Für die evangelischen Kirchen, über Jahrhunderte als Staatskirchen privilegiert, stellt das eine neue Situation dar, die sie in ihrer Unumkehrbarkeit nur mühsam zu akzeptieren bereit sind. Aus staatlich privilegierten Großkirchen wurden innerhalb von zwei Generationen Minderheitskirchen – die sich aber nach wie vor aus dem Selbstverständnis der früheren Großkirche verstehen. So lange die Kirchen in diesem eingebildeten Status verharren, verpassen sie die Wirklichkeit. Und damit verfehlen sie die Aufgaben, die sich ihnen heute stellen. Die Kernfrage schlechthin lautet dabei: Wie können wir Christinnen und Christen heute unseren christlichen Glauben überzeugend leben und teilen? Was als Relevanz- und

Glaubenskrise des Evangeliums daherkommt, ist vor allem eine Kommunikationskrise des Glaubens.

Die Frage, wie sie ihren Glauben mit anderen Menschen heute teilen kann, bildet *die* kirchliche Zukunftsfrage. Denn die Kirche als Institution hat ihre Selbstverständlichkeit verloren. Es ist nicht mehr selbstverständlich, dass „man" zur Kirche gehört. Seit den 60er Jahren vollzieht sich der Übergang der Institution Kirche in eine Organisation. Die Kirche überzeugt nicht mehr als Kirche einfach deshalb, weil sie doch die Kirche ist.

Sicher ist: Eine Kirche, die es gibt, weil es sie gibt, gibt es bald nicht mehr. Kirche bleibt nicht, weil unsere Gesellschaft daran gewöhnt ist, dass es Kirche gibt. Als Organisation versteht sich die Kirche gesellschaftlich nicht mehr von selbst. Die Menschen glauben nicht mehr „an die Kirche". Aus bloßer Tradition und Gewohnheit werden sich die Kirchen nicht erneuern. Vielmehr müssen sie überzeugend vermitteln, wofür sie einstehen und worin ihre Aufgaben und Ziele bestehen. Menschen werden oder bleiben Mitglieder der Organisation Kirche, wo sie in Verständnis, Aufgaben und Ziele der Kirche einstimmen können, wo sie die Kirche als relevant für ihr persönliches Leben, oder, wenn schon nicht unmittelbar persönlich-dienlich, so doch als sozio-kulturell wichtig einschätzen.

Kirche in Mission. Dabei kann sich die Kirche ihren Auftrag nicht selbst geben. Der Kirche ist ihr Auftrag gegeben: das Evangelium Jesu Christi zu teilen. In der Wahrnehmung dieses Auftrages liegt die Wurzel der Erneuerung. Die Wurzel der Erneuerung der Kirche liegt in dem ihr gegebenen Auftrag, das Evangelium zu kommunizieren. Von Jesus Christus sind wir, ist seine Kirche berufen, Licht der Welt, Salz der Erde zu sein (Matthäus 5,17ff). Wir sind als Kirche berufen, Menschen

Augen und Ohren zu öffnen für die schöpferische und heilsame, für die zukunftsstiftende Gegenwart Gottes – in unserem persönlichen wie in unserem gesellschaftlichen Leben. Das Gut, das die Kirche zum Leben beiträgt, ist „Heil" – so wie das Gericht „Gerechtigkeit", die Schule „Bildung" oder die Medizin „Gesundheit" stiften sollen. Und „Heil" wiederum wird geglaubt. Wie können wir als Kirche diese Berufung heute leben? Das ist die zentrale Frage, die sich der Kirche heute stellt.

Dabei wird es der Kirche zur Aufgabe, zu vermitteln, warum und wie das Evangelium als Heilsansage für ein gutes Leben bedeutsam ist. Welche Relevanz das Evangelium für unser Leben hat. Diese Relevanz zu verstehen und sie mit den Menschen lebensnah zu erschließen, sie sichtbar und erlebbar zu machen, das bildet die missionale Kernaufgabe von Kirche heute.

Und dabei sollte es der Kirche nicht zuerst um ihre Zukunft gehen, als vielmehr um die Erfüllung des Auftrages, der ihr von ihrem Ursprung her aufgegeben ist. Genau dieser Grundfrage entzieht man sich jedoch immer wieder. Zwar wird die allgemeine Glaubens-Sprachlosigkeit in kirchlichen Strategiediskussionen immer wieder obenan genannt. Doch wenn es dann um die Entwicklung konkreter Instrumente, Strategien und Maßnahmen geht, passiert wenig. Zwar ist man sich eigentlich einig darin, dass in der „Kommunikation des Evangeliums" Auftrag und Zukunft der Kirche liegen. Doch wenn es um Glauben und Heil geht, dann schwinden Mut und Kompetenz.

Deshalb sei noch einmal zugespitzt formuliert: Die Kirche hat genau so viel Zukunft, wie es ihr gelingt, Menschen zu gewinnen, durch ihr Leben ihren Glauben an das Evangelium zu teilen. Mit Kaffee und Kuchen wird die Kirche niemanden gewinnen. Das können andere besser. Die Kirche muss überzeugen und gewinnen mit und für das, was ihren Kern ausmacht (ihr aber nicht gehört): die Heilsbotschaft des Evangeliums.

Allzuoft aber ist man kirchlicherseits eher bereit, das Evangelium als nicht mehr zeitgemäß und heute eben irrelevant abzuschreiben und will stattdessen als Organisation selbst überzeugen. So doktert man an Strukturen und Formen, statt sich der Kernfrage zuzuwenden, wie wir heute den Glauben an das Evangelium von Jesus Christus leben und gestalten, miteinander teilen und lebendig kommunizieren können.

Individualisierung. Wo die religiösen Traditionen und Institutionen nicht mehr tragen, ist der Einzelne in seiner religiösen Suche nach „Heil" auf sich selbst verwiesen: Was ist wahr? Was trägt? Was schenkt meinem Leben Halt und Orientierung? Wo finde ich Trost? Diese großen Fragen des Lebens sind nach wie vor von großer Relevanz. Aber sie werden immer weniger Menschen durch gesellschaftliche Konvention, durch die unhinterfragbare Mächtigkeit religiöser Institutionen oder die Selbstverständlichkeit der Tradition abgenommen. Ganz im Gegenteil. Die „sozial angepasste Persönlichkeit", die sich in und aus diesen sozialen Vorgaben heraus versteht, ist zur Negativfolie geworden.

In Kirche und Glauben wird nicht mehr hinein-sozialisiert. Im Prozess der Individualisierung ist der Einzelne aus dem Zusammenhang der sozialen Vorgaben entbunden und in die Selbstverantwortung entlassen. Dem einzelnen Menschen wird die Freiheit zugemutet, sich auch religiös selbst zu orientieren. Hinter diese zugemutete religiöse Mündigkeit und als religiöse Emanzipation von der Kirche wahrgenommene Individualisierung des Glaubens gibt es kein Zurück mehr. Und das ist auch gut so!

Der religiöse Weg des Einzelnen ist bestimmt durch seine subjektiven Erfahrungen und Prägungen. Abfällig wird dabei oft von „Patchwork-Religiosität" gesprochen. Aber wie sonst soll sich Glauben heute ausbilden, als indem sich der Einzelne in souveräner Freiheit als Subjekt seiner Religiosität versteht, sich dabei der Symbole des Göttlichen bedient, die in unserer Gesellschaft bereitstehen und mit ihrer Hilfe nach seinem geistlichen Weg sucht? 52 % der in der Jugendstudie 2018 befragten jungen Menschen zwischen 19 und 27 Jahren erklärten, dass sie über das, was sie glauben, selbst entscheiden.

Mit der Bedeutung der „Wahrnehmung" (griechisch „aisthesis") gewinnt der Glaube eine „ästhetische" Dimension. Es setzt so etwas ein wie eine ästhetische Spiritualisierung des Glaubens. Und weil unsere „Geschmäcker" sehr unterschiedlich sind, auch unser „Sinn und Geschmack für das Unendliche" (Friedrich Schleiermacher), empfinden und fühlen wir auch „spirituell" sehr unterschiedlich. Am wohlsten fühlen wir uns unter unseresgleichen. Wo unsere Sprache gesprochen und unsere Lieder gesungen werden, da fühlen wir uns zuhause. *„Es wird immer mehr zu einem Ideal, dass der Einzelne Autor seiner selbst wird, dass er seine Lebensform erstellt, dass er seine eigene Weisheit erfindet, seine eigene Sprache spricht und diese allein. Es soll sich alles abspielen im Horizont der eigenen Verständlichkeit. Das heißt das Fremde wird ausgeschlossen: die fremde Geste, der fremde Gedanke, die fremde Sprache und Weisheit. Das heißt weiter, das nicht selbst Hergestellte wird ausgeschlossen,"* formulierte Fulbert Steffensky schon 1989 zutreffend.[76]

So werden die Zugänge zum Glauben zunehmend individueller und subjektiver. Auch dies, die Ästhetisierung der Religion, befördert die Vielfalt der religiösen Wirklichkeit, insbesondere auch der kirchlichen. Menschen suchen nach dem, was sie anspricht, was zu ihnen passt, worin sie sich wohlfühlen. Sie suchen nach Ausdrucks- und Erlebnisformen, die ihrem persönlichen Lebensstil entsprechen: nach „ihrer" Musik, „ihrer" Sprache, „ihrer" Kultur. Es muss „ihres" sein, und als solches etwas Besonderes, das Singulare. Sie streben nach Selbsterfüllung und Selbstverwirklichung. Teilweise schlägt das in einen narzisstischen Erlebnis- und Selbstdarstellungskult um, der durch die social-media-Kultur noch einmal eine ungeheure Beförderung erlebt. Viele nehmen ein geradezu kultisches Bad im engen Kreis ihrer Netzwerk-Gemeinde. Ein subjektivistischer „Expressivismus" (Charles Taylor) bestimmt unsere Kultur. Nur was authentisch wirkt, ist attraktiv. *„Das spätmoderne Subjekt performed sein (dem Anspruch nach) besonderes Selbst vor den anderen, die zum Publikum werden."* [77] Nur das Ungewöhnliche verspricht Sichtbarkeit. Was den einen anzieht, stößt den anderen ab. Auch für ihren Glauben suchen Menschen nach Lebens- und Ausdrucksformen, die ihrem persönlichen Empfinden entsprechen und in der ihr Lebensgefühl und ihre subjektive Ästhetik Ausdruck findet. Eine Form, die zu allen passt, gibt es nicht mehr.

Es entwickelt sich eine „Gesellschaft der Singularitäten" (Andreas Reckwitz), in der durch einen Prozess der Kulturalisierung das Authentische und Besondere zunehmend die Muster des überkommenen Industriezeitalters und seiner austauschbaren Massenkultur ersetzt. Das „one form fits all" funktioniert nicht mehr. Wir sind es im Zeitalter der Digitalisierung inzwischen gewohnt, uns das, was wir wollen, nach unseren Wünschen zusammenstellen zu können. Zwar wird jedes Auto weiterhin am Band produziert: Aber kaum ein Fahrzeug gleicht noch dem anderen. Jedes einzelne Fahrzeug wird personalisiert produziert. Der Kunde ist zum Produzenten geworden. An die Stelle einer Logik des Allgemeinen (Immanuel Kant) tritt eine Logik des Besonderen. Und der betrifft auch alle Bereiche der sozialen Kultur, den Einzelnen, aber natürlich auch die Kirche, die über Jahrhunderte die „allgemeine Kultur" bestimmt hat. Die Spätmoderne erweise sich so als eine Kultur des Authentischen, die zugleich eine Kultur des Attraktiven ist.[78] Der Prozess der Digitalisierung bestimmt so nicht nur unsere Kommunikation im digitalen Raum, sondern auch unseren Umgang in der analogen Welt: Die im Netz eingeübten Sozialformen übertragen sich zunehmend in unsere Sozialkultur. Auch hier gilt der von dem kanadischen Medienwissenschaftler Marshall McLuhan formulierte Grundsatz: Medien vermitteln nicht nur Botschaften, die wichtigste Botschaft ist vielmehr das Medium selbst: *„Das Medium ist die Botschaft."* (McLuhan)

Die Aufgabe der Kirche dabei ist zum einen, den Einzelnen auf seinem Weg und in der eigenen religiösen Suchbewegung kritisch, aber hilfreich zu begleiten. Zum anderen muss sie im öffentlichen Raum das Evangelium von Jesus Christus so glaubwürdig und liebevoll darstellen, dass es Menschen zu einem Schlüssel hin zur geheimnisvollen Wirklichkeit Gottes in ihrem Leben wird. Es gilt, beides zugleich zu tun: im Dialog seel-sorglich zu begleiten und zugleich authentische Erfahrungsräume christlichen Glaubens zu öffnen und zu gestalten. Gesprächsoffene Begleiterin sein und zugleich auch selbst zu einem authentischen Ausdruck des Besonderen zu finden, das die Kirche bewegt und wofür sie einsteht. Das eine zu tun, ohne das andere zu lassen. Einerseits Menschen in der Vielfalt ihrer subjektiven Glaubenswege zu akzeptieren und zu begleiten und andererseits den evangelischen Glauben im öffentlichen Raum klar und erkennbar darzustellen und zu verkündigen – und dabei nicht selbst zu einer „ästhetischen Subkultur" zu verkümmern, sondern in einer „vielsprachigen Kirche" der unterschiedlichen Ästhetik den verschiedenen Milieus Raum und Ausdrucksmöglichkeit zu bieten. Darin liegt eine große Herausforderung für die Kirchen in einer zunehmend auch religiös individualisierten und emanzipierten Gesellschaft.

4 Wie können wir Glauben heute teilen?

Mein Glauben ist persönlich. Aber was ich persönlich glaube, das glaube ich doch als tragfähigen Grund des Lebens und der Wirklichkeit. Ich glaube, dass dieser Grund, den ich Gott nenne, auch das Leben der Menschen trägt, die diesen Glauben ausdrücklich nicht teilen. Ich glaube, dass die Gottesgegenwart die Wirklichkeit durchwirkt. Gott wirkt auch da, wo nicht oder anders von "ihm" die Rede ist. Gott wirkt auch in der säkularen Welt. Menschen hilfreich Wege hin zur Christus-Wirklichkeit Gottes zu erschließen und darin zu begleiten, darin sehe ich eine ganz wichtige Aufgabe der Kirche, die ich allerdings als viel zu wenig angeboten und wahrgenommen erlebe.

Die Kirche sollte die Individualisierung von Religion in unserer Gesellschaft auch in der Wahrnehmung und Ausdifferenzierung ihrer eigenen Rolle und ihrer besonderen Mission darin wahrnehmen, und die liegt darin, den Glauben an das Evangelium zu teilen. Mir scheint, dass wir uns darin als Kirche, als evangelische Kirche insbesondere, vielfach überfordert erleben. Geistliche Angebote und Zugänge zum Glauben werden selten thematisiert in unseren Gemeinden und Einrichtungen. Vielfach herrscht eine spirituelle Dürre. Viele geistlich suchende Menschen suchen deshalb erst gar nicht in der Kirche nach Gott, weil sie dort keine geistlichen Quellen vermuten.

Wo dem geistlichen Leben Raum geschenkt wird, da zieht es Menschen hin, wie das Beispiel Taizé zeigt. Seit Jahrzehnten pilgern in das kleine burgundische Dorf und seine Communauté zehntausende Jugendliche aus ganz Europa ... um dort zu beten, zu meditieren, Stille zu halten, auf biblische Worte zu hören und sich über ihren Lebens- und Glaubensalltag auszutauschen. In reformierter Schlichtheit nutzt Taizé dabei die Sprach- und Symbolkraft der christlichen Tradition in einer auch dem säkular geprägten Zeitgenossen leicht zugänglichen Weise: die schlichte Ausrichtung auf die Gegenwärtigkeit Christi; die elementaren Gebetsrufe der Kirche vertont in einer Weise, dass sich die Seele darin einschwingen kann; die kontemplative Betrachtung des biblischen Wortes; die eucharistische Frömmigkeit; ein schlichter, aber sakraler Kirchbau mit ausgeprägter Lichtsymbolik, der zur Stille und zur Betrachtung einlädt; die Weite ökumenischer Gemeinschaft in konfessioneller wie kultureller Hinsicht, die in der Kirche lebt und in Taizé erfahrbar wird; eine Kultur des geteilten Lebens – sowohl bei der Erledigung alltäglicher Aufgaben wie in der interaktiven Begegnung, in der der Glaube und die eigene Berufung thematisch werden können; schließlich und ganz wesentlich: ein gelebtes Leben im Vertrauen auf Gott, in der Nachfolge Jesu, das sich persönlich riskiert und in die Begegnung mit den Armen und Kleinen ruft. Ich liste diese Formen geistlicher Praxis am Beispiel Taizé auch auf, um vor Augen zu führen, wie reich der leb- und erfahrbare Zugang zum Glauben ist, wie reich unsere Tradition ist. Überall und vielfach hinterlässt Gott darin seine Spuren.

Es ist mit dem Glauben wie mit dem Leben, der Liebe und der Hoffnung, dem Glück, dem Frieden und der Gerechtigkeit: Alle diese großen Lebensgaben Gottes wachsen und entfalten sich nur, indem sie gelebt und geteilt werden.

Wie das geht – „Glauben teilen"? Dafür gibt es kein Rezeptbuch! Es gibt aber einige Wegmarken. Glaubenskommunikation geschieht persönlich, ist von Beziehung getragen, von Vertrauen; sie verlangt Glaubwürdigkeit und Authentizität genauso wie Mut und Offenheit. Sie geschieht immer in konkreten Situationen und nur in echten Gesprächen auf Augenhöhe.

Gemeinsam erzählen wir die Geschichte Gottes. Und jeder hat dazu etwas beizutragen. Sie verlangt nach der Kunst des Zuhörens genauso wie nach der Kunst des Sprechens, den Glauben als meinen Glauben dem Anderen in stimmigen Worten aus- und nicht aufzudrücken. Worte, die aus der Mitte des eigenen Lebens gesprochen sind.

Immer waren es Begegnungen mit Menschen, die mein Glaubensdenken veränderten. Menschen, die mir auf eine persönliche und glaubwürdige Weise begegneten. Menschen, für die Glauben bedeutete, Gott das eigene Leben zuzutrauen, ja zuzumuten.

„Glauben teilen" heißt ganz wesentlich, sich zu zeigen. Sich in seinem Anderssein, in seinem Besonders-Sein zu zeigen. Sich zu bekennen. Mit Worten und mit Taten. Auch wenn die anderen das merkwürdig und verrückt finden. Und sie werden es ziemlich unglaublich finden, denn sie glauben ja meist anders. Weil das so ist, ist das auch mit Scham verbunden. Ich zeige ja ungeschützt den innersten Kern meiner Person. Das, was mich ausmacht, zusammen mit dem, womit ich mich identifiziere. Ich bringe meine Identität zum Ausdruck. Und ich ahne dabei vielleicht: „Du findest das komisch oder sogar blöd!" Das kann nicht ohne Scham zugehen.

Glaubensgespräche verlangen deshalb nach Respekt. Nach Respekt mir selbst und meinem Glauben gegenüber wie nach Respekt und Achtung gegenüber den Menschen, mit denen ich meinen Glauben teile. Glauben geht, meine ich, nur zusammen. Glauben will geteilt sein. Glauben braucht Gemeinschaft. Ich brauche Menschen, die denselben Grund mit mir teilen, die mich verstehen und mit denen ich deshalb neue Schritte im Glauben gehen kann.

Wer sich auf solche Glaubensgespräche einlässt, muss schließlich auch bereit sein, sich selbst zu verändern. Ein wirkliches Gespräch verlangt solche Bereitschaft von beiden Seiten. Wo es zu einem wirklichen Austausch über den Glauben kommt, lassen sich beide Seiten darauf ein, vom Anderen auch bereichert zu werden. Und wenn es eine Begegnung von Bedeutsamkeit ist, dann bedeutet dies für alle Gesprächspartner, dass sie aus einer solchen Begegnung auch verändert herausgehen. Sie erfahren möglicherweise Bestätigung, aber auch Kritik. In jedem Fall werden sie ihren Glauben in etwas neuer Weise ausgedrückt haben, um sich dem Anderen verständlich zu machen. Wo wir unseren Glauben teilen, da gewinnt er und wächst, um das, was der Andere, mit dem ich meinen Glauben teile, dazu sagt und beiträgt. Wer seinen Glauben teilt, der lernt im Glauben, der wandelt sich und wächst. Nur wo das geschieht, geschieht ein echter Austausch und wird dem Wirken des Geistes in der Begegnung redlich Raum geschenkt.

Glauben ist experimentell geworden. Menschen wollen nicht nur von Gott hören, sie wollen seine Wirklichkeit spüren, erleben. Die Worte, die vom Glauben erzählen, die Botschaft des Evangeliums und all unsere kluge Theologie bleiben bedeutungsleer, wenn sie nicht an Erfahrungen anknüpfen können.

Menschen suchen und fragen nicht nur mit ihrem Kopf, sondern mit ihrer ganzen Leiblichkeit. Das steht hinter der Wiederentdeckung von Ritualen und religiösen Wegen, wie sie uns heute in der Wiederentdeckung des Abendmahls, im Pilgern oder in Salbungsgottesdiensten begegnen. Menschen brauchen Erlebnisräume des Glaubens, in denen sie Gott begegnen können. Das sollten unsere Gottesdienste sein, das können unsere Kirchen sein; das kann aber auch draußen, in der Natur geschehen, in der Begegnung mit Kunst oder im Raum von Stille und Gebet.

Dabei geht es nicht darum, Gott zu inszenieren. Das wäre ja vermessen, zutiefst ungläubig und manipulativ. Das hat Gott nicht nötig. Es geht schlicht darum, Gott wirken zu lassen und uns seiner Gegenwart zu öffnen.

Ein Glaube, der sich mitteilt, braucht zuerst Menschen, die ernsthaft und ehrlich versuchen, aus dem Glauben an Jesus Christus zu leben. Im Gebet, im Hören auf das Evangelium und im alltäglichen Engagement. Das gilt zumal unter den Bedingungen eines christlichen Traditionsabbruchs. Dieser Traditionsabbruch beginnt in den Kinderzimmern zuhause – und er fordert die Gemeinden heraus, ihre katechetischen Modelle zu überdenken. Das Im-Glauben-Lernen erschöpft sich nicht im Konfirmandenalter. Es beginnt im Arm der Mutter und endet mit dem letzten Atemzug. Es braucht kirchliche Angebote in allen Lebensphasen: *„Was kann die biblische Botschaft Kindern und ihren Eltern zu den großen Fragen des Lebens sagen? Wie kann der christliche Glauben ihnen helfen, sich und die Welt zu verstehen? Wie können sie ihren christlichen Glauben mithilfe der christlichen Tradition leben?"* fragen wir in dem 2016 erschienen GlaubMalBuch, einem Glaubenskurs für Kinder unter Beteiligung ihrer Eltern.[79]

Gershom Scholem erinnert uns an eine Erzählung S.J.Agnons[80]: *„Wenn der Baal-Schem etwas Schwieriges zu erledigen hatte, irgendein geheimes Werk zum Nutzen der Geschöpfe, so ging er an eine bestimmte Stelle im Walde, zündete ein Feuer an und sprach, in mystische Meditationen versunken, Gebete – und alles geschah, wie er es sich vorgenommen hatte. Wenn eine Generation später der Maggid von Meseritz dasselbe tun wollte, ging er an jene Stelle im Walde und sagte: „Das Feuer können wir nicht mehr machen, aber die Gebete können wir sprechen" – und alles ging nach seinem Willen. Wieder eine Generation später sollte Rabbi Mosche Leib aus Sassow jene Tat vollbringen. Auch er ging in den Wald und* *sagte: "Wir können kein Feuer mehr anzünden, und wir kennen auch die geheimen Meditationen nicht mehr, die das Gebet beleben; aber wir kennen den Ort im Walde, wo all das hingehört und das muss genügen." – Und es genügte. Als aber wieder eine Generation später Rabbi Israel von Rischin jene Tat zu vollbringen hatte, da setzte er sich in seinem Schloss auf seinen goldenen Stuhl und sagte: „Wir können kein Feuer machen, wir können keine Gebete sprechen, wir kennen auch den Ort nicht mehr, aber wir können die Geschichte davon erzählen." Und – so fügt der Erzähler hinzu – seine Erzählung allein hatte dieselbe Wirkung wie die Taten der anderen drei."*

Agnons Erzählung illustriert auf sehr anschauliche Weise den Verfall einer Tradition, aber auch dass Gott und Glauben nicht in der Überlieferung aufgehen. Aber die Überlieferung trägt den Glauben und hilft ihm, seinen Weg zu finden. Menschen besuchen unsere Gemeinden und Gottesdienste auch weil sie glauben, hier Menschen zu finden, die die alten Worte des Glaubens noch kennen. Und sie haben die Ahnung: Diese alten Worte und Geschichten könnten wichtig sein – weil sie tragen, weil sie halten, weil sie Hoffnung stiften. Es wäre schön, wenn sie hier, in unseren Gemeinden und Gottesdiensten, in unseren Kirchen und Einrichtungen, Erzähl- und Gesprächsräume des Glaubens finden würden.

Manchen Glaubensweg habe ich als Seelsorger über die Jahre begleitet: Glaubenswege so verschieden wie die Menschen, immer individuell und persönlich; sie vollzogen sich allmählich und über Jahre; jede und jeder hat für sich anders formuliert, wie und was er oder sie glaubt; immer wieder fragen, suchen, sich weh tun; Wege begleitet von Krisen und Umbrüchen; immer geschieht darin auch das geheimnisvoll-Überraschende, das Unerwartete: Gott. Getragen von einer Gemeinschaft, die erlaubt, teilzuhaben und teilzugeben, und die Räume auch geistlicher Erfahrung öffnet. Sie zu betreten und zu beschreiten, brauchte meist Mut – von allen Seiten: den Mut, sich auszusetzen und zuzumuten mit den ungeschützten Erfahrungen und Gedanken auf dem eigenen Glaubens- und Lebensweg. Solche Begegnungen brauchen kein Geld, aber Zeit. Wo wir diese Zeit füreinander von Gott geschenkt bekommen, da ereignet sich Gemeinde.

Kapitel 20
Weggemeinschaft im Glauben

Es braucht Gelegenheiten, zu erleben und kennenzulernen, was das denn ist: „christlich glauben", wie und aus welchen Quellen Christen leben. Was das ist und wie ich das lesen und verstehen kann: die Bibel, das Evangelium. Orte, an denen der Glaube anschaulich wird: wo Menschen im Licht der Christuswirklichkeit miteinander leben und beten, feiern und arbeiten. Menschen, die mich einladen, bei ihnen zu Gast zu sein, um Gott näher kennenzulernen.

Menschen suchen nach solchen Orten gemeinsam gelebten Glaubens, die ausstrahlen, wo sie auf Zeit zu Gast sein dürfen. Viele finden sie in Gemeinden, zunehmend mehr Menschen in Klöstern, Kommunitäten oder Einkehrhäusern. Was sie dort zuerst spüren, ist die Lebenskultur, die ihnen dort begegnet. Wie werde ich wahrgenommen? Wie gehen die Menschen hier miteinander um? Herrscht hier eine Atmosphäre der Kälte, oder spüre ich menschliche Wärme? Sind das alles nur Worte, die mir entgegenschallen, vollmundig, aber leer? Oder spüre ich, dass diese Worte in den Menschen leben, die mir hier begegnen. Stiftet der Glaube eine Wirklichkeit, die aus sich heraus von dem Evangelium erzählt? Der erste Brief, den die Menschen vom christlichen Glauben lesen, das sind wir selbst in unserem Umgang miteinander.

Soll der Weg im Glauben weiterführen braucht es Weggefährten. Menschen, die meinen Weg im Glauben teilen. Ich brauche Gemeinschaft, Vernetzung, Austausch, geteiltes Leben. Menschen mit denen ich meine Fragen, Gedanken und Erfahrungen teilen kann, mit denen ich mich meines Glaubensweges vergewissern kann und mit denen ich mich im Glauben gemeinsam unterwegs weiß: Weggemeinschaft im Glauben. Gemeinschaft, die provisorisch, wandelbar und gestaltbar ist. Eine Initiativgruppe, der sporadische Besuch auf dem Kirchentag oder einem anderen Kirchenevent, ein Hauskreis, ein Stadtteilprojekt, eine kleine geistliche Begegnungsgruppe. Sie suchen nach einer Kirche in der Zeit, nicht in Räumen. Geboren aus der Begegnung, aus gemeinsamen Anlässen, Aufgaben, Themen.

1 Gesprächsräume des Glaubens

Jesu Weggemeinschaft mit seinen Jüngern beginnt mit der Frage: „Was sucht ihr?" (Joh. 1,38). Wo ich in den vergangenen Jahren Menschen bei ihrem Versuch begleitet habe, neu in die Zukunft aufzubrechen, habe ich die immer wiederkehrende Erfahrung gesammelt, dass es für den Aufbruch den Kontakt zur eigenen Berufung braucht: Wofür schlägt mein Herz? Was will ich, was muss ich wirklich tun? Es ist der Auftrag Christi, der Herzschlag des Heiligen Geistes im eigenen Leben. In solch einer „Pastoral der Berufung" liegt ein zentraler kirchlicher Auftrag. Sie verhilft Menschen dazu, ihre Sendung zu entdecken, ihren Auftrag in der Welt wahrzunehmen und Verantwortung zu übernehmen. Gerade in der Begleitung junger Erwachsener läge hier eine geistliche Aufgabe von besonderer Relevanz.

Glaubenswege beginnen mit der Frage: „Was suchst du?" Sie beginnen mit der Frage nach der eigenen Berufung: „Was ist es, das mich wirklich und von grundauf bewegt?" Und dem entdeckenden Innewerden in der Gegenwart Gottes: „Das bin ich! Dafür schlägt mein Herz! Ich kann was tun! Und: ich will das tun. Ich weiß nicht, ob es mir gelingen wird. Aber ich will es wagen." In dem Moment, wo wir das spüren, verlassen wir die Opferrolle und werden zu mitverantwortlichen Akteuren. Zu Christen, die wissen, was sie sollen, was sie wollen und was sie können. Und die auch um ihre Grenzen wissen. Wir handeln als Glaubende.

Sätze wie „Das ist meine Berufung" oder „Das ist meine Sendung" sind Glaubenssätze. Solche Glaubenssätze hat man nicht dauerhaft. Es bedarf immer wieder aufs Neue eines schöpferischen Prozesses, um das, was mich bewegt, neu in Worte zu fassen, es auszudrücken, ihm Bild und Klang zu schenken. Und dazu bedarf es der anderen. Dafür brauchen wir das Gespräch miteinander. Emmaus-Gespräche. Das offene und interessierte Gespräch unter Menschen, die den Weg des Glaubens teilen wollen. Die fragen, die zuhören, die mitgehen, die verstehen wollen. Ihr Verstehen schenkt mir die Möglichkeit, mich in meinem Glauben zu verstehen.

Gemeinden sind Orte, wo uns Zeit und Gelegenheit geschenkt sein sollten, uns unsere Glaubens- und Lebensgeschichten zu erzählen. Wir brauchen solche Orte dringend. Wir brauchen Gelegenheit, zu erzählen, was uns bewegt. Denn anders als indem wir es anderen erzählen, gewinnen wir es für uns selber nicht. Wir brauchen das ehrliche Gespräch miteinander, das immer mit der interessierten Frage beginnt: „Was bewegt dich?", die Jesus an die nach Emmaus flüchtenden Jünger richtet.

Lebendige Gemeinden sind Erzählräume des Glaubens, in denen wir einander Christus vertreten. Sie schenken Weggemeinschaft, wie sie die Jünger am Ostermorgen auf ihrem Weg nach Emmaus fanden. Wir brauchen sie, um uns selbst zu verstehen. Um dessen inne zu werden, was uns bewegt, wer wir sind und was wir wollen. Wir brauchen einander, um unsere innere Fremdheit zu durchbrechen. Um in Kontakt zu unserer Identität und Berufung zu finden. Zu Gott und zu unserem Glauben. Und um daraus neue Kraft zu schöpfen angesichts einer widrigen Wirklichkeit.

2 Gemeinschaft unter dem Wort

„Musste das nicht alles geschehen?", fragt Jesus die beiden Jünger auf ihrem Weg. Er wechselt die Perspektive: „Steht nicht in der Schrift geschrieben, dass der Gesandte Gottes das alles erleiden muss?" Wo steht geschrieben, dass der Gerechte Gottes nicht leiden muss? Ganz im Gegenteil. Gerade ihm wird das Elend des Menschen aufgeladen und zu eigen. Dass Gott bei ihm ist, heißt doch nicht, dass er von Tod und Leid verschont bleibt.

So hatten die beiden das bisher noch gar nicht gesehen. Der Christus lehrt sie einen anderen Blick auf die Dinge – er befreit sie aus ihrer hoffnungslosen Sichtweise. Indem er sie die Wirklichkeit mit Hilfe der Schrift neu wahrnehmen lehrt und so sich selbst aus der Sichtweise Gottes neu anschauen lässt. Christus legt ihnen ihre Erfahrungen in der Begegnung mit der Schrift neu aus.

Jesus teilt mit den beiden die Schrift. Und im Teilen der

Schrift, im stillen und aufmerksamen Hinhören auf die Stimme des Christus, verstehen sie ihre eigene Geschichte neu. Das Absurde gewinnt einen Sinn, in den sich die verloren fühlenden Freunde bergen können. Sie beginnen zu verstehen.

Weggemeinschaft im Glauben ist Gemeinschaft im gemeinsamen Hören und Teilen des biblischen Wortes als „Wort Gottes". Dabei ist jeder beteiligt – als Hörender wie als Sprechender. Eine elementare Form solch christlicher Weggemeinschaft bilden die „Bibel-Teilen-Gruppen". Die Sieben-Schritte-Methode – erstmals vom katholischen Lumko-Institut in Südafrika herausgegeben – erwuchs aus der intensiven Hinwendung der Kleinen Christlichen Gemeinschaften in Afrika zur Heiligen Schrift. Diese Gemeinschaften sind als Nachbarschaftsgruppen bemüht, bewusst ein christliches Leben zu führen und untereinander gute zwischenmenschliche Beziehungen aufzubauen. Christen treffen sich zum gemeinsamen Bibelgespräch. Einer übernimmt die Gesprächsleitung. Bibelarbeit folgt nun einer festen „Liturgie" von sieben Schritten. Nach einem gemeinsamen Gebet, in dem die Gemeinschaft Gott um seine Gegenwart bittet, wird der biblische Text gemeinsam meditiert. Es ist ein aufmerksames Hineinhören in die Worte, ein Hinhören auf das, was die Worte mir heute sagen, und ein miteinander Teilen dessen, was die Teilnehmenden jeweils heute vernommen habe. Erst zum Abschluss kommt es zum Gespräch miteinander – vor allem unter der Fragestellung, was die Einsichten, die an diesem Abend gewonnen wurden, wohl für den Alltag der Einzelnen bedeuten können.

Dieses meditierende Hinhören auf die biblischen Worte, geteilt in der Gemeinschaft, führt in eine besondere Tiefe. Tiefer als die meisten Predigten. Und so einfach.

Die 7 Schritte des Bibel-Teilens

Sie wenden sich der Bibel intensiv zu, um ihre Situation im Licht der Heiligen Schrift besser erkennen und bewältigen zu können.

1. *Einladen:* Wir werden uns bewusst, dass Gott in unserer Mitte ist. Wer möchte dies in einem Gebet zum Ausdruck bringen?
2. *Lesen:* Wir lesen den Text reihum – jeder einen Vers.
3. *Verweilen: Keine „Predigt"! Keine Diskussion!* Jeder kann Worte oder einen Satz aus dem Bibeltext laut aussprechen, von dem er sich betroffen fühlt. Noch nicht begründen! Dabei entstehen oft Mehrfachnennungen, und auch die Reihenfolge ist frei. Wir lesen den Text noch einmal im Zusammenhang laut.
4. *Schweigen:* Für eine fest umrissene Zeit lassen wir Gott in der Stille zu uns sprechen.
5. *Teilen:* Nun kann jeder etwas zu den Worten sagen, bei denen er hängen geblieben ist (Punkt 3). Gibt es etwas, was unser Herz berührt? In der Ich-Form sprechen. Kein Streitgespräch.
6. *Handeln:* Was will Gott, das wir tun sollen? Welches Wort nehmen wir mit in unseren Alltag? Was ergibt sich für mich aus dem Bibeltext? Wo möchte ich im Alltag dranbleiben?
7. *Beten:* Wir beten miteinander. Jeder darf etwas beitragen. In der Fürbitte denken wir auch an andere. Das Bibel-Teilen kann mit dem Vater-Unser, einem Segen und einem Lied enden.

3 Mahlgemeinschaft

Auf dem Emmausweg wird es Abend. Der unbekannte Weggefährte will die beiden Freunde verlassen und weitergehen. Aber sie bitten ihn: *„Bleibe bei uns; denn es will Abend werden und der Tag hat sich geneigt."* (Lukas 24,29) Bereitwillig folgt der Fremde der Einladung. Und als er mit ihnen zu Tisch sitzt, nimmt er das Brot, dankt, bricht es und reicht es ihnen. „Das bin ich für euch – wie Brot, das nährt; gebrochen, um seine Kraft zu teilen; ich – für euch." In diesem Augenblick „werden ihnen die Augen geöffnet" (V31). Christus gibt sich ihnen zu eigen, und so erschließt sich ihnen im Teilen des Brotes die Gegenwart Gottes.

Christliche Weggemeinschaft sollte für das nächste Stück des Lebensweges stärken. Geistlich und leiblich. Abendliche Herberge am Wegesrand, Raum gemeinsamer Einkehr. Wo wir gemeinsam um einen Tisch Christus einladen, Brot und Wein in seinem Namen zu teilen, uns gemeinsam Gottes Gegenwart zu öffnen: sie zu essen, sie zu schmecken, sie zu atmen.

Im Zentrum christlicher Weggemeinschaften findet sich oft die Mahlgemeinschaft, teils ganz profan, teils sehr geistlich, manchmal beides. In der gelebten Gastfreundschaft, am gemeinsamen Tisch, im Teilen des Essens findet man leichter zusammen und erfährt Stärkung an Leib und Seele für den Alltag. Es überrascht deshalb nicht, dass gemeinsame Mahl- und Abendmahlsfeiern auch in vielen der sogenannten „neuen Gemeindeformen" eine wichtige Rolle spielen, wie der jüngst erschienene „Atlas neuer Gemeindeformen"[81] feststellt: *„Das verbindende Sakrament des Abendmahls (wird) überraschenderweise von rund zwei Drittel der Gemeinde-/Sozialformen gefeiert."* (Gemeindeatlas 28) So feiern sie im Essener *raumschiff.ruhr* schon seit Jahren regelmäßig Mittwochs Abends #*orbit* – die Mitte der Woche und des Lebens mit Musik, Momenten der Stille, Achtsamkeit und Segen – mal mit Stullen, aber manchmal auch mit Waffeln oder Falafel, Linsensuppe oder Schokokuchen, je nachdem, wer gerade für's Essen verantwortlich ist. Bei #*brot+wein* teilen die, die kommen, ihre unterschiedlichen Geschichten, ihre so verschiedenen Arten und Weisen zu glauben.

4 Caring Community

Der Weg der beiden Jünger geht weiter. Auf die „Hin-reise" folgt die „Rück-reise" (Dorothee Sölle). Von Emmaus kehren Sie um nach Jerusalem. Dort teilen Sie, was sie selbst erlebt haben: zunächst mit den anderen Jüngern, dann nach Pfingsten sicher auch öffentlich mit den Menschen in der Stadt: Wie Christus sie auf ihrem Weg begleitet und mit ihnen das Brot gebrochen hat.

Christliche Weggemeinschaft bleibt nicht bei sich. Das Leben wird alltäglich gelebt. Hier gilt es zu schauen und wahrzunehmen, was dran ist und wo ich mit meiner Berufung gefragt bin, deren ich mich in der Gemeinschaft vergewissere und stärke. Dass Menschen ihre Augen und Ohren aufmachen und raus gehen, darin liegt die nötige andere Bewegung. Die Menschen wahrnehmen, mit denen wir alltäglich zu tun haben: in der Nachbarschaft, in unserer Stadt, bei uns auf dem Land. Aufmerksam sein für das, was um uns her geschieht. Ohne ein solches Interesse an den Menschen geht nichts. Gar nichts. Genau darin liegt eine ungewohnte Aufgabe: mit den Augen der anderen die Welt wahrzunehmen. Was bewegt sie? Was fehlt ihnen? Welche Relevanz könnte meine Berufung für ihr Leben haben?

Nicht von sich her, sondern von den Menschen her zu denken, ist der nötige Schritt des „geistigen Herausgehens" aus oft eingefahrenen Mustern kirchlicher Existenz. Es geht darum, sich herausfordern zu lassen von der konkreten Wirklichkeit. Nicht von sich selber her, sondern von den Menschen her zu denken. Dafür müssen Christen sich mit ihrem Glauben aufmachen und raus gehen. Hin zu den Menschen. Zuhören. Hinschauen. Nicht bei sich selbst bleiben, sondern sich auf neue Begegnungen einlassen – und darin Christus folgen in den

Alltag der Welt. Es gibt keine Nachfolge ohne einen solchen Aufbruch und dem Verlassen gewohnter Perspektiven.

Die Reibungen, die Widersprüche, die dabei wahrgenommen werden und die zunächst unbequem sind, tragen in sich ein großes kreatives Potential. Auf einmal werden ganz andere Möglichkeiten sichtbar als die bisher gedachten und gelebten. Die Berufung, die mich bewegt, wird konkret. Sie erdet. Sie führt mich in die Wirklichkeit. An einen bestimmten Ort, zu bestimmten Menschen[82]. So betreibt die anglikanische Gemeinde St. George im Südosten Londons eine rege Nachbarschaftsarbeit im Stadtteil. „Ausgangspunkt sind zahlreiche Hausbesuche mit dem Interesse, die Menschen im Stadtteil kennenzulernen und sie wiederum auch für ihre Nachbarschaft zu interessieren. So soll langsam eine sorgende Gemeinschaft im Stadtteil wachsen, eine caring community, in der sich die Menschen füreinander interessieren und umeinander kümmern. Menschen, die sich dafür gewinnen lassen, lädt sie zu Schulungen ein, ihre eigene Berufung für die Gemeinschaft zu entdecken und kommunikative Fertigkeiten zu entwickeln, um ihre Berufung zu leben. So wächst die Besuchsdienstarbeit aus sich selbst und nährt sich aus einer ausgeprägten Berufungspastoral. Auf einer Bürgerplattform von ‚citicen.uk' ist die Gemeinde verbunden mit anderen Gemeinden, Moscheen, Vereinen, Initiativen oder Bildungseinrichtungen im Stadtteil. Gemeinsam mit ihnen engagiert sich die Gemeinde hier für ein ‚gutes Leben im Stadtteil': für bezahlbaren Wohnraum, für Spielplätze, für gute Schulen ... . Pfarrer Angus Richie sagt: ‚Wir haben kein Relevanzproblem. Wir wissen, was die Menschen hier beschäftigt. Und wir sind mit ihnen engagiert.' St. George engagiert sich mit den Menschen für die Menschen, in ökumenischer und interreligiöser Solidarität, theologisch reflektiert und zugleich spirituell tief verwurzelt in einer hochkirchlichen Frömmigkeit."[83] Theologie, Spiritualität und Aktion sind miteinander verzahnt: Im Hören auf Gott und auf den Nachbarn wird der gemeinsame Weg schrittweise und nachhaltig gemeinsam entwickelt. Besondere und stete Aufmerksamkeit richtet sich auf die Entwicklung der Beziehungen untereinander, in der Nachbarschaft wie zu anderen Akteuren in der Stadt. Der Fokus auf die Menschen ist dabei immer wieder neu zu überprüfen. Innerhalb der partizipativ ausgerichteten Gemeindekultur werden Macht und Verantwortung auf verschiedenen Schultern geteilt. So bemüht sich die Gemeinde als Weggemeinschaft die Christusgeschichte miteinander zu erzählen und zu verkörpern: Gemeinde als Sozialgestalt Christi ganz im Sinne Dietrich Bonhoeffers: „*Es geht um das Gestaltwerden der Gestalt Christi unter uns.*" (Ethik 47)

5 Community Organizing: Netzwerk-Gemeinschaft

In St. George findet sich auch das anglikanische „Centre for Theology & Community", das Kirchen darin begleitet, ihre Gemeinschaften zu transformieren durch „Community Organizing", durch theologische Reflexion und Gebet.[84] Im Zentrum steht dabei immer wieder die Frage nach der eigenen Berufung und wie sie heute in gemeinschaftlichen Bezügen zu leben ist – individuell und gesellschaftlich, innergemeindlich wie im öffentlichen Leben: Wie können wir mit unseren unterschiedlichen Gaben und Berufungen miteinander zu einem gerechten und friedlichen gemeinschaftlichen Leben in unserem privaten und beruflichen Umfeld beitragen?

Der aus der amerikanischen Gewerkschaftsbewegung entstandene Ansatz des Community Organizing will Menschen zu gemeinsamem Handeln im Raum der Zivilgesellschaft verbinden und folgt dabei einem sehr strategisch planvollen Ansatz. „Durch rege Kontakt- und Begegnungsarbeit wird ein Netz von Beziehungen geknüpft. Ein Beziehungsnetz in der Nachbarschaft, im Stadtteil, in der Gemeinde, zwischen den verschiedenen bürgerlichen, kulturellen und religiösen Gruppen im Stadtteil – auch mit dem politischen Interesse, dass Menschen, insbesondere marginalisierte Menschen, Teilhabe am gesellschaftlichen Leben erfahren."[85] Das verändert auch Kirchengemeinden. „Gemeinden, die sich am Community Organizing beteiligen, finden dabei aus ihrer Selbstbeschaulichkeit heraus. Sie überschreiten die Grenzen ihrer Gemeindehäuser und Einrichtungen und finden in Kontakt zu anderen religiösen und nicht-religiösen Gruppen in ihrem Umfeld. So nehmen sie den Stadtteil, in und für den sie Kirche sind, oft noch einmal neu wahr. Brücken werden geschlagen hin zu Menschen, die vielfach am gesellschaftlichen Rand des Stadtteils leben. Die Menschen im Stadtteil nehmen umgekehrt wahr, dass sich Kirche für ihre gemeinsamen Interessen engagiert. Die Gemeinde gewinnt neu an Relevanz für das gemeinsame Leben. Sie tut das, weil sie es als ihren gesellschaftlichen Auftrag versteht, Menschen um ihrer Würde willen Teilhabe und Teilnahme am gesellschaftlichen Leben zu ermöglichen. So leisten die Gemeinden einen wesentlichen Beitrag zu einer mündigen Integration der sehr verschiedenen Menschen und Gruppen in unserer Gesellschaft und zu einem menschenwürdigen Leben von Menschen, die sich oft als diskriminiert erleben."[86]

Das bleibt nicht ohne Auswirkungen auf das innere Gemeindeleben. Die Gemeinden weiten ihren Blick über die Kerngemeinde hinaus hin auf die Menschen in ihrem Sozialraum. In den Gemeindehäusern geht es bunter und ökumenischer zu. Die in den Gemeinden engagierten Menschen werden sich neu ihrer Berufung und ihrer Sendung in der Welt bewusst, in der sie Jesus nachfolgen wollen. Menschen im Stadtteil werden besucht, das nachbarschaftliche Miteinander erfährt Förderung. Es erwächst eine Gemeinde mit den Menschen, teilnehmend eingebunden in den Sozialraum ihrer Nachbarschaft.

6 Gemeinsam unterwegs im Glauben

Wer diesen Weg der Entwicklung christlicher Weggemeinschaft geistlich betrachtet, entdeckt darin den Weg Jesu wieder: von seiner Berufung und dem Traum vom Reich Gottes über den Weg hinaus aus der vertrauten Heimat Nazareth in das Land Galiläa; der Gewinnung von Freunden, die bereit sind, Traum und Berufung zu teilen; die aufmerksame Wahrnehmung von Menschen am Rande und oft ganz praktische Taten, die Menschen neugierig werden lassen. Heilsame, wohltuende, verändernde Taten. Wunder werden sie später genannt. Augenblicke mitten im Leben, die Menschen aufmerken lassen. Manche fragen nach. Einige lassen sich anstecken und machen mit. Eine Bewegung im Werden. Wo Menschen sich ansprechen lassen, wo Vertrauen und Gemeinschaft entstanden sind, da findet der Glaube ins Leben. Jesus erzählt vom Reich Gottes. Von seiner Verheißung, von seiner Kraft und von seinem Lebensstil. Er ruft zum Glauben – und manche folgen ihm. Und zugleich wachsen Misstrauen, Ärger und Widerstände im Lager der etablierten Religion. Es braucht viel Glauben, diesen Weg zu gehen – hierzu brauchen wir einander, uns zu ermutigen und den Glauben zu teilen wie das Brot. In Gemeinden sollten Menschen solche Weggemeinschaft im Glauben finden.

***

Den konkreten Anlass zu meinen Überlegungen gab der Tod einer jungen Schülerin. Sie wollte nicht mehr weiterleben und wählte für sich den Tod. Sie konnte nicht mehr weiterleben, weil ihr schlicht jeder Glaube, alle Hoffnung und jederlei Trost fehlten. Da war nichts mehr, was sie trug. Sie empfand ihr Leben als kaputt. Sie hatte sich verloren und ging in ihrem eigenen Leben unter.

Damals machte ich die Entdeckung, dass Glauben etwas ist, was jeder Mensch zum Leben braucht. Ohne Glauben geht es nicht. Ohne Glauben sterben wir. In diesem Glauben geht es immer darum, dass Menschen sich im Leben zuhause fühlen. Es geht um Heil und dass dieses Heil einen schöpferischen und lebendigen Grund hat. Solches Heil empfangen wir im Glauben.

Ich persönlich meine, dass der Glaube, zu dem Jesus einlädt, für den Menschen gut und heilsam ist und unserem Glauben einen guten Grund und eine tiefe Hoffnung schenkt. Ich erlebe mich in meinem Glauben durch ihn und in ihm verwurzelt und getragen. Und ich erlebe, wie sich mein Glaube wandelt, wie er sich entwickelt und wächst, indem ich ihn mit Menschen teile. Ich erfahre darin Gemeinschaft und Vergewisserung, aber auch Kritik und Korrektur – und erlebe das auch bei den Menschen, mit denen ich Glauben teile.

Im Teilen des Glaubens geht es nicht um die Kirche. Es geht um die Menschen. Es geht um unser Leben und Zusammenleben. Es geht um Hoffnung und Trost, um Geborgenheit und Verbundenheit, um Lebensmut und Heilung. Danach sucht Glauben, und das verheißt das Evangelium. Das sind die relevanten Themen und Fragen des Glaubens. Sie sind der Kirche zur Aufgabe gemacht. Niemand ist allein. Niemand muss sich, niemand darf sich in seinem Leben als verloren erleben. Niemand darf abgeschrieben werden. Auch die Kaputten werden geheilt. Dafür hat Jesus gelebt.

Dieser Aufgabe zu dienen, ist der Auftrag, den Christus seiner Kirche gegeben hat. Ein Auftrag, der größer ist als die verschiedenen Kirchentümer und ihr organisationales Eigeninteresse. Ein Auftrag voller Verheißung. Wo Christen dem dienen, nehmen sie in der Nachfolge Jesu am Christusgeschehen teil. Darin liegt ihre Mission. Wo Kirchen diesem Auftrag dienen, dass sich niemand in seinem Leben als verloren erleben muss – sei es aus inneren oder äußeren Gründen –, wo Christen ihren Glauben nicht selbstgenügsam für sich leben und pflegen, sondern ihn mit den Menschen teilen, wo sie sich in Weggemeinschaften des Glaubens begeben, da gewinnen sie Zukunft und Perspektive.

Anmerkungen

1. Adolf Schlatter, Der Glaube im Neuen Testament, 4. Aufl. Stuttgart 1927.
2. Karl Barth, Kirchliche Dogmatik 4/1 Zürich 1953, S. 836.
3. Alain Ehrenberg, Das erschöpfte Selbst. Depression und Gesellschaft in der Gegenwart, 2. Aufl. Frankfurt 2015, S. 249.
4. Vgl. Francis Fukuyama, Identität. Wie der Verlust der Würde unsere Demokratie gefährdet, Hamburg 2019.
5. Clemens Sedmak, Innerlichkeit und Kraft. Studie über epistemische Resilienz, Freiburg 2013.
6. Vgl. dazu Charles Taylor, Quellen des Selbst, Die Entstehung der neuzeitlichen Identität, Frankfurt/M. 1996.
7. Vgl. hierzu die entsprechende Definition von „Personalität" durch den Theologen Wilfried Härle: „Personalität ... als ein allem Verhalten vorgegebenes komplexes Beziehungsgefüge und der Begriff „Person" demzufolge als ein Relationsbegriff, an dem wenigstens drei Aspekte zu unterscheiden sind: - die Beziehung der Person zu sich selbst; - die Beziehung der Person zu anderen Personen (und zu Gegenständen); - die Beziehung der Person zum Ermöglichungsgrund ihres Personseins." In: Wilfried Härle, Dogmatik, 3. Aufl. Berlin 2007, S. 249.
8. Der Geigenbauer Martin Schleske hat das in seinem Buch „Der Klang. Vom unerhörten Sinn des Lebens", München 2010 auf das lebendigste ausgeführt und beschrieben.
9. Adolf Schlatter a.a.O. S. 117.
10. Johannes Zimmermann / Anna-Konstanze Schröder (Hg.), Wie finden Erwachsene zum Glauben? Einführung und Ergebnisse der Greifswalder Studie, Neukirchen-Vluyn 2010.

11 Vgl. hierzu wie zum Weiteren grundsätzlich: Hans Joas, Glaube als Option. Zukunftsmöglichkeiten des Christentums, Freiburg 2012.
12 Frank Vogelsang, Soziale Verbundenheit. Das Ringen um Gemeinschaft und Solidarität in der Spätmoderne, Freiburg/München 2020, S. 189.
13 Abraham J. Heschel, Gott sucht den Menschen. Eine Philosophie des Judentums, Neukirchen-Vluyn 1989.
14 Vgl. hierzu Ingolf U. Dalferth, Wirkendes Wort. Bibel, Schrift und Evangelium im Leben der Kirche und im Denken der Theologie, Leipzig 2018: „Schrift – das sind die kanonischen Texte im kirchlichen und theologischen Gebrauch, deren sich die Kirche bedient, um sich über ihren Glauben Rechenschaft abzulegen und sich ihrer Identität durch die Geschichte immer wieder kritisch zu versichern." S. 250.
15 Heinrich August Winkler, Geschichte des Westens. Von den Anfängen in der Antike bis zum 20. Jahrhundert, 2. Aufl. München 2010, S. 25.
16 Bernd Janowski, Ist Gott grausam? – Annäherungen an Genesis 22. In: ders., Ein Gott, der straft und tötet. Zwölf Fragen zum Gottesbild des Alten Testaments 2. Aufl. Neukirchen-Vluyn 2014, S. 143.
17 Abraham J. Heschel a.a.O. S. 119.
18 Abraham J. Heschel a.a.O. S. 105.
19 „Andere Kulturen kennen Göttergeschichte und Menschengeschichte. Heilige Geschichte aber ist eine Geschichte, die Gott mit den Menschen gemeinsam hat oder macht, und das ist eine exklusiv biblische Idee, das Neue, das mit der hebräischen Bibel in die Welt gekommen ist. Die heilige Geschichte, historia sacra, hat den Charakter eines Projekts, das Gott mit den Menschen eingegangen ist, und das ist eine Idee von absoluter Neuartigkeit." Jan Assmann, Exodus. Die Revolution der Alten Welt, München 2015, S. 163
20 „Der >Monotheismus der Treue< ist das weltverändernd Neue, das mit der biblischen Religion in die Welt kommt." Jan Assmann, Exodus. Die Revolution der Alten Welt, München 2015, S. 12.
21 Gerhard Ebeling zur Stelle: „Glaube ist das, worin der Existenz ihr Gegründetsein widerfährt." In: Jesus und Glaube. In: ders., Wort und Glaube, Tübingen 1960, S. 216.
22 Hans Wildberger, Königsherrschaft Gottes. Jesaja 1–39, Neukirchen-Vluyn 1984, S. 116.
23 Adolf Schlatter, Der Glaube im Neuen Testament, 4. Aufl., Stuttgart 1927, S. 109.
24 Thomas Söding, Die Verkündigung Jesu – Ereignis und Erinnerung, Freiburg 2011, S. 162.
25 Benjamin Schliesser, Was ist Glaube? Paulinische Perspektiven, Zürich 2011, S. 34.
26 Thomas Söding, Glaube bei Markus, Stuttgart 1985, S. 3.

27 Zitiert nach Charles Taylor, Quellen des Selbst, S. 237.
28 Augustinus, De vera religione, XXXIX 72.
29 Charles Taylor, Quellen des Selbst, S. 241.
30 Ebd.
31 Augustin, Bekenntnisse, München 1982, dtv-Bibliothek.
32 Charles Taylor, Quellen des Selbst, S. 245.
33 Zitiert nach Paul Althaus, Die Theologie Martin Luthers, 5. Aufl. Gütersloh 1980, S. 133.
34 Zitiert nach Althaus S. 132.
35 Zitiert nach Althaus S. 135.
36 Zitiert nach Althaus S. 51.
37 Friedrich Schleiermacher, Über die Religion. Reden an die Gebildeten unter den Verächtern der Religion" 1. Aufl.1799, Hier zitiert nach: Studienausgabe. Hg. Von Niklaus Peter, Frank Bestebreurtje und Anna Büsching, Zürich 2012.
38 Vgl. die lesenswerte Einführung in Karl Barths Theologie von Eberhard Busch, Die große Leidenschaft. Einführung in die Theologie Karl Barths, Gütersloh 1998.
39 Karl Barth, Der Römerbrief, 2. neu bearbeite Aufl., München 1922.
40 Zur kritischen Diskussion Karl Barths mit Friedrich Schleiermacher und dem Kernbegriff des religiösen Erlebnisses vgl. im §6 der Kirchlichen Dogmatik Bd.I/1 Zürich 1932, S. 200 ff: „Es geht in der Theologie darum, die Selbstgewissheit auf die Gottesgewissheit zu gründen und an der Gottesgewissheit zu messen." S. 205.
41 Karl Barth, Kirchliche Dogmatik (KD), I.1,Zürich 1932, S.194.
42 Eberhard Bethge, Dietrich Bonhoeffer. Eine Biographie. 4. Aufl. München 1978 S. 204f.
43 Dietrich Bonhoeffer, Nachfolge. München 1937; hier zitiert nach der 4. Aufl. München 1952.
44 Brief vom 19.9.1936 in: Gesammelte Schriften Bd. 2: Kirchenkampf und Finkenwalde, München 1959, S. 284.
45 Dietrich Bonhoeffer, Widerstand und Ergebung, 10. Aufl. München 1955 (WuE).
46 Dietrich Bonhoeffer, Ethik. München 1949. Hier zitiert nach der 2. Aufl. München 1955 (Ethik).
47 Dorothee Sölle, Gott denken. Einführung in die Theologie, Stuttgart 1990, S. 245.
48 Vgl. den Titel ihrer Autobiographie mit dem Titel „Gegenwind", Hamburg 1995.
49 Dorothee Sölle, Die Hinreise, Zur religiösen Erfahrung. Texte und Überlegungen, Stuttgart 1975 (Hinreise).

50 Dorothee Sölle, Mystik und Widerstand. Du stilles Geschrei. Hamburg 1997.
51 Hartmut Rosa, Resonanz. Eine Soziologie der Weltbeziehungen. Frankfurt/M. 2016.
52 Dorothee Sölle, lieben und arbeiten. Eine Theologie der Schöpfung, Stuttgart 1985.
53 Paul Tillich, Systematische Theologie III, Stuttgart 1966, S. 155.
54 Vgl. Paul Tillich, Wesen und Wandel des Glaubens, Übers. von „Dynamics of Faith", New York 1957, in: Paul Tillich, Offenbarung und Glaube, in: Gesammelte Werke Band 8, Stuttgart 1970, S. 111–196; hier S. 114.
55 „Aus diesem Grunde kann man nicht zugeben, dass es einen Menschen ohne unbedingtes Anliegen und darum ohne Glauben gibt.", ebd., S. 182.
56 Ebd. S. 176.
57 „Es gibt keinen Glauben ohne ein wesensgemäß dazugehöriges „Dennoch" und die mutige Bejahung des eigenen Selbst im Zustand des unbedingten Ergriffenseins." Ebd. S. 126.
58 Charles Taylor, Quellen des Selbst. Die Entstehung der neuzeitlichen Identität, Frankfurt 1996 (Quellen).
59 Charles Taylor, Ein säkulares Zeitalter, Frankfurt 2009.
60 C. Otto Scharmer, Theorie U. Von der Zukunft her führen. Presencing als soziale Technik, 4. Aufl. Heidelberg 2015, S. 32.
61 Donald W. Winnicott, Vom Spiel zur Kreativität, Stuttgart 1979, zitiert nach Hans Joas, Die Kreativität des Handelns, 4. Aufl., Frankfurt/M. 2012, S. 242.
62 Michael Tomasello, Mensch werden. Eine Theorie der Ontogenese, Berlin 2020.
63 Zitiert nach: Wunibald Müller, Gemeinsam wachsen in Gruppen. Heilende Seelsorge, Mainz 1989.
64 Paul Tillich, Wesen und Wandel des Glaubens, Übers. von „Dynamics of Faith", New York 1957, in: Paul Tillich, Offenbarung und Glaube, in: Gesammelte Werke Band 8, S. 142 und 144.
65 Vgl. hierzu grundlegend: Martin Buber, Ich und Du, 1923. Hier: 10. Aufl. Heidelberg 1979.
66 Paul Tillich, Wesen und Wandel des Glaubens, S. 192.
67 Ebd. S. 128: „Die religiöse Sprache, die Sprache des Symbols und des Mythos, bildet sich in der Gemeinschaft der Gläubigen und ist außerhalb dieser Gemeinschaft nicht voll verständlich. Aber innerhalb der betreffenden Gemeinschaft ermöglicht sie, dass der gemeinsame Glaube einen konkreten Inhalt gewinnt. ... Es gibt keinen Glauben ohne Glaubensgemeinschaft."
68 Catherine Keller, Über das Geheimnis. Gott erkennen im Werden der Welt. Eine Prozesstheologie, Freiburg 2013, S. 53.

69 Vgl. Frank Vogelsang, Offene Wirklichkeit. Ansatz eines phänomenologischen Realismus nach Merleau-Ponty, Freiburg 2011.
70 Vgl. hierzu grundlegend: Ruth C. Cohn, Von der Psychoanalyse zur themenzentrierten Interaktion, Stuttgart 1975; Ruth C. Cohn / Alfred Farau, Gelebte Geschichte der Psychotherapie. Zwei Perspektiven, Stuttgart 1984.
71 Vgl. zum Titel dieses Kapitels: Nicolaas Derksen / Hermann Andriessen, Den Glauben teilen wie das Brot. Glaubensgespräch als Weg zur lebendigen Gemeinde. Mainz 1993.
72 Jörg Zink, Das offene Gastmahl. Gütersloh 2013.
73 Vgl. Hans Joas, Glaube als Option. Zukunftsmöglichkeiten des Christentums, Freiburg i. Br. 2012.
74 Engagement und Indifferenz. Kirchenmitgliedschaft als soziale Praxis. Fünfte EKD-Erhebung über Kirchenmitgliedschaft, Hannover 2014.
75 Ulf Endeward / Gerhard Wegner, „Was mein Leben bestimmt? Ich!" Lebens- und Glaubenswelten junger Menschen heute. SI-aktuell. Hannover 2018.
76 Fulbert Steffensky, Wo der Glaube wohnen kann, Stuttgart 1989. Leider finde ich die genaue Textstelle nicht wieder. Das gesamte Buch ist zum Thema sehr lesenswert.
77 Andreas Reckwitz, Die Gesellschaft der Singularitäten, Berlin 2017, S. 18.
78 Ebd., S. 102 ff.
79 Christoph Nötzel (Hg.) unter Mitwirkung von Iris Feigel / Uwe Huchthausen und Christiane Zimmermann-Fröb, GlaubMalBuch. Ein Glaubenskurs für Kinder. Begleitbuch. Gütersloh 2016. 3. Aufl. 2019 S. 11. Dazu erschien ein Kinderkatechismus als Mal- und Kritzelbuch mit Illustrationen von Felix Wallbaum: GlaubMalBuch. Religiöse Impulse für Kinder, Gütersloh 2016, 2. Aufl. 2019.
80 Gershom Scholem, Die jüdische Mystik in ihren Hauptströmungen, Zürich 1957, S. 384.
81 midi / Evangelisches Werk für Diakonie und Entwicklung e.V. – Erhard Berneburg / Daniel Hörsch (Hg.), Atlas neue Gemeindeformen. Vielfalt von Kirche wird sichtbar, Berlin 2019.
82 Ausführlicher hierzu: Christoph Nötzel, Missionale Kirche – Aufbruch in den Sozialraum. S. 137 ff in: Georg Lämmlin / Gerhard Wegner (Hg.), Kirche im Quartier: Die Praxis. Ein Handbuch Leipzig 2020. Das Handbuch erschließt umfangreiche Zugänge zur Sozialraumorientierung von Diakonie und Kirche aus unterschiedlicher fachlicher Perspektive.
83 Ebd. S. 139.
84 Siehe auch: www.theology-centre.org.
85 Ebd. S. 138.
86 Ebd. S. 138f.